献身甘作万矢的
著论求为百世师

清代學術概论

梁啓超 著
俞國林 校

中華書局

圖書在版編目(CIP)數據

清代學術概論/梁啓超著;俞國林校. —北京:中華書局,
2020.10
(梁啓超文集)
ISBN 978-7-101-14782-7

Ⅰ.清…　Ⅱ.①梁…②俞…　Ⅲ.學術思想-思想史-概論-中國-清代　Ⅳ.B249.05

中國版本圖書館 CIP 數據核字(2020)第 185635 號

書　　名　清代學術概論
著　　者　梁啓超
校 訂 者　俞國林
叢 書 名　梁啓超文集
責任編輯　李碧玉
出版發行　中華書局
　　　　　(北京市豐臺區太平橋西里 38 號　100073)
　　　　　http://www.zhbc.com.cn
　　　　　E-mail:zhbc@ zhbc.com.cn
印　　刷　北京市白帆印務有限公司
版　　次　2020 年 10 月北京第 1 版
　　　　　2020 年 10 月北京第 1 次印刷
規　　格　開本/920×1250 毫米　1/32
　　　　　印張 15　插頁 8　字數 290 千字
印　　數　1-8000 册
國際書號　ISBN 978-7-101-14782-7
定　　價　58.00 元

梁任公先生

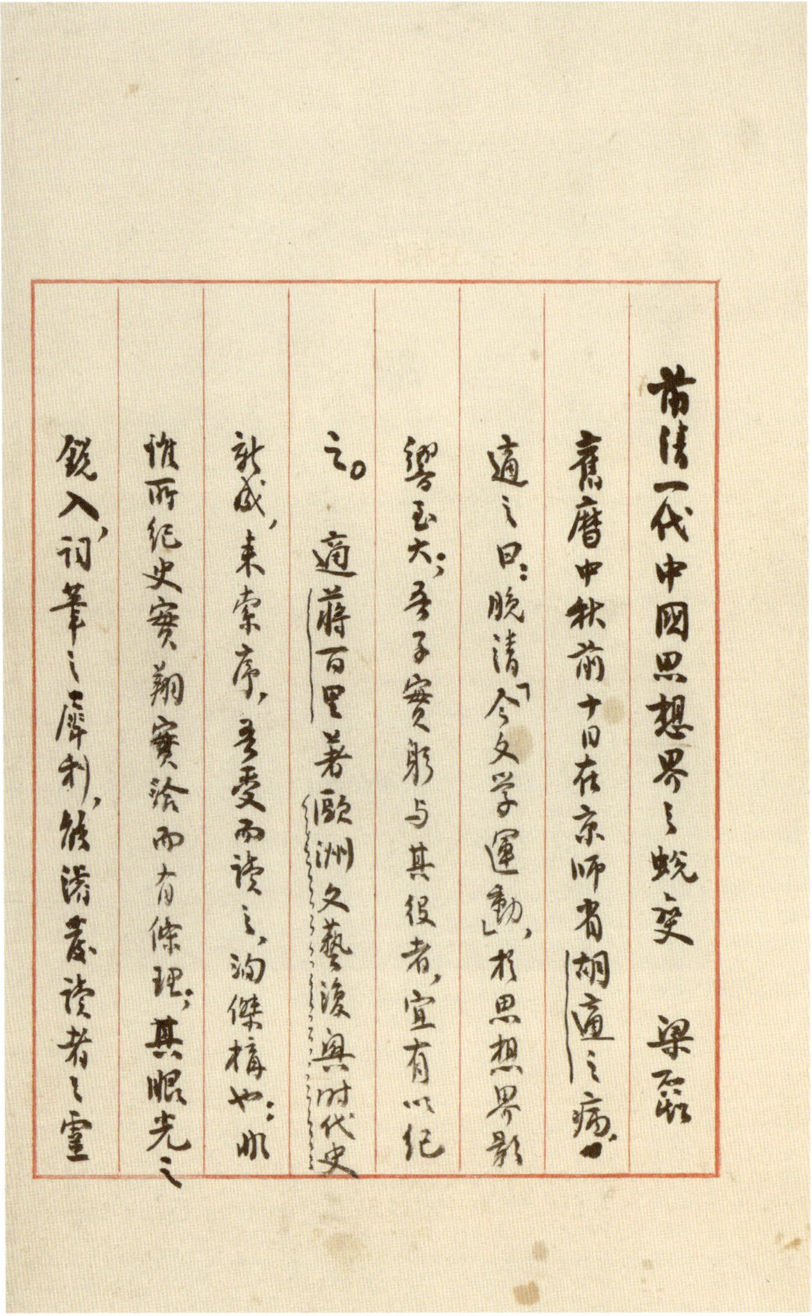

前清一代中國思想界之蛻變　梁啓超

舊曆中秋前十日在京師晤胡適之。適之曰：晚清「今文學運動」，於思想界影響至大，吾子實躬與其役者，宜有以紀之。適蔣百里著歐洲文藝復興時代史新成，來索序，吾受而讀之，洵傑構也；以彼所紀史實翔實詳而有條理；其眼光之銳入，詞筆之犀利，能誘發讀者之靈

清代學術概論稿本（中國國家圖書館藏）

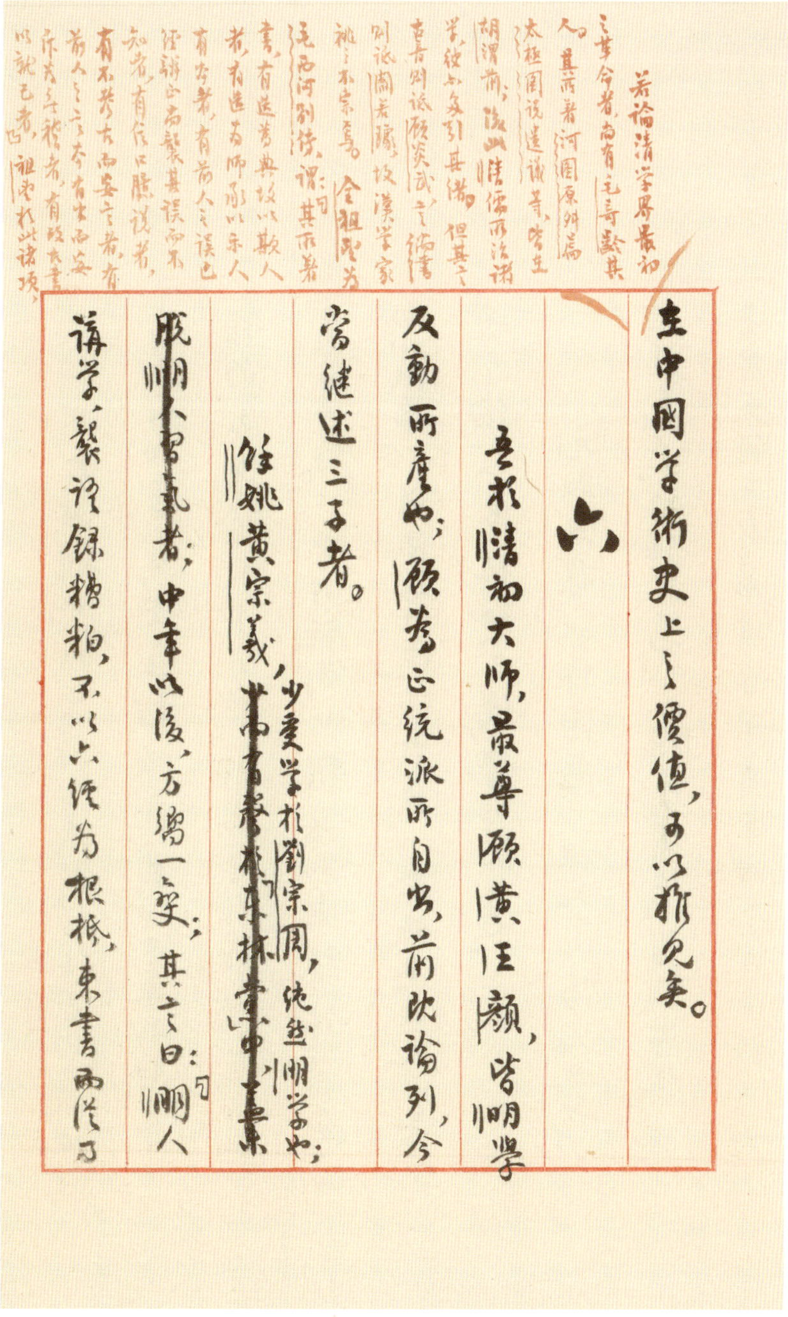
在中國學術史上之價值，可以概見矣。

六

吾於清初大師，最尊顧、黃、王、顏，皆明學反動所產也；顧爲正統派所自出，前既論列，今當述三子者。

餘姚黃宗羲，少受學於劉宗周，純然明學也；晚明小習氣者；中年以後，方術一變；其言曰：明人講學，襲語錄糟粕，不以六經爲根柢，束書而從事

清代學術概論稿本（中國國家圖書館藏）

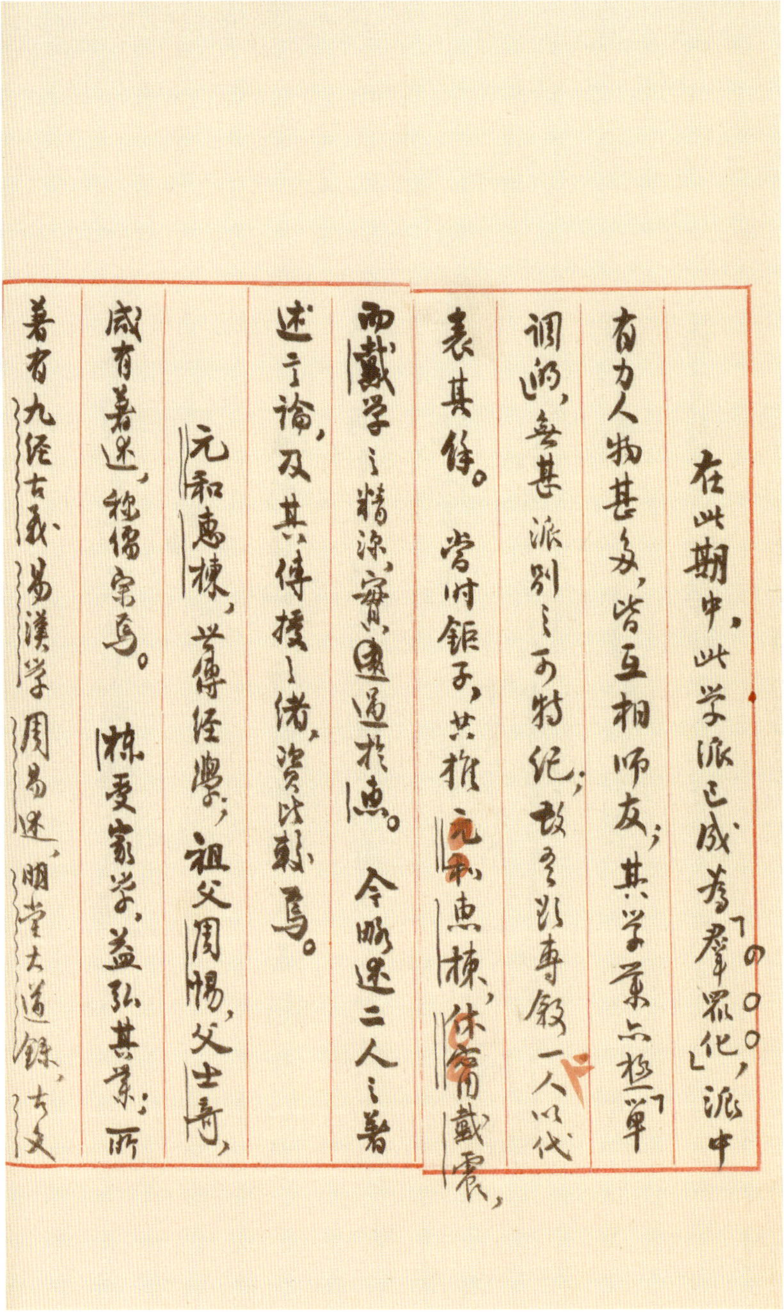
在此期中，此學派已成爲「羣衆化」，派中有力人物甚多，皆互相師友；其學業亦極「單調的」，無甚派別之可特紀；故吾欲專敘一人以代表其餘。當時鉅子，共推元和惠棟、休寧戴震，而戴學之精深，實過於惠。今略述二人之著述言論，及其傳授之緒，資比較焉。

元和惠棟，世傳經學；祖父周惕，父士奇，咸有著述，稱儒宗焉。棟受家學，益弘其業；所著有九經古義、易漢學、周易述、明堂大道錄、古文

清代學術概論稿本（中國國家圖書館藏）

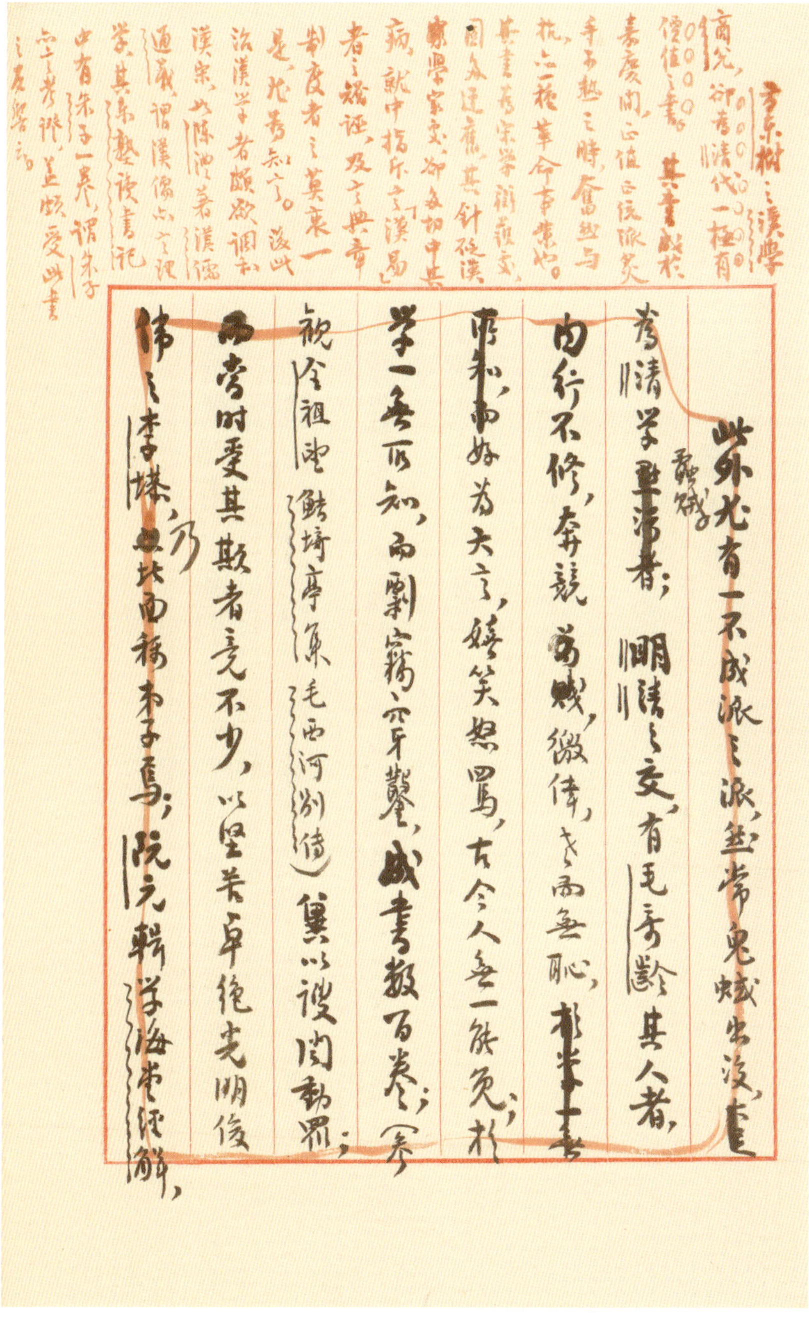
此外尤有一不成派之派，無常鬼蜮出沒，甚
為清學蟊賊者；明清之交，有毛奇齡其人者，
內行不修，奔競萬戕，徼倖而無恥，
所知，而好為大言，嬉笑怒罵，古今人無一能免於
學一無所知，而剽竊穿鑿，成書數百卷；
觀全祖望鮚埼亭集毛西河別傳）集以視閻戴罪
而當時受其欺者竟不少，以至若卓絕光明俊
偉之李塨亦為所稱弟子焉；阮元輯學海堂經解，

清代學術概論稿本（中國國家圖書館藏）

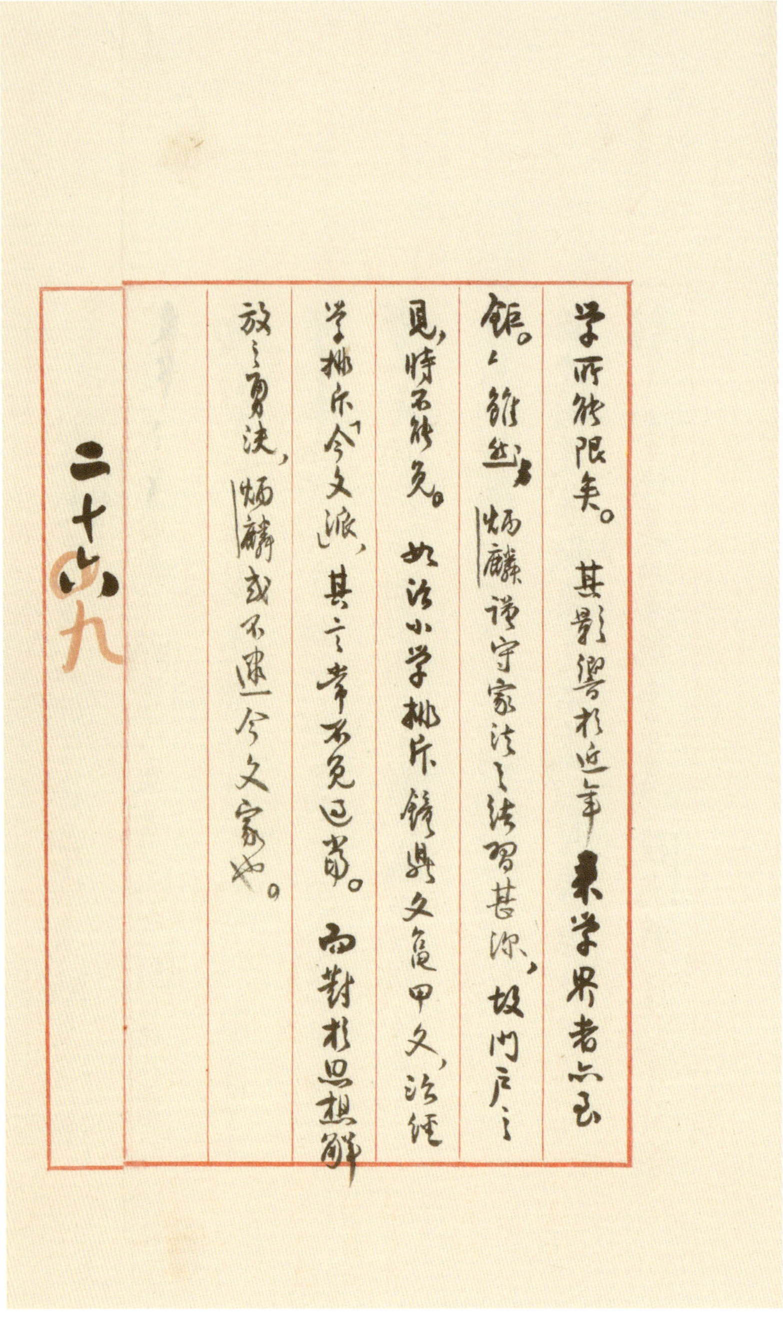
學所能限矣。其影響於近年來學界者亦至鉅。雖然，炳麟謹守家法之結習甚深，故門戶之見，時不能免。如治小學排斥鐘鼎文龜甲文，治經學排斥「今文派」，其言常不免過當。而對於思想解放之勇決，炳麟或不逮今文家也。

二十八 九

清代學術概論稿本（中國國家圖書館藏）

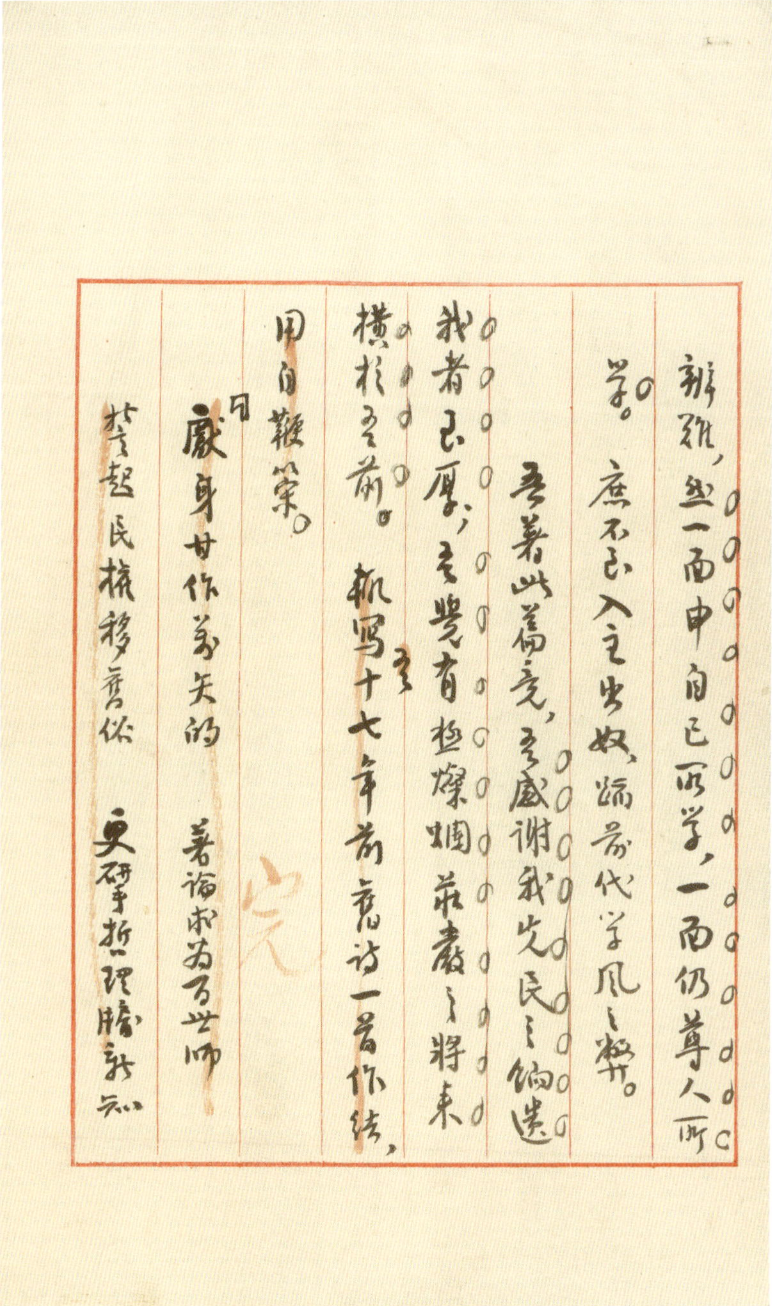
新說，然一面申自己所學，一面仍尊人所學。庶不至入主出奴，蹈前代學風之弊。

吾著此篇竟，吾感謝我先民之餉遺我者至厚；吾覺有極燦爛莊嚴之將來橫於吾前。輒寫十七年前舊詩一首作結，用自鞭策。

獻身甘作萬矢的　著論求為百世師
誓起民權移舊俗　更研哲理牖新知

完

清代學術概論稿本（中國國家圖書館藏）

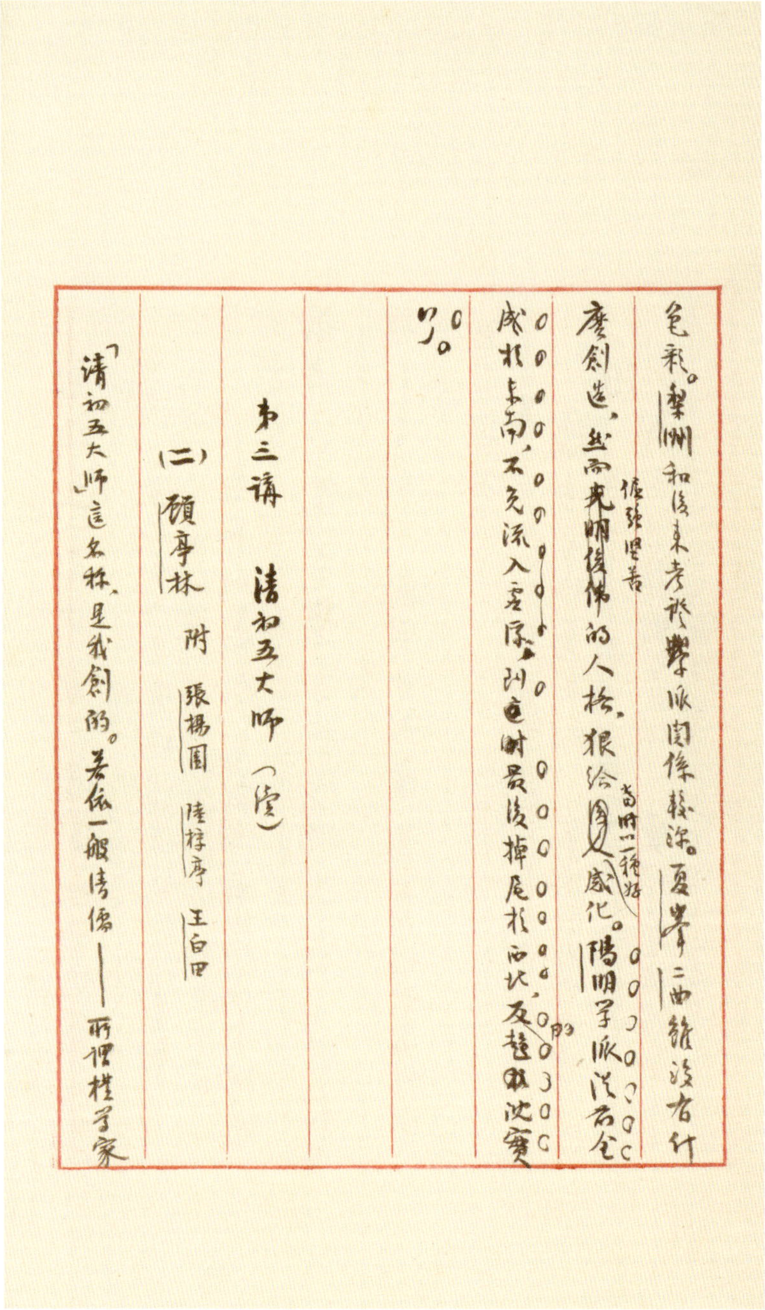
色彩。梨洲和後來李穆堂學派關係較深。夏峯二曲雖沒有什麼創造，然而光明俊偉的人格，很給當時一種好感化。陽明學派從前全盛於東南，不免流入空虛，到這時最後掉尾於西北，反趨切實了。

第三講　清初五大師（續）

（二）顧亭林　附　張楊園　陸桴亭　王白田

「清初五大師」這名稱，是我創的。若依一般清儒——所謂樸學家

中國近三百年學術概略稿本（中國國家圖書館藏）

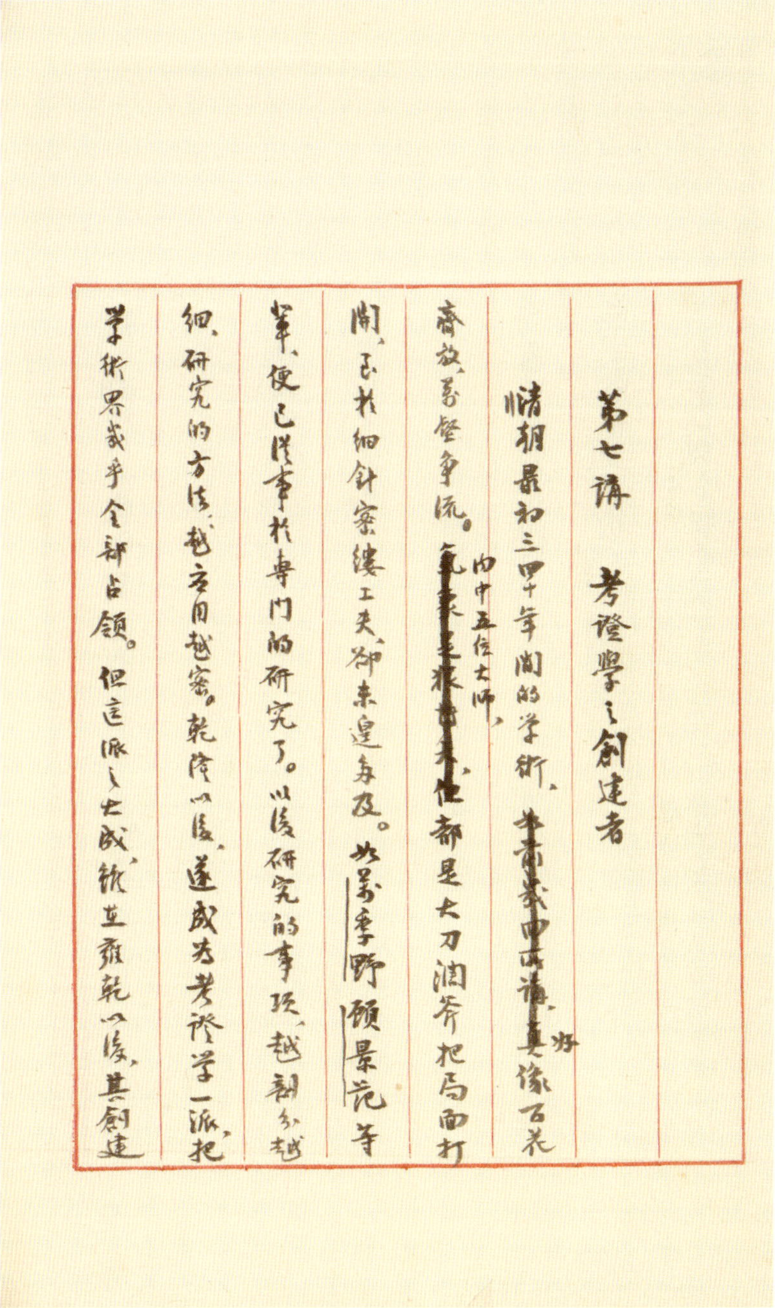

第七講　考證學之創建者

清朝最初三四十年間的學術，好像百花齊放，萬壑爭流。內中五位大師，都是大刀闊斧把局面打開，至於細針密縷工夫，卻未遑多及。如萬季野、顧景范等輩，便已從事於專門的研究了。以後研究的事項，越剖分越細，研究的方法，越來越密。乾隆以後，遂成為考證學一派，把學術界幾乎全部占領。但這派之大成，雖在雍乾以後，其創建

中國近三百年學術概略稿本（中國國家圖書館藏）

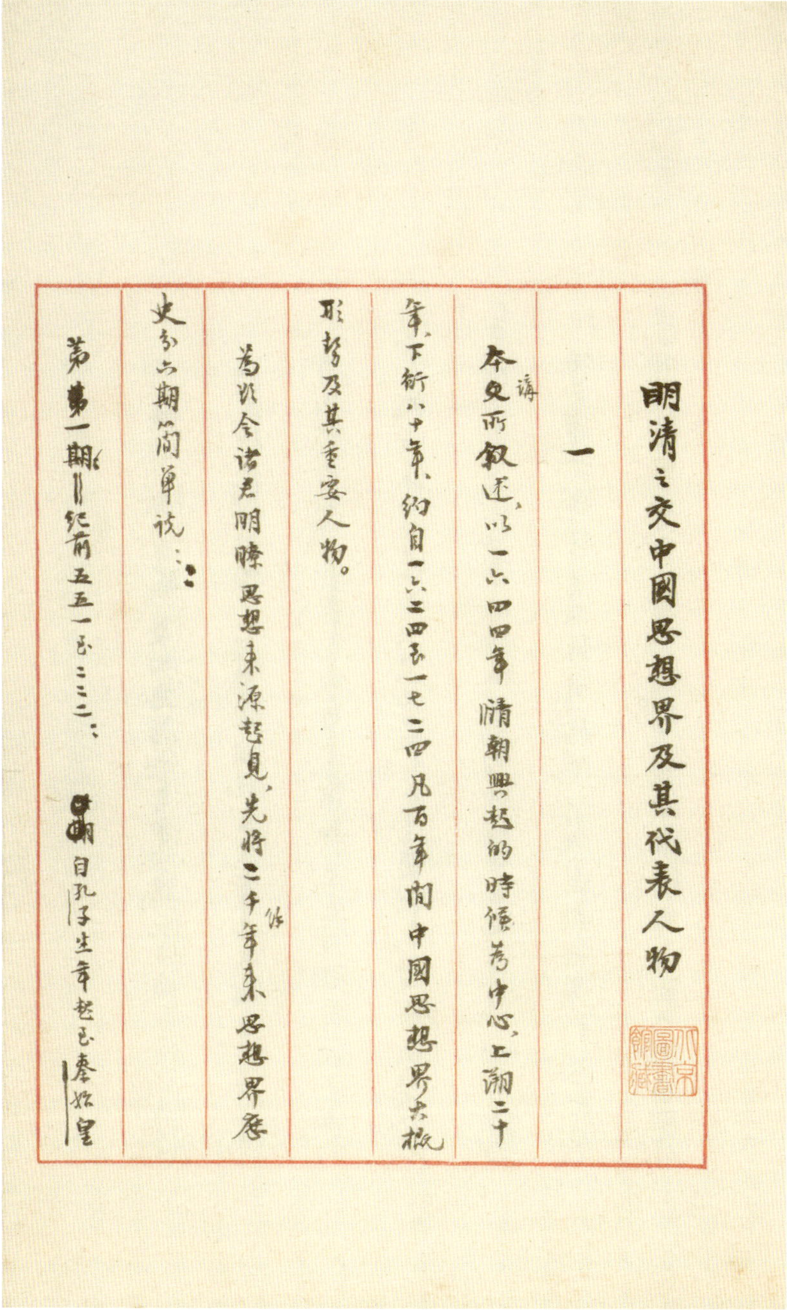
明清之交中國思想界及其代表人物
一
本文〔講〕所敘述，以一六四四年清朝興起的時候爲中心，上溯二十
年，下衍八十年，約自一六二四至一七二四凡百年間中國思想界大概
形勢及其重要人物。
爲欲令諸君明瞭思想來源起見，先將二千〔餘〕年來思想界歷
史分六期簡單說：
第一期，紀前五五一至二二一，
自孔子生年起至秦始皇

明清之交中國思想界及其代表人物稿本（中國國家圖書館藏）

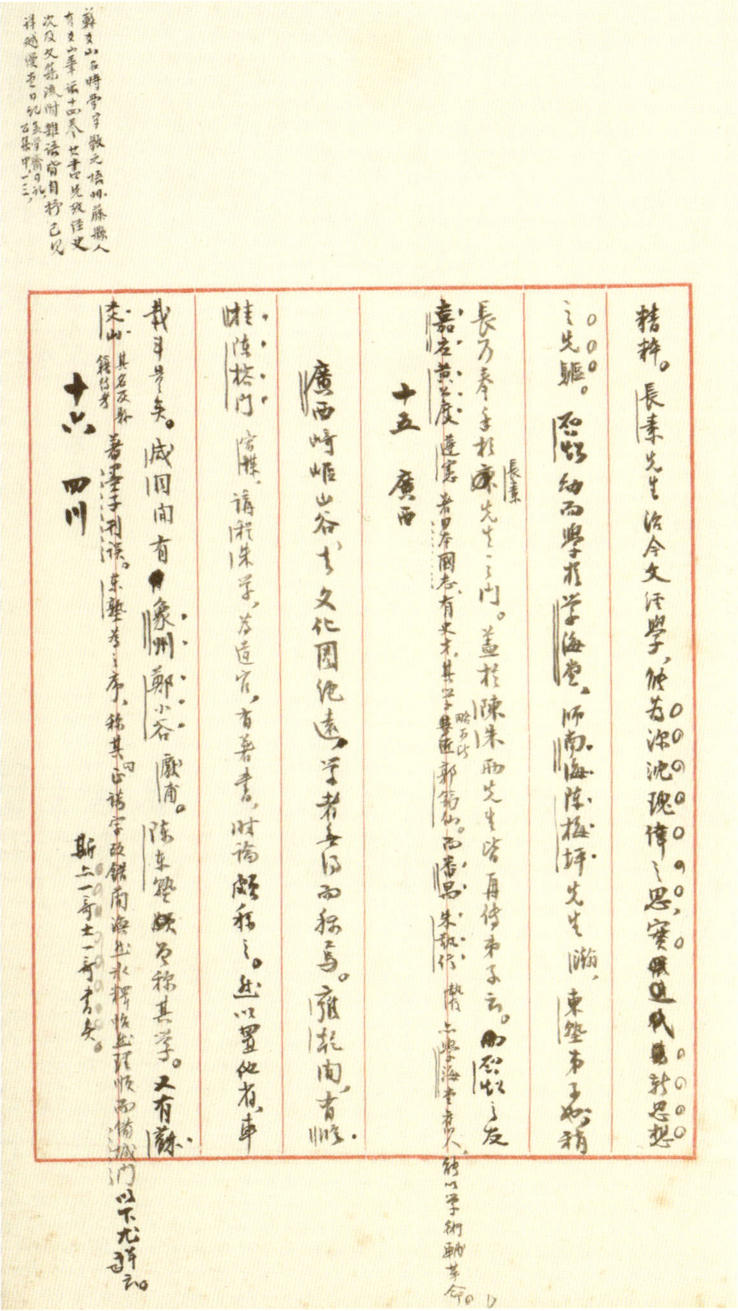

近代學風之地理的分布稿本（中國國家圖書館藏）

清代學術開創之祖
顧亭林 炎武 江蘇崑山
黃梨洲 宗羲 浙江餘姚
王船山 夫之 湖南衡陽

清代理學
程朱派
張楊園 履祥 浙江桐鄉
張蒿庵 尔岐 山東濟陽
陸桴亭 世儀 江蘇太倉
陸稼書 隴其 [illegible]黃陸王
李文貞 晉卿 光地 福建安溪
張清恪 伯行 江蘇儀封
楊文定 名時 江蘇江陰
朱文端 軾 山東高安
陳文恭 宏謀 廣西臨桂
方望溪 苞 安徽桐城
曾滌生 國藩 湖南湘鄉

陸王派
李二曲 中孚 山西盩厔
孫夏峰 奇逢 直隸容城
湯文正 斌 河南睢州
魏敏果 象樞 山西蔚州
黃梨洲 見前
李穆堂 紱 江西臨川

新派 實學派
顏習齋 元 直隸博野
李剛主 塨 直隸蠡縣
王崑繩 源 直隸大興

別派 禪悅派
羅臺山 有高 江西瑞金
彭尺木 紹升 江蘇長洲

佛學
楊仁山 文會

二

清代學術流別綱目稿本（原載南長街54號梁氏檔案）

校訂説明

一九一八年十二月，梁任公與蔣百里、丁文江、張君勱等以“私人資格”出游歐洲，考察英、法、德、比利時、意大利、荷蘭、瑞士諸國，與各國政治家、外交家、社會名流、著名學者等多有交流。任公切身感受到當時歐洲社會政治動盪、經濟蕭條、物資匱乏等嚴峻現實，使其思想見解與之前發生較大之變化。

一九二〇年三月，任公歸國，即作歐游心影録。其第十三節中國人對於世界文明之大責任寫到：

> 是拿西洋的文明來擴充我的文明，又拿我的文明去補助西洋的文明，叫他化合起來成一種新文明。……近來西洋學者，許多都想輸入些東方文明，令他們得些調劑，我子細想來，我們實在有這箇資格。……所以我希望我們可愛的青年：第一步，要人人存一箇尊重愛護本國文化的誠意；第二步，要用那西洋

人研究學問的方法去研究他，得他的真相；第三步，把自己的文化綜合起來，還拿别人的補助他，叫他起一種化合作用，成了一箇新文化系統；第四步，把這新系統往外擴充，叫人類全體都得著他好處。

梁任公先生年譜長編民國九年條有曰：

先生這次歸來後，對於國家問題和箇人事業完全改變其舊日的方針和態度，所以此後絶對放棄上層的政治活動，惟用全力從事於培植國民實際基礎的教育事業，計是年所着手的事業有承辦中國公學、組織共學社、發起講學社、整頓改造雜誌、發起中比貿易公司和國民動議制憲運動等數事。

可以説歐游心影録是其思想轉變之真實記録，以致發表後所造成的影響，“在國内確曾替反科學的勢力助長不少的威風”（胡適丁文江的傳記），甚至使得任公生發出“科學破産與中國思想足救世界之感想”（楊杏佛民國十三年之學術觀）。

康有爲早年曾批評任公“流質易變”（與任弟書），而任公一生行事，確多變化，世人亦以“善變”目之。任公曰：“大丈夫行事，磊磊落落，行吾心之所志，必求至而後已焉。若夫其方法隨時與境而變，隨吾腦識之發達而變，百變不離其宗，但有所宗，斯變而非變也，此乃所以磊磊落落也。”又曰：“變者，古今之公理也。……上下千歲，無時不變，無事不變，公理有固然，非夫人之爲也！”（變法通議自序）所謂“百變不離其宗”、“斯變而非變”云者，蓋亦時代之變遷而社會風尚之所趨使然也。

任公清代學術概論亦自剖曰：

啓超既日倡革命排滿共和之論，而其師康有爲深不謂然，屢責備之，繼以婉勸，兩年間函札數萬言。啓超亦不慊於當時革命家之所爲，懲羹而吹虀，持論稍變矣。然其保守性與進取性常交戰於胸中，隨感情而發，所執往往前後相矛盾。嘗自言曰：“不惜以今日之我，難昔日之我。”世多以此爲詬病，而其言論之效力亦往往相消，蓋生性之弱點然矣。

任公“今是而昨非”的性格，也使得他在清末民初之變革大潮流中，不爲社會淘汰，不被歷史淪棄。且將自身三十年之經歷與思想之變化，融入時代之洪流，借爲蔣百里歐洲文藝復興史作序之機，“取吾史中類似之時代相印證”，不料而成此一生得意之作，雖有偶然之因素，實亦必然之結果。胡適也曾評價説“今日亦只有他能作這樣聰明的著述”（一九二一年五月二日日記）。然而也正是任公這第一名著，其撰著之時間與夫修改之過程，以及文字之異同、評述之轉化，亦具其善變之特質焉。

一、近因與遠因

蔣百里與諸人同游歐洲，自謂往求“曙光”，歸作歐洲文藝復興史。百里所謂之“曙光”，一則曰人之發現，再者曰世界之發現，書成，即向任公索序。任公曰：“文藝復興者，由復古得解放也。果爾，吾前清一代，亦庶類之。吾試言吾國之文藝復興而校其所以不如人之故，可乎？”孰意“下筆不能自休”，待序言初成，其篇幅竟與歐洲文藝復興史相埒，蓋“天下固無此序體，不得已宣告獨立”，自定名曰清代學術概論，而反過來求百里爲作序矣。此近因也。

任公於清代學術概論第二自序裏説道：“久抱著中國學術史之志。”當一九〇二年，有新史學，曰：“黄梨洲著明儒學案，史家未曾有之盛業也。中國數千年，惟有政治史，而其他一無所聞。梨洲乃創爲學史之格，使後人能師其意。”後有論中國學術思想變遷之大勢，提出：“學術思想之在一國，猶人之有精神也，而政事、法律、風俗及歷史上種種之現象，則其形質也。故欲覘其國文野强弱之程度如何，必於學術思想焉求之。”在清代學術概論裏，任公亦分析“思想蜕變之樞機”、“政制之蜕變”、“學派之蜕變”等諸多因素。縱觀任公前後之論述，好言“變遷”，好言“蜕變”，好言“變遷蜕變”之學術思想，故曰：中國之有學術史，自梨洲始；中國之有學術思想史，則自任公始。

任公親歷晚清而入民國,處“三千年未有之大變局”之際,二三十年間,其爲政也,維新、保皇、共和、立憲;其爲學也,自“彼西方美人”“爲我家育寧馨兒以亢我宗”,至“吾感謝吾先民之餉遺我者至厚,吾覺有極燦爛莊嚴之將來横於吾前”。其法不一,意實一也,誠如論中國學術思想變遷之大勢第一章總論所言:

> 吾愛我祖國,吾愛我同胞之國民。
> 吾惟患本國學術思想之不發明。
> 欲唤起同胞之愛國心也。

此種思想,貫穿終始。而其所經歷,政治與學術之交互的影響,殆有與清初時代相彷佛者,故任公亦好言清初學人,且又特别屬意顧亭林、黄梨洲、王船山、顔習齋、朱舜水五人,稱爲“清初五大師”。一九二三年夏作中國近三百年學術概略,專章分述;秋冬間,又爲北京平民中學演講,題爲“清初五大師學術梗概”,演講之前,平民中學陳寶泉(字筱莊)校長致辭,有“今天的講演,是以清末的大師,講清初的大師”云云。任公解釋道:

> 我雖然愧不敢當,但是這五位大師所處的時代情形,的確有許多和現代相同的地方。他們都是生於亂世,自己造成一派學説,想來引導當世的人。那末,就

很像現在的中國,一方面國事紊亂到極點,一方面有一般人講這箇主義,談那箇學説,都是“異代同符”的。

這種“異代同符”的經歷,使得他對“清初五大師”的認識,最爲深入,最爲透徹,所敘所論,也最爲感人。任公説:

為學之道,人格在第一層,學問在第二層。只要人格偉大,便學術差一點也不相干;反是,則學問雖佳,終於無用。

爲學之道,以培養人格爲第一要義,讀書次之。只要人格偉大,縱然著述無多,也有足傳的價值。反是,縱然讀書萬卷,而人格無可觀采,其學終歸無用。

人格第一,學問第二,這就是任公在清代學術概論裏覼縷述及的“精神”二字之深義! 此遠因之一也。

任公於一九二〇年十月十四日所作自序,第六條謂“自屬稿至脱稿,費十五日”,則撰作始於九月二十九日或三十日;其在十月四日有與張東蓀一函曰:

本擬南下迎羅素,頃方爲一文,爲改造作,然已裒然成一書矣,約五六萬言。題爲前清一代中國思想界之蜕變,頗得意。今方得半,一出游又恐中輟,決作罷矣。尚有一文債未了,則張三先生壽文也。連作帶寫,非三四日之功不可。

按，前清一代中國思想界之蜕變即清代學術概論之初名。任公同時作文，且壽文“連作帶寫，非三四日之功不可”，在這種狀態下，猶能以前後十五日作如此規模之梳理，提挈綱領，條分縷析，清二百數十年間學術思想之變遷，釐然畢陳。

先是一九一七年十一月，任公辭去段祺瑞内閣財政總長之職，退出政界，勤於碑刻之學。次年春夏間，“屏棄百事，專致力於通史之作”(梁任公先生年譜長編一九一八年條)。同時，爲家中兒輩講清代學術流别。

一九一八年七月十八日與仲弟梁啓勳函曰：

一月來爲兒曹講“學術流别”，思順所記講義已裒然成巨帙(史稿僅續成八十餘葉耳)，惜能領解者少耳。

七月二十七日又曰：

吾爲群童講演已月餘，頗有對牛彈琴之感。尚餘一來復，“學術源流”(吾所講却與南海有不同)卒業矣。來復二將講“前清一代學術”，弟盍來一聽，當有趣味也。

八月二日又曰：

為群兒講“學術流别”，三日後當了。

七月間，亦有與陳叔通函曰：

史稿亦賡續無間，惟每日所成較少，一因炎熱稍疲，一因上半日為兒曹講學，操觚之晷刻益少也。（講題為“國學流别”，小女録講義已裒然成巨帙，為新學小生粗知崖略，殆甚有益，惜不堪問世耳。）

所幸任公為兒輩所講“學術流别”之大綱手迹，猶存天壤。曾現身“南長街 54 號藏梁氏檔案”拍賣專場，末有梁啓勳跋曰：

此册共二十七紙，前廿六篇乃七年戊午之夏，伯兄在天津家居與兒曹講學之備忘録。由今觀之，實清代學術概論之胚胎矣。紙上塗鴉，乃當日兒曹之手筆。

此册内容，分清代學術開創之祖、清代理學（程朱派、陸王派、新派、别派）、佛學、清代經學、經學别派、清代史學、地理學、天算學、目録及校勘學、金石學、清代文學家（古文家、駢體文家、詩家、詞家）、新思想之開發者、廣東先輩、清代編撰諸書、清代最有價值之著述等十數名目，於清代之學術流派、關鍵人物、重要著作，基本囊括。

任公自己雖説"頗有對牛彈琴之感",且"每日既分一半光陰與彼輩,亦致可惜"(八月二日與仲弟函),但宜有此前期之準備,方能爲蔣百里歐洲文藝復興史作序時,分章設置,前呼後應,下筆之際,文思泉涌,滔滔汩汩,濁浪排空!此遠因之二也。

任公三十自述曰:

> (康有爲)先生爲講中國數千年來學術源流,歷史政治沿革得失,取萬國以比例推斷之,余與諸同學日札記其講義,一生學問之得力,皆在此年。……日課則宋元明儒學案、二十四史、文獻通考等,而草堂頗有藏書,得恣涉獵,學稍進矣。

又南海先生七十壽言亦曰:

> 先生每逾午,則升坐講古今學術源流,每講輒歷二三小時,講者忘倦,聽者亦忘倦。每聽一度,則各各歡喜踊躍,自以爲有所創獲。退省則醰醰然有味,歷久而彌永也。

梁啓勳晚年回憶當年與任公在萬木草堂聽康有爲講課之情況,曰:"我們最感興趣的是先生所講的'學術源流'。'學術源流'是把儒、墨、法、道等所謂九流,以及漢代的考證學、宋代的理學。歷舉其源流派別,……皆源源本本,列舉其綱要。每箇月講三四次不等,先期貼出通告:'今日講學術源流。'先生對講'學術源流'頗有興趣,一講就四五箇鐘頭。"(萬木草堂回憶)上所引任公七月二十七日與仲弟函,所謂"吾所講却與南海有不同",則亦是遠紹當年萬木草堂舊事,故任公之好言學術史,實是受康氏之影響。此遠因之三也。

有三遠因之積纍,而遇一近因之激發,始得此百年之經典。任公之愛吾國民也厚矣,"獻身甘作萬矢的,著論求爲百世師",良有以也。

二、初稿與定稿

任公曾説:"舊曆中秋前十日在京師省胡適之病,適之曰:'晚清"今文學運動",於思想界影響至大;吾子實躬與其役者,宜有以紀之。'"(稿本自序)"舊曆中秋前十日"是一九二〇年九月十六日,然二十六日任公復胡適函,有"昨譚快慰。……晚清今文學運動擬即草一篇,草成當塵教"云,則任公訪胡適當在九月二十五日(據夏曉虹先生考證,"前十日"應爲"前一日"之誤)。

與此同時,蔣百里歐洲文藝復興史完成,即向任公索序。任公自序説道:

> 吾覺泛泛爲一序,無以益其善美,計不如取吾史中

類似之時代相印證焉，庶可以校彼我之短長而自淬厲也。乃與約，作此文以代序。既而下筆不能自休，遂成數萬言，篇幅幾與原書埒。天下古今，固無此等序文。脱稿後，只得對於蔣書，宣告獨立矣。

自序第六條曰：

自屬稿至脱稿，費十五日。稿成即以寄改造雜誌應期出版，更無餘裕覆勘，舛漏當甚多，惟讀者教之。

自序落款時間爲"民國九年十月十四日"，寫好即寄改造雜誌，於第三卷第三號(十一月十五日)、第四號(十二月十五日)、第五號(一九二一年一月十五日)連載。

改造連載之文，名曰前清一代中國思想界之蜕變；連載未竟，商務印書館即著手單行本之排版矣。任公一九二〇年十一月二十九日作第二自序，曰：

本書屬稿之始，本爲他書作序，非獨立著一書也，故其體例不自愜者甚多。既已成編，即復怠於改作；故不名曰"清代學術史"，而名曰"清代學術概論"。

其實早在成稿之際，任公即請友朋校正。十月十八日有與胡適函曰：

公前責以宜爲今文學運動之記述，歸即屬稿，通論清代學術，正再鈔一副本，專乞公評騭。得百里書，知公已見矣。關於此問題資料，公所知當比我尤多，見解亦必多獨到處，極欲得公一長函爲之批評（亦以此要求百里），既以裨益我，且使讀者增一層興味。若公病體未平復，則不敢請。倘可以從事筆墨，望弗吝教。

任公非常希望得到胡適的意見，知胡適“已見”書稿，極欲得其“一長函爲之批評”。後果得胡適長函，任公十二月十八日又與胡適函曰：

前得病中復我長箋，感謝之至。……清代思想一文已如公所教，悉爲改正，所以惠我者良多矣。……第二書所示各節恐不及改正，因原書久已付印，將成也。

由於胡適長箋迄今未有發現，且任公第二自序所謂“蔣方震、林志鈞、胡適三君，各有所是正；乃采其說增加三節，改正數十處。三君之說，不復具引，非敢掠美，爲行文避枝蔓而已”，則具體吸取了哪些意見，確實難以詳按。

清代學術概論單行本於一九二一年二月正式出版，胡適五月二日日記寫道：

車中讀梁任公先生的清代學術概論。此書的原

> 稿，我先見過，當時曾把我的意見寫給任公，後來任公略有所補正。改造登出之稿之後半已與原稿不同。此次付印，另加惠棟一章，戴氏後學一章，章炳麟一章，皆原稿所無。此外，如毛西河一節，略有褒詞；袁枚一節全删；姚際恒與崔適的加入，皆是我的意見。

這箇説明反映了長箋内所言意見爲任公所采納者數處，而惠棟、戴氏後學、章炳麟三章，實關大體。玩味此段文辭，則“此次付印”後所列諸項之增删改寫，“皆是”胡適的“意見”——建議。我們知道，胡適的學生顧頡剛先生曾於一九一六年休學家居期間，作清代著述考（又名清籍考），編列五百餘人。顧先生説：

> 用時代分目録的計劃到這時很想把它實現，就先從材料最豐富的清代做起。書目答問的國朝著述諸家姓名略是一箇很好的底子，又補加了若干家，依學術的派别分作者，在作者的名下列著述，按著述的版本見存佚，并集録作者的自序及他人的批評，名爲清代著述考。（古史辨第一册自序）

也就在一九二〇年秋，胡適向顧先生借觀此書。十一月間，胡適有與顧先生函曰：“你的清籍考内没有姚際恒。此人亦是一箇狠大膽的人。我想尋求他的九經通論，不知此書有何版本？你若知道，請你告我。”同月二十三日又曰：“你在浙江通志鈔出的一條確是非常重要，因爲我們可以知道九經通論是多大一部書。”按，胡適至少到一九二一年二月初還未看到姚氏書（二月三日與青木正兒函，有“姚際恒的詩經通論，我也訪著一部，尚未寄到北京”云）。

任公十月十八日與胡適函謂“正再鈔一副本”——既曰“再鈔”，則外間已有“一副本”也；又謂“得百里書，知公已見”，則胡適其時當已得見此“一副本”矣。百里書作於何時，雖不可考。但是，十月十六日，顧先生訪胡適，胡適定是將此“一副本”付顧先生閱讀矣。次日，顧先生致函胡適曰：

> 昨歸後讀梁先生文，其符號有誤處缺處，稍爲補正。至句讀間則誤處甚多，未能盡改。又文字間有誤處及疑難處，未敢逕改，謹簽出。
>
> 梁先生此文，説啓蒙期及蜕分期甚好，但説全盛期除了戴震一傳之外，不過鈔些書目答問及訄書清儒篇語，不能拿精要處綱舉目張。這實在因爲全盛時的著作太精密廣大了，必不是短時間像兩箇禮拜所能做的。

從“文字間有誤處及疑難處，未敢逕改，謹簽出”來看，顧先生看到的應該就是這“一副本”（因改造雜誌十月十五日刊出第一期，内容僅啓蒙期耳，這裏却講到了全盛期、蜕分期）。

十月二十八日，顧先生又與胡適函曰：

先生説清學極盛時期，爲漢學家專斷，思想錮蔽，無甚可記。這在經學上固然如此，在史學上則極盛期實在有進步。……那時汪中的述學，想做一部學術史；章學誠的文史通義，又是很好的一部史學研究法，這都是可記的。梁先生的文裏，只説章學誠可比劉知幾，其實劉確比不上章。劉的史通，只是講了作史的方法，依據了這一部書去做史，做出來只是一部老式史。章的文史通義，更講到史學所由成之故，與研究之道何從，很可稱爲科學的史學，這纔是真史學。從前的時候，看學術的分類，便是書籍的分類；書籍的分類是經史子集，所以學術的分類也是如此；都看作很固定的。自從章氏出來，説"六經皆史"，"諸子與六經相表裏"，"文集爲諸子之衰"，拿隔人眼目的藩籬都打破了，教學者從他們的學術思想的異同上去求分類，不要在書籍形式上去求分類，這在當時實在是可驚的見解。這不能不看做清代史學特别發達的結果。可惜那時學者爲瑣碎的考證束縛住了，不能懂得他的意思，所以那書雖是刻了，竟無聲無息了近一百年。直到歐化進來，大家受了些科學的影響，又是對於外國學術的條理明晰，自看有愧，發生了"整理國故"的心思，始由章太炎先生等大昌其學。

章太炎先生的學術思想，在社會上也很有勢力。梁先生文中敘得極略，我疑心他是門户之見。章先生與學風的關係有幾項:(1)明白標出“整理國故”的旗幟;(2)集音韻學之大成,促注音字母的進行;(3)對於今文學派的狂妄加以攻擊:這裏邊固然也有門户之見,但若不經他這麽一來,孔教真要定做國教,流行的程度也必然比現在利害;康有爲、廖平的著作,未始不是漢代的讖緯了。

我前五年寫清代著述考時,對於清代學術的統系關係,頗有見及。可惜那時没有記出,到現在荒疏了幾年,大都遺忘。將來續撰時當另立一册記出,豫備將來作此書序言之用。

顧先生之所以能一氣説出這麽多關係與認識來,一則源自編撰清代著述考時的資料準備,再則顧先生於一九一九年一月亦曾作中國近來學術思想界的變遷觀長文,做過一番梳理。

胡適與顧先生此兩月内之往還書信,除了探討姚際恒九經通論外,還涉及姚氏古今僞書考與林春溥竹柏山房叢書。這兩書信息,定稿本内任公是以朱筆補入的。其間,胡適先後寫兩通長箋,將疑問提出,供任公參酌。

從胡適日記反推可知,任公得第一長箋時,改造本已經連載兩期,無法改正(第四號内無惠棟一節可知),而後改造本第五號文字(第二十章起)已據第一長箋修改矣。任公十二月十八日復胡適函,謂“第二書所示各節恐不及改正,因原書久已付印,將成也”,而這箇“久已付印”的當是改造本第五號文字;待商務印書館改排爲專著單行的時候,任公又吸收了胡適第二長箋之“意見”。

清代學術概論稿本今存中國國家圖書館,金鑲玉綫裝四册,足見任公對該稿本之重視。稿内朱墨燦然,觸手如新。且與改造本文字對勘(包括增插篇章帶來的序號變化),基本可以梳理出從前清一代中國思想界之蜕變到清代學術概論之間的增删改動。而此稿本,即任公之最終定稿也。

但是,從修訂後的定稿本,再到商務印書館一九二一年二月印行的共學社史學叢書本,除了手民之譌外,猶有幾處明顯改動,似也有探求之必要。玆舉一例爲説。

第二章講清代思潮:

> 正統派之中堅,在皖與吴;開吴者惠,開皖者戴。……震之在鄉里,衍其學者,有金榜、程瑶田、凌廷堪、三胡——匡衷、培翬、承珙——等。

這裏三胡内之“承珙”,稿本、改造本與之同,但共學社史學叢書本却改作了“春喬”。按,章太炎訄書清儒:“三胡者,匡衷、承珙、培翬也,皆善治禮。”而“春喬”爲胡秉虔字,亦是績溪人,爲匡衷之侄、培翬之堂叔。任公早年作論中國學術思想變遷之大勢:“乾嘉間學者以識字爲求學第一義,自戴氏始也。其鄉里同學……後有凌次仲廷堪及三胡匡衷、承珙、培輩，咸善治禮。”一九二四年作近代學風之地理的分布八安徽：“績溪胡樸齋匡衷生雍乾之交，其學大端與雙池、慎修相近。以傳其孫竹村培翬、子繼培系。竹村與涇縣胡墨莊承珙同時齊名，墨莊亦自績遷涇也，時稱‘績溪三胡’。……績溪諸胡多才，最近更有胡適之適云。”看來，任公對績溪三胡原本似未曾錯亂，但其一九二〇年十月十八日與胡適函，却問道：“樸齋、竹村、春喬三先生，於公爲何輩行。乞見告。”共學社史學叢書本以“春喬”替“承珙”，任公這一改動，或即出胡適長箋之意。

蔡元培於一九一八年給胡適中國古代哲學史作序時，寫到：“胡適先生生於世傳漢學的績溪胡氏，禀有漢學的遺傳性。”胡適一九一九年八月二十三日日記：

> 胡匡衷，字樸齋。爲胡培翬之祖。
> 胡秉虔，字春喬。
> 胡培翬，字竹村。

胡適晚年亦曾有手書一紙曰：“經解三胡：胡秉虔，胡匡衷，胡培翬。”當然，績溪胡氏有三支(尚書胡，明經胡，金紫胡)，胡適爲明經胡，與金紫胡之胡匡衷並非一支(胡適口述自傳：“蔡先生指出績溪胡氏是有家學淵源的，尤其是十八九世紀之間清乾嘉之際，學者如胡培翬及其先人們，都是知名的學者。……但是這箇世居績溪城内的胡家，與我家並非同宗”)。

此章説到胡適時，稿本原作："而績溪三胡之裔有胡適者，守家法至篤，儼然正統派之碩果焉。"改造本刊出時，改作"而績溪諸胡而後有胡適者，頗能守清儒治學方法，儼然正統派之碩果焉"。上述兩條，一則未用"三胡"；二則前謂"守家法至篤"，後謂"守清儒治學方法"。"守家法"云云，更爲胡適所不敢當。故至商務印書館單行本，則又改作"而績溪諸胡之後有胡適者，亦用清儒方法治學，有正統派遺風"云。關於胡適的三句話，稿本、改造本、共學社史學叢書本居然出現了三種不同的表述。而這些措辭之改易，或是采用了胡適長箋的建議，亦或是任公對胡適治學方法不斷增進認識之後而作出的，所以頗值得玩味。

三、附書與附録

任公第二自序説，"久抱著中國學術史之志"，擬分五部分，一先秦學術，二兩漢六朝經學及魏晉玄學，三隋唐佛學，四宋明理學，五清代學術，現在清學脱稿，且蒙"諸朋好益相督責"，所以"欲以一年内成此五部"，"今所從事者則佛學之部，名曰中國佛學史，草創正半"。

在清代學術概論之商務印書館共學社史學叢書本的版權頁上，即已登出中國佛學史上卷的廣告：

> 梁任公先生所著中國學術史凡五種，清代學術概

論其第五種也。餘四種擬於本年内完成,現已脱稿付印者爲第三種中國佛學史之上卷,凡十萬言,分五大章。

旁注:"在印刷中,不日出版。"可惜,實際並没有正式完成。當然,關於佛學的文章,後乙丑重編飲冰室文集收入多篇,並還有一些遺稿留存。不過,從任公後來爲梁任公近著第一輯所作敍來看,他歐游回國後的著力點除佛學之外,還有孔子學案、老子哲學、墨子學案、墨經校釋等。

據梁任公先生年譜長編,自一九二〇年下半年至一九二二年底,任公先後在清華、南開、東南諸學校開國學小史、中國文化史、中國政治思想史諸課;同時進行全國式的巡回講演,終至累出"心臟病"。一九二三年一月二十日在晨報刊登啓事,謂"遵醫命,閉門養疴,三箇月内不能見客。無論何界人士枉顧者,恕不會面"云。四五月間,又至北京翠微山養病。

一九二三年四月三日,任公與張菊生函曰:

頃欲輯"清儒學案",先成數家以問世。其第一家即戴東原,現將脱稿,故欲知此書來歷也。高郵王氏父子文集,聞有刻本,尊處有之否?又李先生因篤受祺堂集、潘稼堂耒遂初堂集、王山史宏撰山志、傅青主霜紅龕集(以上四書能代覓購尤感)皆有否?

今中國國家圖書館藏有任公備忘目録稿本，署“癸亥”，即一九二三年。以人爲目，列字號、著述、學術、交友等極簡單材料；另有清儒學案未定稿、清儒學案年表稿本兩册。未定稿内戴東原一篇，前後完整，即任公自謂的“現將脱稿”者也；餘若顧亭林、黄梨洲，皆僅存零碎之稿耳。

即自一九二三年起，任公的學術重心，又重回清代。一月有戴東原先生傳，三月有黄梨洲朱舜水乞師日本辯；及至七月，應南開暑期學校之邀，作中國近三百年學術概略一書，可惜未正式出版。九月，以國學講師身份在清華學校講授一門一學年的課程——中國近三百年學術史。中國近三百年學術概略的内容則以不同的形式，化入了中國近三百年學術史（詳參中華書局二〇二〇年版該書校訂説明）。

與此前後，任公或演講或刊發了清初五大師學術梗概、明清之交中國思想界及其代表人物、近代學風之地理的分布、清代政治與學術之交互的影響等文章。如近代學風之地理的分布自序有曰：

> 吾於三年前作清代學術概論，篇末述對於將來學界之希望，有“分地發展”一語，朋輩多疑其所謂。彼書既極簡陋，未能發吾旨趣，久思爲一文以暢之，顧卒卒未有暇。癸甲冬春之交，校課休沐，偶與兒曹談皖南北、浙東西學風之異同，乘興蒐資料作斯篇，閲十日而成，亦屠蘇酒中一絶好點綴也。

> 本篇專以研究學者産地爲主，於各家學術内容不能多論列，文體宜爾也。欲知其概，則有拙著近三百年學術史在。

另外，一九二三年十二月一日晨報五週年紀念增刊向任公徵文，任公以中國近三百年學術史第二、三、四講即清代學術變遷與政治的影響塞責，但是又爲題識曰：

> 本文爲今秋在清華學校所講中國近三百年學術史之第二章。晨報紀念號徵文，因校課罕暇，輒録副塞責。但近頃在師範大學國文學會續講此題，頗有所增訂，未及校改。或將來該會有筆記，可資參考也。

任公在北京師範大學國文學會講演共四次，演講時必有所據，——所據者，講稿也。——即中國近三百年學術史講義排印本。所謂“頗有所增訂”者，蓋即演講中臨時之發揮也。後經汪震、姜師肱、李宏毅、董淮筆記，題清代政治與學術之交互的影響，連載於北京師大週刊(一九二三年十一月十八日、十二月九日、十二月十六日及一九二四年一月十三日四期)。後又作爲王桐齡中國史第四編之代序，冠於該書卷首，文末且有王氏題識曰：

> 右係民國十二年十一月梁任公先生在北京師範大

學公開講演之短篇論文,原題爲“清代學術與政治之交互的影響”,以其文簡單明了,可以通觀清代大勢,刊之卷首以代序文。

任公此文簡潔暢達,將清代政治與學術之關係,講得透徹,説得明白,且融箇人情感於其中,頗能動人。

我們若將清代學術概論、中國近三百年學術概略、中國近三百年學術史與這五篇文章,彙齊並觀,可見前三者是一脈相承的;而所附的五篇文章則又是與之互爲補充與發明者也。

前“近因與遠因”一節言及任公一九一八年家居,爲兒輩講“學術流别”之“備忘録”,梁啓勳謂“實清代學術概論之胚胎”,良有以也。兹亦將此“備忘録”擬題作“清代學術流别綱目”,一併附後云爾。

四、版本與校本

共學社史學叢書本清代學術概論,自一九二一年二月由商務印書館印行第一版之後,暢銷海内外。一九三〇年三月印至第八版;同年四月,改版納入萬有文庫(内封頁又冠國學基本叢書名),稱第一版。一九三四年九月,以原共學社史學叢書本改列大學叢書,稱第一版;至一九四〇年十月第四版。一九四四年七月,商務印書館重慶重排大學叢書本,稱渝第一版;一九四五年四月,渝第三版。一九四七年二月又以原共學社史學叢書本改列新中學文庫本第五版。僅就此爲止，商務印書館分别將該書納入共學社史學叢書、萬有文庫、國學基本叢書、大學叢書（滬版、渝版）、新中學文庫等叢書，至少印行了二十一版。

一九三六年中華書局編輯飲冰室合集，清代學術概論據商務印書館本收入，作爲專集之一種出版（與盾鼻集合一册）；此本未曾單行。直到一九五四年十月，中華書局始以合集本舊紙型印行三千一百册（定價叁仟柒佰元）；一九五七年一月，重印兩千册（定價三角四分）。

香港方面，有一九六三年一月香港中華書局初版。臺灣方面，有臺灣商務印書館一九六六年八月人人文庫本，一九六八年三月國學基本叢書本（與清學案小識合一册），一九七七年大學叢書本；臺北水牛出版社一九七一年五月水牛新刊第十九號（係影印共學社史學叢書本）；臺灣中華書局一九七一年八月單行本（臺六版）；臺灣啓業書局一九七二年二月單行本（臺一版）；等等。

大陸方面，直到一九八五年九月，始有復旦大學出版社出版了朱維錚先生校注的梁啓超論清學史二種，内收清代學術概論與中國近三百年學術史。清代學術概論，朱先生以大學叢書本作底本，校注著力於對任公原書内史實、引文等的矛盾與譌誤，並詳加考案。後朱先生另加長文之導讀，於一九九八年一月由上海古籍出版社納入蓬萊閣叢書出版，此本爲當今諸本中影響最爲廣大者也。

早在一九二三年一月三十日，任公與張菊生、高夢旦函曰：“清代學術概論日本有兩譯本，一售壹元八角，一售二元五角。”其實，就在清代學術概論出版當年的七月，日本史林第六卷第三號就刊出了那波利貞所寫的書訊：

> 梁啓超曾受胡適勸誘，云晚清今文學運動於思想界影響至大，既經歷此役，不可無一書紀之；又兼受蔣方震所著歐洲文藝復興時代史之刺激，乃有此著述。自清代思潮大勢説起，討論清朝學問之來由，如黎明運動者之顧炎武，科學者之梅文鼎，戴震、惠棟之學風，段玉裁、高郵王氏父子之學派，又如經學之隆盛，王夫之、黄宗羲、萬斯同以下錢大昕、何秋濤等人之史學，阮元、謝啓昆等人之地志，其他如地理學、金石學、清學分裂導火索之經學今古文之爭等事，敘述今文學運動中心人物康有爲等人，論述中國人因富於學問之本能，而有清代學術之隆盛。

一九二二年即出現三箇日譯本矣：一橘仁太郎譯本（日本讀書協會甲種會報第十九號），二渡邊秀方譯本（讀畫書院），三橋川時雄譯本（東華社）。後一九三八年三月，東京文求堂書店據商務印書館大學叢書本進行重排，印行了中文版，而且還做了校勘。書末附記曰：“本書内容皆從原書，僅訂正明顯的書名誤植，如孫星衍尚書今古文注疏誤作尚書古今文注疏、簡朝亮論語集注補正述疏誤作論語集注補正迷疏、章學誠亳州志誤作毫州志、孫詒讓名原誤作原名、經訓堂叢書本墨子誤作平津館叢書本墨子等處。”後文求堂版又由東京龍文書局於一九四六年出版第三印。按，“論語集注補正迷疏”當作“尚書集注迷疏”。又按，此後猶有山田勝美譯注本（大東文化大學東洋研究所一九七三年）、小野和子譯注本（平凡社一九七四年初版，一九八二年、二〇〇三年兩次重印）出版。

清代學術概論各種版本，大體如上所述。其公開出版之文本，誠以商務印書館共學社史學叢書本爲最佳，蓋後出之本，皆據此本翻印或影印。但也如前“初稿與定稿”一節所梳理，揭櫫該書從初稿本到改造本、再到定稿本之間些微之變化；而對這些變化痕迹之考察，原因之探求，亦具有神奇般的魔力。

所以，此番整理，選擇最爲通行的商務印書館共學社史學叢書本一九二四年第五版爲底本；以中國國家圖書館藏清代學術概論稿本（簡稱“稿本”）、改造雜誌排印本（簡稱“改造本”）、商務印書館國學基本叢書本一九三〇年第一版（簡稱“國學本”）、中華書局一九三六年飲冰室合集本（簡稱“合集本”）爲校本。自序、第二自序曾收入乙丑重編飲冰室文集（簡稱“文集本”），亦以之參校。朱維錚校注本，引述時簡稱“朱校”。具體原則如下：

（一）底本無訛，但凡其文字與稿本、改造本有異者，俱出校說明。

（二）從初稿本到定稿本之間的修改，凡屬於局部之增删、改寫，今稿本中或墨筆、或朱筆之旁批與眉批之痕迹，是比較清晰的；凡屬於整章之改寫與增補，通過胡適日記或與改造本之對勘，即可梳理得出。這些變化，悉數以校記形式，予以揭示。

（三）任公稿本，原即施以新式標點（含專名綫）；而其時之新式標點無頓號，語詞（含人名、書名等）並列，俱用逗號；且任公好用分號。今兹標點符號，大體依從稿本，可用頓號者（原爲逗號）改爲頓號，多數分號改作句號，以合當下之標點符號使用習慣。

（四）底本、稿本、改造本三本字旁之單圈"○"，互有出入，兹彙此三本内字旁之有圈者於一本。

（五）任公徵引前人文字，明引暗引，或憑記憶，或述大意，覆核原書，頗有差異。今凡脱訛衍倒致文義稍有錯亂或文氣不甚連貫者，則爲校改（補），並出校説明；或備録原文，以資參考。餘則一仍其舊。

（六）凡屬於任公本人或時代習用之字，如"箇"、"狠"、"纔"、"那"等，不作校改；避諱字回改，不出校。按，所附文章，或爲雜誌刊出本、或爲演講記録本，其用字爲與全書一致，也做了相應改動，此類情況不出校。

（七）附録之中國近三百年學術概略，據稿本收入，並校以南開學校講義鉛排本（簡稱"南開本"）、中國近三百年學術史（簡稱"學術史"）兩本。此書正文内小字無括號，與清代學術概論異，未作統一。

（八）附録之清代學術流別綱目、清初五大師學術梗概、明清之交中國思想界及其代表人物、近代學風之地理的分布、清代政治與學術之交互的影響諸文,皆以雜誌刊發者爲底本,校對情況,參見每篇題下之説明。而明清之交中國思想界及其代表人物、近代學風之地理的分布兩篇,稿本今存,頗能解決問題。至於清代政治與學術之交互的影響一文,爲據記録稿而刊發者,情況特殊,兹以三本互勘,凡異即出校,此亦嘗試之法也。

今者校勘之業,多被視作末屑之學,才大者不願爲,而才小者實亦不能爲也。蓋其於原書一字之校正,或即可得豁然明瞭之本意。如第三章:

> 學派上之“主智”與“主意”、“唯物”與“唯心”、“實驗”與“實證”,每迭爲循環。

“實證”,諸本皆作“冥證”。按,“實驗”與“冥證”,與前兩對舉之詞語法不同;核諸稿本、改造本,即作“實證”,是也。今學界亦有以任公“冥證”爲治學之法者,詳加考述,若非校勘得正,則此問題猶或將引起更多無必要之討論也歟?

又如第二十六章“然持論既屢與其師不合,康梁學派遂分”之後,稿本原有以下一段:

> 啓超之學,淺薄其一病也,游移其二病也,而歸根

於不徹底。啓超性流動，富於感情，盛情也。

被墨筆畫去。又原書於“梁啓超可謂新思想界之陳涉”後，曰：

若此人而長此以自終，則在中國文化史上，不能不謂爲一大損失也。

“若此人而長此以自終”一句，讀起來語感頗爲怪異，國學本、合集本也是如此；核諸稿本，此處作“若此人而長此以‘流寇的學者’自終”，但用朱筆畫去了“流寇的學者”，估計是覺得這五箇字下得太重了些，可惜文旁却又未寫擬改之字。再來看改造本，則作“若此人而僅以‘破壞的功業’自終”，當然也是出於任公自己的修改。這兩處，正好看出當時任公對自己性格與歷史地位之評價矣。

再如第十三章最末一段，論學問之有用與無用，稿本初有任公自述治學經歷數句，曰：

近世人士多詆此學爲無用，吾亦嘗附和之。吾年十二三即治此學，嗜之綦篤；十八以後，覺其無用也，棄去，大肆抨擊焉。近十年來，始漸悔其所爲。

改造本刊發時還是初稿本，保留有這幾句。後經修改，便删去了，且連著後文也作了較大改動。之所以改動得如此大，估計是聽取了三位朋友的意見，且很可能是林宰平或蔣百里。

稿本第二十七章最後所寫即章炳麟（附於譚嗣同章之末），今存三行，但又爲墨筆勾去，换頁重作。僅存之三行文字録如下：

> 此外猶有一人當記述者，曰餘杭章炳麟。炳麟清學正統派最後之健將也，其學博贍淹貫，綜理密微。以言論倡革命，備極勞勩。

可見任公初時對章氏之評述。只可惜後面被换頁之文字，不得而知矣（據下一章初稿序號"二十六"三字所在位置可知，還有七行文字）。據前引顧先生與胡適函"章太炎先生的學術思想，在社會上也很有勢力。梁先生文中敘得極略，我疑心他是門户之見"——"極略"二字，正可説明任公初稿内章氏並未單獨設章。顧先生推測章氏"固然也有門户之見"，"對於今文學派的狂妄加以攻擊"，所以任公文内將之"敘得極略"，很可能也是出於"門户之見"。

今稿本第十四章朱筆所補"章炳麟之小學答問，益多新理解"、"章炳麟國故論衡中論音韻諸篇，皆精絶"兩處，改造雜誌第四號（十二月十五日）刊出時還没有；待第五號（一九二一年一月十五日）連載最後一部分時，章氏即已單獨一章矣。

雖則獨立成章，實也較爲簡略，且如“應用正統派之研究法，而廓大其内容延闢其新徑”，“其影響於近年來學界者亦至鉅”云，反映出任公對章氏學術認識前後態度之變化也。該章末了，任公評述道：

> 雖然，炳麟謹守家法之結習甚深，故門户之見，時不能免。如治小學排斥鐘鼎文、龜甲文，治經學排斥“今文派”，其言常不免過當。而對於思想解放之勇決，炳麟或不逮今文家也。

任公謂章氏“門户之見，時不能免”，與顧先生所說的“我疑心”任公“是門户之見”對看，可視作最佳之互文解讀也。

清代政治與學術之交互的影響一篇，較中國近三百年學術史之第二、三、四章清代學術變遷與政治的影響而言，確實是“頗有所增訂”的。如關於康熙二十年之後學風轉變的原因，歸納出四條；至於“康熙中年以後，學術上重要的潮流有五支”，而在中國近三百年學術史裏則是“其時學術重要潮流，約有四支”。又如講到晚清思想界之變化，任公演講時，以親歷者的身份，敘述起當年故事來，更能吸引聽衆，故所言内容遠較中國近三百年學術史本爲豐富。且講演之際，多有加入對時局之評點，如講到顧亭林“行己有耻”、“博學於文”兩句，謂是做人與做學問之標準。——亭林説：“士大夫之無耻，謂之國耻！”——不意任公話鋒突然一轉，説道：

據我説，我們五月七日，因爲别人强暴，我們不能抵抗，實在算不得國恥；惟獨今年十月七日，那般士大夫昧良喪心，墮行無恥，纔算國恥！不知他先生若看着这種現象，將作何種感想哩？

一九一五年五月七日日本公使日置益將最後通牒一件附解釋七條送中國外交部，限四十八小時内"照四月二十六日提出之修正案所記載者，不加以何等之更改，速行應諾"，此即日本逼迫袁世凱簽署之喪權辱國之"二十一條"也。時北京商務總會致電各省商會，謂"日本利用歐洲戰事，乘我新造國家，提出吞併朝鮮同一之條件，逼我承認。五月七日竟以武力爲最後之要求，四十八鐘内，倘不承認，立即進兵。……自本年五月七日始，我四萬萬人立此大誓……永存此志，勿忘國恥"。所謂"五月七日"，當指此也。按，中日交涉期間，任公撰有中日交涉平議與中日時局與鄙人之言論、解決懸案耶？新要求耶？、外交軌道外之外交、交涉乎？命令乎？、中國地位之動摇與外交當局之責任、再警告外交當局、示威耶？挑戰耶？諸文（後七篇先譯成英文刊發，後輯作中日交涉彙評，刊於大中華第一卷第四、五期）。至所言"今年十月七日"，當指一九二三年曹錕以五千元一張選票收買議員，又以四十萬元高價收買國會議長，成功當選總統事，史稱曹氏爲"賄選總統"。按，任公曾於一九二三年七月四日致函曹氏，反對以武力、金錢及其他卑劣手段，爭取總統職位，有曰："最近中央政局之擾攘，其禍根全在公之欲爲總統，此天下所共見，毋庸爲諱也。……公自視威望才略，孰與項城？項城自命一世之雄，卒於千夫所指，無病而死。須知亡項城者乃全國人，非與項城爭長之人也。弟不避忌諱，敢以極不祥之預言相告白：我公足履白宫之日，即君家一敗塗地之時。”八日，孫中山即下令討伐曹錕，並通緝懲辦附賊國會議員，令曰：“僞巡閲使曹錕，賄誘議員，迫以非法，僭竊中華民國大總統，其背叛民國，罪迹昭著。……悍然不顧天下之是非，其怙惡不悛，自絶於吾民，已可概見。……我同胞將士護國、護法，已歷年所，豈能容庇國賊，妄干大位？兹特宜布罪狀，申命討伐，我全國愛國將士無問南北，凡能一致討賊者，悉以友軍相視，共赴國難，以挽垂危之局。”（陸海軍大元帥大本營公報第三十三號大元帥令）這就使得歷史之研究，有了現實的關懷。

爲任公文字作校勘，洵非易事。蓋任公所論述者，時代之升降，思想之蜕變，國之大勢也。區區之志，並不擬與任公作訟人，然凡事都問箇來處，固是讀書之道。是耶非耶，其在讀者諸君。

五、餘論與餘音

錢穆與弟子余英時函曰：

> 梁任公於論學内容固多疏忽，然其文字則長江大河，一氣而下，有生意、有浩氣，似較太炎各有勝場。即如清代學術概論，不論内容，專就其書體制言，實大可取法。近人對梁氏書，似多失持平之論，實則在“五四”運動後，梁氏論學各書各文均有一讀之價值也。（素書樓餘瀋）

錢氏於清代學術、思想史、政治史之研究，蓋亦受任公之影響，於同名之中國近三百年學術史一書可知也。但錢氏也指出了任公"論學内容固多疏忽"這一現實，所以朱維錚先生在校注時，針對任公敘述自己之歷史——"純以超然客觀之精神論列之，即以現在執筆之另一梁啓超，批評三十年來史料上之梁啓超也"(任公自序)，朱先生反問道："他是否做到了對於'史料上的梁啓超力求忠實'?"於是，對任公行文内存在的史實、時間、人物關係、引文脱譌諸多問題，都一一進行了嚴格的考辨、引證與評述。

如任公自序謂"余於十八年前，嘗著中國學術思想變遷之大勢，刊於新民叢報，其第八章論清代學術"云，朱維錚先生指出：

> 據新民叢報，中國學術思想變遷之大勢第八、九二章，即題作近世之學術(起明亡以迄今日)的三節，刊出時間爲一九〇四年。以下引文三段，均見於此二章，故"十八年前"説不確，當作"十六年前"。

朱先生於該書校注本之導讀内，亦曾詳考此時間問題，可以參看。按，任公論中國學術思想變遷之大勢原計畫寫八章，前六章連載於新民叢報一九〇二年第三、四、五、七、九、十二、十六、十八、二十一、二十二號；第八章即近世之學術，連載於一九〇四年第五十三、五十四、五十五、五十八號，卷首曰：

本論自壬寅秋閣筆，餘稿久未續成，深用歉然。頃排積冗，重理舊業，以三百年來變遷最繁，而關係最切，故先論之。其第六章未完之稿及第七章之稿，俟本章撰成，乃續補焉。

該篇第七章後竟未作。又曰：

原稿本擬區此章爲二：一曰衰落時代，一曰復興時代。以其界説不甚分明，故改今題。

任公所言，蓋指撰論中國學術思想變遷之大勢之時間，早已擬目，後文且曰："余今日之根本觀念，與十八年前無大異同；惟局部的觀察，今視昔似較爲精密。"故謂"十八年前"，實無不宜。

再者，朱維錚先生校注清代學術概論依據的底本是大學叢書本，其第十章有一段曰：

棟固以尊漢爲標幟者也，其釋"箕子明夷"之義，因欲揚孟喜説而抑施讎、梁丘賀説，乃云："謬種流傳，肇於西漢。"(周易述卷五)

朱校曰："謬種，周易述原作'謬説'，漢學師承記引作'謬種'，此當據江書轉引。"按，朱校所謂之"江書"即江藩國朝漢學師承記。由於惠棟周易述原作"謬説"，而江藩國朝漢學師承記敘述時作"謬種"，所以朱校論定任公作"謬種"必是轉引自江書。然則，是江藩國朝漢學師承記將"謬説"改作了"謬種"耶？亦非也。錢大昕潛研堂文集卷三十九惠先生棟傳作"謬種"，李元度國朝先正事略、方東樹漢學商兑、徐世昌清儒學案諸書因之，故謂任公"當據江書轉引"，似亦不確。再者，核諸任公稿本，此處實作"謬傳"，商務印書館諸本（包括所見之滬四版、渝二版之大學叢書本）與中華書局飲冰室合集本皆同，未詳朱先生所據。"傳"字顯係筆誤（與"説"、"種"二字，既不同音，亦不形近），則益不能推定其源自何書矣。

又如第十一章，鈔録孟子字義疏證之精語，有一條曰：

> 君子之治天下也，使人各得其情，各遂其欲，勿悖於道義。君子之自治也，情與欲使一於道義。夫遏欲之害，甚於防川，絶情去智，充塞仁義。

朱校曰：

> 此段引文不見於孟子字義疏證，而見於漢學師承記卷五戴震傳。所述大意，略見於原善卷中，現録以資參照："禹之行水也，使水由地中行。君子之於欲也，使

> 一於道義。治水者徒恃防遏，將塞於東而逆行於西，其甚也決防四出，氾濫不可救。自治治人，徒恃遏禦其欲，亦然。能苟焉以求靜，而欲之翦抑竄絶，君子不取也。君子一於道義，使人勿悖於道義，如斯而已矣。”

兩段文字，相異甚多。按，上述文字，朱校雖謂“見於漢學師承記卷五戴震傳”，但亦未細考江氏從何處轉引來。其實，該段文字出洪榜初堂遺稿卷一戴先生行狀。

其他如第六章關於明夷待訪録，説道：

> 其最有影響於近代思想者，則明夷待訪録也。……後此梁啓超、譚嗣同輩倡民權共和之説，則將其書節鈔，印數萬本，祕密散布，於晚清思想之驟變，極有力焉。

按，節録明夷待訪録之原君、原臣兩篇，印成小册宣傳者，實爲杞憂公子（據方祖猷先生考證，杞憂公子爲孫中山先生之化名），該書卷首序末署“乙未立夏，杞憂公子小引”，乙未即光緒二十一年（一八九五）。馮自由革命逸史初集自序謂光緒甲午（一八九四）孫中山於日本横濱創立興中會，“時興中會之宣傳品僅有二種：一爲揚州十日記……二爲黄梨洲明夷待訪録選本之原君、原臣篇”，是知此節本實爲革命派之宣傳工具也。而任公東渡日本後，曾選編明儒學案，於光緒三十一年十一月由新民社發行節本明儒學案，封面署“黄梨洲先生元著、飲冰室主人節鈔”。據該書例言：

> 良以今日學絶道喪之餘，非有鞭辟近裏之學以藥之，萬不能矯學風而起國衰。求諸古籍，惟此書最良。而原本浩瀚，讀者或望洋而畏，不能卒業；又或泛泛一讀，迷於蔓枝，仍無心得。……故公此本於世，亦爲同志略節精力云爾。

并未及“民權共和”之説。而任公後在一九二三年作清初五大師學術梗概演講時，却説：

> 我少年時代，受這本書的刺激狠深。當我二十幾歲的時候，在長沙時務學堂教書，同事諸人差不多每天要談到這本書。其時這書是禁書，外間無從得到，便集合了許多人，祕密印了幾千部，到處送人。大家輾轉翻刻，散布了不曉得幾萬本。中國的革命，與這本書實在大有關係。

至於是“將其書節鈔，印數萬本，祕密散布”，還是“祕密印了幾千部，到處送人”，現在未能找到確切的證據。任公説“在長沙時務學堂教書，同事諸人差不多每天要談到這本書”，估計是實情。據湘報第一百零二號（一八九八年七月六日）登載

廣告:“本館新到新刻各種時務書:明夷待訪録,每部錢一百五十文。”後一百零六號且有附言曰:

> 院試匪遥,時務書急宜購閲,第恐距館較遠者,購取爲難,現寄存南陽街經濟書局分售。

第一百零九號又加入“南正街維新書局”分售處。直到第一百五十二號(一八九八年九月十二日)起,在售書目裏就不再出現明夷待訪録了。我們説,任公在長沙時務學堂教書期間,“醉心民權革命論”(時務學堂劄記殘卷序);後東渡日本,創辦清議報、新民叢報期間,則倡平等自由學説,鼓吹破壞主義,主張建立民主共和國。

清代學術概論雖爲學術著作,但學術與政治實有深層次之交互的影響,所以,融入了著者生命體驗的學術史,確實給我們帶來了全新的閲讀感受與無窮的想象空間。

任公中國學術史五部之撰寫,最終稿就兩端,一先秦,一清代。清代學術概論的寫作,距今適值百年。而百年來學術之升降與思想之變遷,亦皆受時代與政治之左右,故今日再讀任公著作,是重有感焉!

去歲校訂中國近三百年學術史畢,即從事清代學術概論之董理。不意年初疫情忽起,人心恍惚,時多無聊,前途難卜。至二月十六,復工復産,案牘勞形,平時之思緒,騰躍而複雜。校訂工作,直陷捉襟見肘之境地。任公曰“無負今日”,予之爬梳,錙銖必較,一則求其“無負”之心,再者實亦覓靜之良方也。其間復得譚苦盦、李成晴、鄭淩峰、郭惠靈、辜艷紅、李碧玉、劉景雲、蘇枕書、陳翔、張偉、許慶江、魯明、姚文昌諸學友之助,或代爲校對,或代覓資料;苦盦兄嘗爲考覆,審核匡正,高論疊出,惠我良多,每曰“相見以誠”,令人感動! 昔人曰:“中年以往,朋友難求。”誠哉斯言! 歲月如馳,識此以誌不忘云。

庚子初秋,俞國林於仰顧山房。

目　次

清代學術概論

中國近三百年學術概略

附録

清代學術概論

序

方震編歐洲文藝復興史既竣，乃徵序於新會，而新會之序，量與原書埒，則別爲清學概論，而復徵序於震。震惟由復古而得解放，由主觀之演繹進而爲客觀之歸納，清學之精神，與歐洲之文藝復興，實有同調者焉。雖然，物質之進步，遲遲至今日雖當世士夫大聲以倡科學，而迄今乃未有成者，何也？

且吾於清學發達之歷史中亦有數疑問：

一、耶穌會挾其科學東來，適當明清之際，其注意尤在君主及上流人，明之后、清之帝皆是也。清祖康熙，尤喜其算，測地量天，浸浸乎用之實地矣。循是以發達，則歐學自能逐漸輸入，顧何以康熙以後，截然中輟，僅餘天算，以維殘壘？

二、致用之學，自亭林以迄顏李，當時幾成學者風尚。夫致用云者，實際於民生有利之謂也，循是以往，亦物質發達之門，顧何以方向轉入於經典考據者，則大盛，而其餘獨不發達，至高者，勉爲附庸而已？

三、東原理欲之説震古鑠今①，此真文藝復興時代箇人享樂之精神也。"遏欲之害，甚於防川"，兹言而在中國，豈非奇創。顧此説獨爲當時所略視，不惟無贊成者，且並反對之聲而不揚，又何故？

四、迨至近世，震於船堅礮利，乃設製造局，譯西書，送學生，振振乎有發達之勢矣。顧今文學之運動，距製造局之創設，後二十餘年，何以通西文者，無一人能參加此運動。而變法、維新、立憲、革命之説起，則天下翕然從之，奪格致化學之席；而純正科學，卒不揚？

此其原因有原於政治之趨勢者，清以異族，入主中夏，致用之學，必遭時忌，故藉樸學以自保。此其一也。康熙末年，諸王相競，耶穌會黨太子，喇嗎黨雍正（此言夏穗卿先生爲我言之），既失敗於外，又遭讒於羅馬，而傳教一事乃竟爲西學輸入之一障害。此其二也。有原於社會之風尚者，民族富於調和性，故歐洲之復古爲衝突的，而清代之復古，雖抨擊宋學，而憑聖經以自保，則一變爲繼承的，而轉入於調和，輪廓不明瞭，此科學之大障也。此其三。民族尚談玄，藝術一途社會上等諸匠人而談空説有者，轉足以自尊。此其四。今時局機運稍稍變矣，天下方競言文化事業，而社會之風尚猶有足以爲學術之大障者，則受外界經濟之影響，實利主義

① 鑠　原作"礫"，國學本同，據合集本改。

興,多金爲上,位尊次之,而對於學者之態度,則含有迂遠不適用之意味,而一方則談玄之風猶未變。民治也,社會也,與變法維新立憲革命等是一名詞耳,有以異乎?無以異乎?此則願當世君子有以力矯之矣。

民國十年正月二日,蔣方震。

自序

（一）吾著此篇之動機有二：其一：胡適語我："晚清'今文學運動'於思想界影響至大，吾子實躬與其役者，宜有以紀之。"其二：蔣方震著歐洲文藝復興時代史新成①，索余序，吾覺泛泛爲一序，無以益其善美，計不如取吾史中類似之時代相印證焉，庶可以校彼我之短長而自淬厲也。② 乃與約，作此文以代序。既而下筆不能自休，遂成數萬言，篇幅幾與

---

①文集本無"時代"二字。

②開篇至此，稿本作"舊曆中秋前十日在京師省胡適之病，適之曰：'晚清"今文學運動"，於思想界影響至大；吾子實躬與其役者，宜有以紀之。'適蔣百里著歐洲文藝復興時代史新成，來索序，吾受而讀之，洵傑構也：非惟所紀史實翔洽而有條理，其眼光之鋭入，詞筆之犀利，能濬發讀者之靈性而暗示以向上之塗術，蓋西史之善本，此其空前矣。吾泛泛爲一序，無以益其善美，計不如取吾史中類似之時代相印證焉，庶可以校彼我之短長而思所以自淬厲也"。按，改造本同稿本，惟於"吾受而讀之"後有"於西史上劃一段落爲詳實的研究"一句，於"向上之塗術"後無"蓋西史之善本此其空前矣"一句。

原書埒。天下古今，固無此等序文。脱稿後，只得對於蔣書，宣告獨立矣。①

（二）余於十八年前，嘗著中國學術思想變遷之大勢，刊於新民叢報②，其第八章論清代學術，章末結論云：

> 此二百餘年間，總可命爲中國之"文藝復興時代"③，特其興也，漸而非頓耳。然固儼然若一有機體之發達，至今日而葱葱鬱鬱，有方春之氣焉。吾於我思想

①改造本無"乃與約"至"宣告獨立矣"數句。

②朱校："據新民叢報，中國學術思想變遷之大勢第八、九二章，即題作近世之學術（起明亡以迄今日）的三節，刊出時間爲一九〇四年。以下引文三段，均見於此二章，故'十八年前'説不確，當作'十六年前'。"朱氏於該書校注本之導讀，亦曾考此時間問題，可以參看。按，任公論中國學術思想變遷之大勢原計劃寫八章，前六章連載於新民叢報一九〇二年第三、四、五、七、九、十二、十六、十八、二十一、二十二號；第八章即近世之學術，連載於一九〇四年第五十三、五十四、五十五、五十八號，卷首曰："本論自壬寅秋閣筆，餘稿久未續成，深用歉然。頃排積冗，重理舊業，以三百年來變遷最繁，而關係最切，故先論之。其第六章未完之稿及第七章之稿，俟本章撰成，乃續補焉。"第七章後竟未作。又曰："原稿本擬區此章爲二：一曰衰落時代，一曰復興時代。以其界説不甚分明，故改今題。"任公所言，蓋指撰論中國學術思想變遷之大勢之時間，且已擬目，後文且曰："余今日之根本觀念，與十八年前無大異同；惟局部的觀察，今視昔似較爲精密。"故謂"十八年前"，實無不宜。

③中國之文藝復興時代　稿本、改造本、文集本、國學本、合集本同，新民叢報本作"古學復興時代"。

界之前途，抱無窮希望也。

又云：

有清學者①，以實事求是爲學鵠，饒有科學的精神，而更輔以分業的組織。

又云：

有清二百餘年之學術②，實取前此二千餘年之學術，倒卷而繅演之；如剥春筍，愈剥而愈近裏；如啖甘蔗，愈啖而愈有味；不可謂非一奇異之現象也。此現象誰造之？曰：社會周遭種種因緣造之。

余今日之根本觀念，與十八年前無大異同；惟局部的觀察，今視昔似較爲精密。

且當時多有爲而發之言③，其結論往往流於偏至。故今全行改作，采舊文者什一二而已。

（三）有清一代學術，可紀者不少；其卓然成一潮流，帶

①②有清　稿本、改造本、文集本、國學本、合集本同，新民叢報本作“本朝”。

③當　改造本作“彼”。稿本無此字。

有時代運動的色彩者，在前半期爲"考證學"，在後半期爲"今文學"，而今文學又實從考證學衍生而來。故本篇所記述，以此兩潮流爲主，其他則附庸耳。

（四）"今文學"之運動，鄙人實爲其一員①，不容不敘及。本篇純以超然客觀之精神論列之，即以現在執筆之另一梁啓超，批評三十年來史料上之梁啓超也。其批評正當與否，吾不敢知；吾惟對於史料上之梁啓超力求忠實，亦如對於史料上之他人之力求忠實而已矣。

（五）篇中對於平生所極崇拜之先輩，與夫極尊敬之師友，皆直書其名，不用別號，從質家言，冀省讀者腦力而已。

（六）自屬稿至脱稿，費十五日。稿成即以寄改造雜誌應期出版，更無餘裕覆勘，舛漏當甚多，惟讀者教之。②

民國九年十月十四日，啓超識。

---

①員　文集本作"焉"。

②稿本、改造本無五、六兩條。

第二自序

（一）此書成後，友人中先讀其原稿者數輩，而蔣方震、林志鈞、胡適三君，各有所是正；乃采其説增加三節，改正數十處。三君之説，不復具引，非敢掠美，爲行文避枝蔓而已。丁敬禮所謂“後世誰相知定吾文者耶”，謹記此以誌謝三君。

（二）久抱著中國學術史之志[①]，遷延未成。此書既脱稿，諸朋好益相督責，謂當將清代以前學術一併論述，庶可爲向學之士省精力，亦可喚起學問上興味也。於是決意爲之，分爲五部，其一：先秦學術；其二：兩漢六朝經學及魏晉玄學；其三：隋唐佛學；其四：宋明理學；其五：則清學也。今所從事者則佛學之部，名曰中國佛學史，草創正半。欲以一年内成此五部，能否未敢知，勉自策厲而已。故此書遂題爲中國學術史第五種。

① 文集本於“著”後有“有”字。

（三）本書屬稿之始，本爲他書作序，非獨立著一書也，故其體例不自愜者甚多。既已成編，即復怠於改作；故不名曰“清代學術史”，而名曰“清代學術概論”：因著史不能若是之簡陋也。五部完成後，當更改之耳。

九年十一月二十九日，啓超記。

一　時代思潮

今之恒言,曰“時代思潮”,此其語最妙於形容。凡文化發展之國,其國民於一時期中,因環境之變遷,與夫心理之感召,不期而思想之進路,同趨於一方嚮;於是相與呼應洶涌,如潮然。始焉其勢甚微,幾莫之覺;寖假而漲——漲——漲,而達於滿度;過時焉則落,以漸至於衰熄。凡“思”非皆能成“潮”,能成“潮”者,則其“思”必有相當之價值,而又適合於其“時代”之要求者也①。凡“時代”非皆有“思潮”,有思潮之時代,必文化昂進之時代也。其在我國自秦以後②,確能成爲時代思潮者,則漢之經學,隋唐之佛學③,宋及明之理學,清之考證學④,四者而已。

凡時代思潮,無不由“繼續的群衆運動”而成。所謂運

---

①“而又適合於其時代之要求者也”一句,稿本朱筆補。

②後　稿本、改造本作“來”。

③稿本、改造本無“隋”字。

④考證學　稿本、改造本作“漢學”。

動者，非必有意識、有計畫、有組織，不能分爲誰主動誰被動。其參加運動之人員，每各不相謀，各不相知①；其從事運動時所任之職役，各各不同，所采之手段亦互異。於同一運動之下，往往分無數小支派，甚且相嫉視、相排擊。雖然，其中必有一種或數種之共通觀念焉，同根據之爲思想之出發點；此種觀念之勢力，初時本甚微弱②，愈運動則愈擴大，久之遂成爲一種權威③。此觀念者，在其時代中，儼然現“宗教的色彩”④；一部分人，以宣傳捍衛爲己任，常以極純潔之犧牲的精神赴之；及其權威漸立，則在社會上成爲一種公共之好尚⑤；忘其所以然，而共以此爲嗜；若此者，今之譯語，謂之“流行”，古之成語，則曰“風氣”。風氣者，一時的信仰也。人鮮敢嬰之，亦不樂嬰之，其性質幾比宗教矣。一思潮播爲風氣，則其成熟之時也。

佛説一切流轉相，例分四期，曰：生，住，異，滅；思潮之流轉也正然，例分四期：一：啓蒙期（生），二：全盛期（住），三：蜕分期（異），四：衰落期（滅）。無論何國何時代之思潮，其發展變遷，皆循斯軌⑥。

---

①不相　原作“相不”，據稿本、改造本、國學本、合集本乙。

②甚　改造本作“身”。

③遂　原作“則”，國學本、合集本同，據稿本、改造本改。

④現“　原作“‘現”，合集本同，據稿本、改造本、國學本乙。　的　原作“之”，國學本、合集本同，據稿本、改造本改。

⑤公共　原作“共公”，國學本、合集本同，據稿本、改造本乙。

⑥皆　原作“多”，國學本、合集本同，據稿本、改造本改。

啓蒙期者，對於舊思潮初起反動之期也；舊思潮經全盛之後，如果之極熟而致爛，如血之凝固而成瘀，則反動不得不起；反動者，凡以求建設新思潮也；然建設必先之以破壞，故此期之重要人物，其精力皆用於破壞，而建設蓋有所未遑。所謂未遑者，非閣置之謂；其建設之主要精神，在此期間必已孕育，如史家所謂“開國規模”者然。雖然，其條理未確立，其研究方法正在間錯試驗中，棄取未定；故此期之著作，恒駁而不純；但在殽亂粗糙之中，自有一種元氣淋漓之象；此啓蒙期之特色也。當佛説所謂“生”相。

於是進爲全盛期：破壞事業已告終，舊思潮屏息慴伏，不復能抗顔行，更無須攻擊防衛以縻精力；而經前期醖釀培灌之結果，思想内容日以充實，研究方法亦日以精密，門户堂奥次第建樹，繼長增高，“宗廟之美百官之富”，粲然矣；一世才智之士，以此爲好尚，相與淬厲精進；闒冗者猶希聲附和，以不獲厠於其林爲恥；此全盛期之特色也。當佛説所謂“住”相。

更進則入於蜕分期：境界國土，爲前期人士開闢殆盡；然學者之聰明才力，終不能無所用也；只得取局部問題①，爲“窄而深”的研究；或取其研究方法，應用之於别方面；於是派中小派出焉；而其時之環境，必有以異乎前；晚出之派，進取氣較盛，易與環境順應，故往往以附庸蔚爲大國；則新衍

①得取　原作“取得”，國學本、合集本同，據稿本、改造本乙。

之别派與舊傳之正統派成對峙之形勢，或且駸駸乎奪其席；此蜕分期之特色也①。當佛説所謂"異"相。

過此以往，則衰落期至焉：凡一學派當全盛之後，社會中希附末光者日衆；陳陳相因，固已可厭；其時此派中精要之義，則先輩已濬發無餘；承其流者，不過捃摭末節以弄詭辯；且支派分裂，排軋隨之，益自暴露其缺點；環境既已變易，社會需要，别轉一方向；而猶欲以全盛期之權威臨之，則稍有志者必不樂受，而豪傑之士，欲創新必先摧舊②，遂以彼爲破壞之目標；於是入於第二思潮之啓蒙期，而此思潮遂告終焉。此衰落期無可逃避之運命，當佛説所謂"滅"相。

吾觀中外古今之所謂"思潮"者，皆循此歷程以遞相流轉，而有清三百年，則其最切著之例證也。

①分　原作"化"，稿本、改造本、國學本、合集本同，據前文改。

②摧　原作"推"，改造本、國學本、合集本同，據稿本改。

二 清代思潮

"清代思潮"果何物耶? 簡單言之:則對於宋明理學之一大反動,而以"復古"爲其幟志者也①;其動機及其内容,皆與歐洲之"文藝復興"絶相類;而歐洲當"文藝復興期"經過以後所發生之新影響,則我國今日正見端焉。其盛衰之迹,恰如前節所論列之四期②。

其啓蒙期運動之代表人物③,則顧炎武、胡渭、閻若璩也。其時正值晚明王學極盛而敝之後,學者習於"束書不觀游談無根",理學家不復能繫社會之信仰;炎武等乃起而矯之,大倡"舍經學無理學"之説,教學者脱宋明儒羈勒,直接返求之於古經④;而若璩辨僞經,喚起"求真"觀念,渭攻"河洛",掃架空説之根據,於是清學之規模立焉。同時對於明

①幟 原作"職",改造本、國學本、合集本同,據稿本改。

②列 原脱,改造本、國學本、合集本同,據稿本補。

③"運動"二字,稿本朱筆補。

④返 原作"反",國學本、合集本同,據稿本、改造本改。

學之反動，尚有數種方向：其一：顔元、李塨一派，謂“學問固不當求諸瞑想，亦不當求諸書册，惟當於日常行事中求之”；而劉獻廷以孤往之姿，其得力處亦略近於此派。其二：黄宗羲、萬斯同一派，以史學爲根據，而推之於當世之務；顧炎武所學，本亦具此精神；而黄萬輩規模之大不逮顧，故專向此一方面發展；同時顧祖禹之學，亦大略同一徑路；其後則衍爲全祖望、章學誠等，於清學爲别派。其三：王錫闡、梅文鼎一派，專治天算，開自然科學之端緒焉。此諸派者，其研究學問之方法，皆與明儒根本差異；除顔李一派中絶外，其餘皆有傳於後，而顧閻胡尤爲“正統派”不祧之大宗①。其猶爲舊學(理學)堅守殘壘效死勿去者，則有孫奇逢、李中孚②、陸世儀等；而其學風已由明而漸返於宋；即諸新學家，其思想中，留宋人之痕迹猶不少；故此期之復古，可謂由明以復於宋，且漸復於漢唐。

其全盛期運動之代表人物③，則惠棟、戴震、段玉裁、王

①尤爲“　原作“‘尤爲”，改造本、合集本同，據稿本、國學本乙。

②按，中孚爲李顒號，依任公自序第五條“直書其名，不用别號”例，此處當作“李顒”。後第十九節同。然作“中孚”似避清仁宗嘉慶帝顒琰諱，據任公一九一八年爲兒輩講授清代學術所作之記録，亦皆以小字注名諱，如孫夏峰後注“奇逢”、湯文正後注“斌”，而於李二曲後所注爲“中孚”，即可知也(見本書附清代學術流别綱目)。後作近代學風之地理的分布(本書附)、中國近三百年學術史即徑書“顒”字矣。

③期　原脱，國學本、合集本同，據稿本、改造本補。　“運動”二字，稿本朱筆補。

念孫、王引之也，吾名之曰正統派。試舉啓蒙派與正統派相異之點：一，啓蒙派對於宋學，一部分猛烈攻擊，而仍因襲其一部分；正統派則自固壁壘，將宋學置之不議不論之列。二，啓蒙派抱通經致用之觀念，故喜言成敗得失經世之務；正統派則爲考證而考證，爲經學而治經學。正統派之中堅，在皖與吴；開吴者惠，開皖者戴。惠棟受學於其父士奇，其弟子有江聲、余蕭客，而王鳴盛、錢大昕、汪中、劉台拱、江藩等皆汲其流。戴震受學於江永，亦事棟以先輩禮；震之在鄉里，衍其學者，有金榜、程瑶田、凌廷堪、三胡——匡衷、培翬、承珙①——等；其教於京師，弟子之顯者，有任大椿、盧文弨、孔廣森、段玉裁、王念孫，念孫以授其子引之，玉裁、念孫、引之最能光大震學，世稱戴段二王焉。其實清儒最惡立門户，不喜以師弟相標榜；凡諸大師皆交相師友，更無派别可言也。惠戴齊名，而惠尊聞好博，戴深刻斷制，惠僅"述者"而戴則"作者"也；受其學者，成就之大小亦因以異；故正統派之盟主必推戴。當時學者承流向風各有建樹者，不可

①承珙　原作"春喬"，國學本、合集本同，據稿本、改造本改。按，朱校："春喬，胡秉虔號。按章太炎訄書清儒：'三胡者，匡衷、承珙、培翬也，皆善治禮。'（檢論清儒同）有胡承珙，而無胡秉虔。考胡秉虔雖爲安徽績溪人，爲胡匡衷之侄、胡培翬堂叔，然不治三禮，故章説義長。又梁氏中國近三百年學術史亦以胡承珙與胡匡衷、胡培翬並提。"梁氏近代學風之地理的分布八安徽："績溪胡樸齋匡衷生雍乾之交，其學大端與雙池、慎修相近。以傳其孫竹村培翬、子繼培系。竹村與涇縣胡墨莊承珙同時齊名，墨莊亦自績遷涇也，時稱'績溪三胡'。"

數計；而紀昀、王昶、畢沅、孫星衍、阮元輩[①]，皆處貴要，傾心宗尚[②]，隱若護法，於是玆派稱全盛焉。其治學根本方法，在"實事求是""無徵不信"；其研究範圍，以經學爲中心，而衍及小學、音韻、史學、天算、水地、典章制度、金石、校勘、輯逸，等等；而引證取材，多極於兩漢，故亦有"漢學"之目。當斯時也，學風殆統於一；啓蒙期之宋學殘緒，亦莫能續；僅有所謂古文家者，假"因文見道"之名，欲承其祧，時與漢學爲難；然志力兩薄，不足以張其軍。

其蛻分期運動之代表人物，則康有爲、梁啓超也。當正統派全盛時，學者以專經爲尚，於是有莊存與始治春秋公羊傳，有心得，而劉逢禄、龔自珍最能傳其學。公羊傳者，"今文學"也；東漢時，本有今文古文之爭，甚烈；詩之毛傳，春秋之左傳，及周官，皆晚出，稱古文，學者不信之；至漢末而古文學乃盛；自閻若璩攻僞古文尚書得勝，漸開學者疑經之風，於是劉逢禄大疑春秋左氏傳，魏源大疑詩毛氏傳，若周官則宋以來固多疑之矣；康有爲乃綜集諸家説，嚴畫今古文分野，謂凡東漢晚出之古文經傳，皆劉歆所僞造；正統派所最尊崇之許鄭，皆在所排擊；則所謂復古者，由東漢以復於西漢。有爲又宗公羊立"孔子改制"説，謂六經皆孔子所作，

①紀昀王昶畢沅孫星衍阮元　原作"阮元王昶紀昀畢沅"，國學本同，合集本作"紀昀王昶畢沅阮元"，稿本、改造本作"阮元王昶紀昀畢沅孫星衍"，玆以五人生年據稿本、合集本補乙。

②尚　原作"向"，國學本同，據稿本、改造本、合集本改。

堯舜皆孔子依託;而先秦諸子,亦罔不“託古改制”;實極大膽之論,對於數千年經籍謀一突飛的大解放,以開自由研究之門。其弟子最著者,陳千秋、梁啓超,千秋早卒,啓超以教授著述大弘其學①;然啓超與正統派因緣較深,時時不慊於其師之武斷,故末流多有異同。有爲、啓超皆抱啓蒙期“致用”的觀念,借經術以文飾其政論,大失“爲經學而治經學”之本意②,故其業卒不昌③,而轉成爲歐西思想輸入之導引④。

清學之蜕分期,同時即其衰落期也。顧閻胡惠戴段二王諸先輩,非特學識淵粹卓絶,即行誼亦至狷潔;及其學既盛,舉國希聲附和,浮華之士亦競趨焉;固已漸爲社會所厭。且茲學犖犖諸大端,爲前人發揮略盡;後起者率因襲補苴,無復創作精神;即有發明,亦皆末節,漢人所謂碎義逃難也;而其人猶自倨貴,儼成一種“學閥”之觀。今古文之爭起,互相詆諆⑤,缺點益暴露。海通以還,外學輸入;學子憬然於竺舊之非計,相率吐棄之,其運命自不能以復久延。然在此期中,猶有一二大師焉,爲正統派死守最後之壁壘:曰俞樾,曰孫詒讓,皆得統於高郵王氏;樾著書惟二三種獨精絶,餘乃類無行之袁枚,亦衰落期之一徵也;詒讓則有醇無疵,得此

①改造本無“大”字。

②大　原作“頗”,國學本、合集本同,據稿本、改造本改。

③卒　原脱,改造本、國學本、合集本同,據稿本補。

④稿本無“而轉成爲歐西思想輸入之導引”一句。

⑤諆　原作“謨”,據稿本、改造本、國學本、合集本改。

後殿，清學有光矣。樾弟子有章炳麟，智過其師，然亦以好談政治，稍荒厥業。而績溪諸胡之後有胡適者，亦用清儒方法治學，有正統派遺風。①

綜觀二百餘年之學史，其影響及於全思想界者，一言蔽之，曰："以復古爲解放。"第一步：復宋之古，對於王學而得解放；第二步：復漢唐之古，對於程朱而得解放；第三步：復西漢之古，對於許鄭而得解放；第四步：復先秦之古，對於一切傳注而得解放；夫既已復先秦之古，則非至對於孔孟而得解放焉不止矣。然其所以能著著奏解放之效者②，則科學的研究精神實啓之③。今清學固衰落矣，"四時之運，成功者退"，其衰落乃勢之必然，亦事之有益者也，無所容其痛惜留戀；惟能將此研究精神轉用於他方向④，則清學亡而不亡也矣。⑤

略論既竟，今當分説各期。

---

①自"而績溪諸胡"至"有正統派遺風"，國學本、合集本同，稿本作"而績溪三胡之裔有胡適者，守家法至篤，儼然正統派之碩果焉"，改造本作"而績溪諸胡而後有胡適者，頗能守清儒治學方法，儼然正統派之碩果焉"。

②改造本無"其"字。

③則科學的研究精神實啓之　改造本作"則以其研究精神實含有科學的性質"。

④稿本無"能"字。

⑤自"其衰落乃勢之必然"至"則清學亡而不亡也矣"，改造本作"而吾猶嘵嘵於此陳迹者，蓋以明思潮之危進，無時而非解放，無事而非改造。改造者，全人生也。今之聞解放、改造而却走者，則必曰：'周程生許鄭之後，便不應倡所謂宋學；顧閻生陸王之後，便不應倡所謂漢學也。'有是理乎"。按，改造本爲初稿文字，後經改寫。

三　清學之出發點

吾言"清學之出發點,在對於宋明理學一大反動",夫宋明理學何爲而招反動耶?學派上之"主智"與"主意"、"唯物"與"唯心"、"實驗"與"實證"①,每迭爲循環。大抵甲派至全盛時必有流弊,有流弊斯有反動,而乙派與之代興,乙派之由盛而弊而反動也亦然②。然每經一度之反動再興,則其派之内容,必革新焉而有以異乎其前;人類德慧術智之所以進化③,胥恃此也。此在歐洲三千年學術史中,其大勢最著明,我國亦不能違此公例;而明清之交,則其嬗代之迹之尤易見者也。

唐代佛學極昌之後,宋儒采之,以建設一種"儒表佛裏"的新哲學,至明而全盛。此派新哲學,在歷史上有極大之價值,自無待言。顧吾輩所最不慊者,其一:既采取佛説而損

①實證　原作"冥證",國學本、合集本同,據稿本、改造本改。

②也　原脱,國學本、合集本同,據稿本、改造本補。

③術智　原作"智術",國學本、合集本同,據稿本、改造本乙。

益之,何可諱其所自出,而反加以醜詆;其二:所創新派,既並非孔孟本來面目,何必附其名而淆其實。是故吾於宋明之學,認其獨到且有益之處確不少;但對於其建設表示之形式,不能曲恕;謂其既誣孔,且誣佛,而並以自誣也。明王守仁爲兹派晚出之傑,而其中此習氣也亦更甚;即如彼所作朱子晚年定論,强指不同之朱陸爲同,實則自附於朱,且誣朱從我。此種習氣,爲思想界之障礙者有二:一曰遏抑創造:一學派既爲我所自創,何必依附古人以爲重;必依附古人,豈非謂生古人後者便不應有所創造耶?二曰獎勵虚僞[①]:古人之説誠如是,則宗述之可也;並非如是,而以我之所指者實之,此無異指鹿爲馬,淆亂真相,於學問爲不忠實。宋明學之根本缺點在於是。

進而考其思想之本質,則所研究之對象,乃純在昭昭靈靈不可捉摸之一物[②];少數俊拔篤摯之士,曷嘗不循此道以求得身心安宅[③],然效之及於世者已鮮;而浮僞之輩,摭拾虚辭以相夸煽,乃甚易易;故晚明"狂禪"一派,至於"滿街皆是聖人","酒色財氣不礙菩提路",道德且墮落極矣。重以制科帖括,籠罩天下;學者但習此種影響因襲之談,便足以取富貴弋名譽;舉國靡然化之,則相率於不學,且無所用心。故晚明理學之弊,恰如歐洲中世黑暗時代之景教。其極也,

①勵 稿本作"厲"。
②昭昭 原作"紹紹",國學本、合集本同,據稿本、改造本改。
③以 原作"而",國學本、合集本同,據稿本、改造本改。

能使人之心思耳目皆閉塞不用；獨立創造之精神，消蝕達於零度；夫人類之有“學問欲”，其天性也，“學問飢餓”至於此極，則反動其安得不起。

四　顧炎武

當此反動期而從事於"黎明運動"者,則崑山顧炎武其第一人也。炎武對於晚明學風,首施猛烈之攻擊,而歸罪於王守仁,其言曰:

今之君子,聚賓客門人數十百人,與之言心言性;舍"多學而識"以求"一貫"之方,置"四海困窮"不言而講"危微精一",我弗敢知也。(亭林文集與友人論學書)①

又曰:

今之學者,偶有所窺,則欲盡廢先儒之説而駕其上,不學則借一貫之言以文其陋;無行則逃之性命之鄉以使人不可詰。(日知録十八)

①與　原作"答",稿本、改造本、國學本、合集本同,據顧氏原書篇名改。

又曰：

> 以一人而易天下，其流風至於百有餘年之久者，古有之矣：王夷甫之清談，王介甫之新説，其在於今則王伯安之良知是也。孟子曰："天下之生久矣，一治一亂。"撥亂世反諸正，豈不在後賢乎。（同上）

凡一新學派初立，對於舊學派，非持絶對嚴正的攻擊態度，不足以摧故鋒而張新軍；炎武之排斥晚明學風，其鋒芒峻露，大率類是。自兹以後，王學遂衰熄；清代猶有襲理學以爲名高者，則皆自託於程朱之徒也；雖曰王學末流極敝，使人心厭倦，本有不摧自破之勢，然大聲疾呼以促思潮之轉捩，則炎武最有力焉。

炎武未嘗直攻程朱，然根本不承認理學之能獨立①。其言曰：

> 古今安得别有所謂理學者，經學即理學也；自有舍經學以言理學者，而邪説以起。（全祖望亭林先生神道表引）

"經學即理學"一語，則炎武所創學派之新旗幟也。其正當與否，且勿深論；——以吾儕今日眼光觀之，此語有兩病：其

①然　原脱，國學本、合集本同，據稿本、改造本補。

一，以經學代理學，是推翻一偶像而别供一偶像；其二，理學即哲學也，實應離經學而爲一獨立學科。——雖然，有清一代學術，確在此旗幟之下而獲一新生命。昔有非笑六朝經師者，謂"寧説周孔誤，不言鄭服非"；宋元明以來之談理學者亦然，寧得罪孔孟，不敢議周程張邵朱陸王。有議之者，幾如在專制君主治下犯大不敬律也；而所謂理學家者，蓋儼然成一最尊貴之學閥而奴視群學。自炎武此説出，而此學閥之神聖，忽爲革命軍所粉碎，此實四五百年來思想界之一大解放也。

凡啓蒙時代之大學者，其造詣不必極精深，但常規定研究之範圍，創革研究之方法，而以新鋭之精神貫注之。顧炎武之在"清學派"，即其人也。炎武著述，其有系統的組織而手定成書者①，惟音學五書耳；其天下郡國利病書、肇域志，造端宏大，僅有長編，未爲定稿；日知録爲生平精力所集注，則又筆記備忘之類耳；自餘遺書尚十數種，皆明單義，並非鉅裁。然則炎武所以能當一代開派宗師之名者何在？則在其能建設研究之方法而已。約舉有三：

一曰貴創。炎武之言曰："有明一代之人，其所著書，無非竊盜而已。"（日知録十八）其論著書之難，曰："必古人之所未及就②，後世之所不可無，而後爲之。"（日知録十九）其日知録自序云："愚自少讀書，有所得輒記之；其有不合，時復改定；或古

①系統　原作"統系"，國學本、合集本同，據稿本、改造本乙。

②之　原脱，稿本、改造本、國學本、合集本同，據顧氏原書補。

人先我而有者，則遂削之。”故凡炎武所著書，可決其無一語蹈襲古人[①]。其論文也亦然，曰：“近代文章之病，全在摹倣，即使逼肖古人，已非極詣。”（日知録十九）又曰：“君詩之病，在於有杜；君文之病，在於有韓歐；有此蹊徑於胸中，便終身不脱依傍二字。”（亭林文集與人書十七）觀此知摹倣依傍，炎武所最惡也。

二曰博證。四庫全書日知録提要云：“炎武學有本原，博贍而能貫通，每一事必詳其始末，參以證佐，而後筆之於書，故引據浩繁，而牴牾者少。”此語最能傳炎武治學法門。全祖望云：“凡先生之游，載書自隨，所至阨塞，即呼老兵退卒詢其曲折，或與平日所聞不合[②]，即發書而對勘之。”（鮚埼亭集亭林先生神道表）蓋炎武研學之要訣在是。論一事必舉證，尤不以孤證自足，必取之甚博，證備然後自表其所信。其自述治音韻之學也，曰：“……列本證旁證二條，本證者詩自相證也，旁證者采之他書也，二者俱無，則宛轉以審其音，參伍以諧其韻。……”（音論）此所用者，皆近世科學的研究法；乾嘉以還，學者固所共習，在當時則固炎武所自創也。

三曰致用。炎武之言曰：“孔子删述六經，即伊尹、太公救民水火之心，故曰‘載諸空言，不如見諸行事’……愚不揣有見於此，凡文之不關於六經之指當世之務者，一切不爲。”（亭林文集與人書三[③]）彼誠能踐其言，其終身所撰著，蓋不越此

---

①襲　改造本作“習”。

②不　原作“相”，稿本、改造本、國學本、合集本同，據全氏原文改。

③三　原作“二”，稿本、改造本、國學本、合集本同，據顧氏原文改。

範圍。其所謂"用"者,果真爲有用與否,此屬别問題;要之其標"實用主義"以爲鵠,務使學問與社會之關係增加密度[①],此實對於晚明之帖括派、清談派施一大針砭。清代儒者以樸學自命以示别於文人,實炎武啓之;最近數十年,以經術而影響於政體,亦遠紹炎武之精神也。

①稿本、改造本於"與"後有"實"字。按,疑任公漏寫一"現"字,此處或作"現實社會"。

五① 閻若璩 胡渭 毛奇齡 姚際恒

汪中嘗擬爲國朝六儒頌，其人則崑山顧炎武、德清胡渭、宣城梅文鼎、太原閻若璩、元和惠棟、休寧戴震也。其言曰："古學之興也，顧氏始開其端；河洛矯誣，至胡氏而紬；中西推步，至梅氏而精；力攻古文書者②，閻氏也；專言漢儒易者，惠氏也；凡此皆千餘年不傳之絶學，及戴氏出而集其成焉。"（凌廷堪校禮堂集汪容甫墓誌銘③）其所推挹蓋甚當，六君者洵清儒之魁也。然語於思想界影響之鉅，則吾於顧戴之外，獨推閻胡。

閻若璩之所以偉大，在其尚書古文疏證也④；胡渭之所以偉大，在其易圖明辨也；汪中則既言之矣。夫此兩書所研究者，皆不過局部問題，曷爲能影響於思想界之全部？且其

①五　稿本原作"三"，朱筆改。

②書　原脱，稿本、改造本、國學本、合集本同，據凌氏原文補。

③校禮堂集　稿本、改造本作"撰"。

④尚書古文　稿本原作"古文尚書"，朱筆乙。

書又不免漏略蕪雜，爲後人所糾者不少，——阮元輯學海堂經解，兩書皆擯不録。——曷爲推尊之如是其至？吾固有説。

尚書古文疏證[①]，專辨東晉晚出之古文尚書十六篇及同時出現之孔安國尚書傳皆爲僞書也。此書之僞，自宋朱熹、元吴澄以來[②]，既屢有疑之者[③]；顧雖積疑，然有所憚而莫敢斷[④]，自若璩此書出而讞乃定。夫辨十數篇之僞書，則何關輕重；殊不知此僞書者，千餘年來，舉國學子人人習之，七八歲便都上口，心目中恒視爲神聖不可侵犯；歷代帝王，經筵日講，臨軒發策，咸所依據尊尚；毅然悍然辭而闢之，非天下之大勇固不能矣。自漢武帝表章六藝罷黜百家以來，國人之對於六經，只許徵引，只許解釋，不許批評研究，韓愈所謂"曾經聖人手，議論安敢到"；若對於經文之一字一句稍涉擬議，便自覺陷於"非聖無法"，蹙然不自安於其良心；非特畏法網憚清議而已。凡事物之含有宗教性者，例不許作爲學問上研究之問題；一作爲問題，其神聖之地位固已摇動矣。今不唯成爲問題而已[⑤]，而研究之結果，乃知疇昔所共奉爲神聖者，其中一部分實糞土也；則人心之受刺激起驚愕而生

①尚書古文　稿本原作"古文尚書"，墨筆乙。

②"元吴澄"三字，稿本朱筆補。

③屢　原脱，國學本、合集本同，據稿本、改造本補。

④顧雖積疑然有所憚　稿本原作"顧雖莫敢言即言矣"，朱筆改。

⑤唯　稿本、改造本作"惟"。

變化,宜何如者。蓋自兹以往,而一切經文,皆可以成爲研究之問題矣;再進一步,而一切經義,皆可以成爲研究之問題矣。以舊學家眼光觀之,直可指爲人心世道之憂,——當時毛奇齡著古文尚書冤詞以難閻,自比於抑洪水驅猛獸,光緒間有洪良品者,猶著書數十萬言,欲翻閻案,意亦同此。——以吾儕今日之眼光觀之,則誠思想界之一大解放;後此今古文經對待研究,成爲問題;六經諸子對待研究,成爲問題;中國經典與外國宗教哲學諸書對待研究,成爲問題;其最初之動機,實發於此。①

胡渭之易圖明辨,大旨辨宋以來所謂河圖、洛書者,傳自邵雍,雍受諸李之才,之才受諸道士陳摶②;非羲文周孔所有,與易義無關。此似更屬一局部之小問題,吾輩何故認爲與閻書有同等之價值耶?須知所謂"無極"、"太極",所謂河圖、洛書,實組織"宋學"之主要根核;宋儒言理言氣言數言命言心言性,無不從此衍出。周敦頤自謂"得不傳之學於遺經",程朱輩祖述之,謂爲道統所攸寄;於是占領思想界五六百年,其權威幾與經典相埒。渭之此書,以易還諸羲文周孔,以圖還諸陳邵,並不爲過情之抨擊,而宋學已受"致命傷"。自此,學者乃知宋學自宋學,孔學自孔學,離之雙美,合之兩傷(此胡氏自序中語);自此,學者乃知欲求孔子所謂真

①稿本眉批曰:"且辨僞者,凡以求真也。吾國人好造僞書之風特盛。"任公以墨筆畫去。

②朱校:"李之才爲陳摶再傳弟子,此謂'之才受諸道士陳摶',蓋誤。"

理，舍宋人所用方法外，尚别有其途。不寧唯是①，我國人好以“陰陽五行”説經説理，不自宋始，蓋漢以來已然；一切惑世誣民汨靈窒智之邪説邪術，皆緣附而起。胡氏此書，乃將此等異説之來歷，和盤托出，使其不復能依附經訓以自重，此實思想界之一大革命也②。

歐洲十九世紀中葉，英人達爾文之種源論，法人雷能之耶穌基督傳③，先後兩年出版，而全歐思想界爲之大摇，基督教所受影響尤劇。夫達爾文自發表其生物學上之見解，於教宗何與，然而被其影響者，教義之立脚點破也。雷能之傳，極推挹基督④，然反損其信仰者，基督從來不成爲學問上之問題，自此遂成爲問題也。明乎此間消息，則閻胡兩君之書，在中國學術史上之價值，可以推見矣。

若論清學界最初之革命者，尚有毛奇齡其人。其所著河圖洛書原舛編⑤、太極圖説遺議等，皆在胡渭前；後此清儒所治諸學，彼亦多引其緒。但其言古音則詆顧炎武，言尚書則詆閻若璩，故漢學家祧之不宗焉。全祖望爲毛西河别傳，謂“其所著書，有造爲典故以欺人者，有造爲師承以示人有

①唯　稿本、改造本作“惟”。
②界　原脱，改造本、國學本、合集本同，據稿本補。
③雷能　今譯作“勒南”。
④挹　改造本作“崇”。
⑤洛書　原脱，稿本、國學本、合集本同，據西河合集經集補。　編　原作“篇”，稿本、國學本、合集本同，據原書書名改。

本者，有前人之誤已經辨正尚襲其誤而不知者，有信口臆説者，有不考古而妄言者，有前人之言本有出而妄斥爲無稽者，有改古書以就己者"。祖望於此諸項，每項舉一條爲例，更著有蕭山毛氏糾繆十卷。平心論之，毛氏在啓蒙期，不失爲一衝鋒陷陣之猛將，但於"學者的道德"缺焉[①]，後儒不宗之宜耳。

同時有姚際恒者，其懷疑精神極熾烈，疑古文尚書，疑周禮，疑詩序，乃至疑孝經疑易傳十翼。其所著諸經通論未之見[②]；但其古今僞書考，列舉經史子部疑僞之書共數十種，中固多精鑿之論也。[③]

---

①於"　原作""於"，據稿本、國學本、合集本乙。

②"諸經通論"當即九經通論，任公學術史第六講："立方五十歲著手注九經，閲十四年而成，名曰九經通論。"

③改造本無"若論清學界最初之革命者"以下兩段文字，稿本朱筆補寫於天眉。按，論毛氏一段，原在第十九節，今本文字與之多異。參見彼處校記。

六　黄宗羲　王夫之

吾於清初大師，最尊顧黄王顔，皆明學反動所産也。顧爲正統派所自出，前既論列，今當繼述三子者。

餘姚黄宗羲，少受學於劉宗周，純然明學也；中年以後，方嚮一變。其言曰："明人講學，襲語録糟粕，不以六經爲根柢，束書而從事於游談，更滋流弊，故學者必先窮經；然拘執經術，不適於用，欲免迂儒，必兼讀史。"（清史黄宗羲傳）又曰："讀書不多，無以證斯理之變化[①]；多而不求於心，則爲俗學。"（全祖望鮚埼亭集黄梨洲先生神道碑）大抵清代經學之祖推炎武，其史學之祖當推宗羲。[②] 所著明儒學案，中國之有"學術史"，自此始也；又好治天算，著書八種，全祖望謂"梅文鼎本周髀言天文，世驚爲不傳之祕，而不知宗羲實開之"；其律吕新義，開樂律研究之緒；其易學象數論，與胡渭易圖明辨互

①斯　原脱，稿本、改造本、國學本、合集本同，據全氏原文補。

②稿本此句後原有"萬斯同治史，稱近世絶詣，斯同則宗羲門人也"一句，爲任公墨筆畫去。

相發明；其授書隨筆，則答閻若璩問也。故閻胡之學，皆受宗羲影響，其他學亦稱是。

清初諸儒①，皆講"致用"，所謂"經世之務"是也，宗羲以史學爲根柢，故言之尤辯；其最有影響於近代思想者，則明夷待訪録也。其言曰：

> 後之爲君者，以天下之利盡歸於己，天下之害盡歸於人。……使天下之人，不敢自私，不敢自利；以我之大私爲天下之公；……視天下爲莫大之産業；……凡天下之無地而得安寧者，爲有君也。……天下之人，怨惡其君，視之爲寇讐，名之爲獨夫，固其所也，而小儒規規焉以君臣之義無所逃於天地之間，至桀紂之暴猶謂不當誅。……欲以如父如天之空名，禁人窺伺。②（原君）

①諸　原作"之"，改造本、國學本、合集本同，據稿本改。

②此段文字，删略較多，兹節列黄氏原文如下："後之爲人君者不然，以爲天下利害之權皆出於我，我以天下之利盡歸於己，以天下之害盡歸於人，亦無不可；使天下之人，不敢自私，不敢自利，以我之大私爲天下之公。始而慚焉，久而安焉，視天下爲莫大之産業，傳之子孫，受享無窮。……今也以君爲主，天下爲客，凡天下之無地而得安寧者，爲君也。……古者天下之人，愛戴其君，比之如父，擬之如天，誠不爲過也。今也天下之人，怨惡其君，視之如寇讐，名之爲獨夫，固其所也。而小儒規規焉以君臣之義無所逃於天地之間，至桀紂之暴，猶謂湯武不當誅之。……後世之君，欲以如父如天之空名，禁人之窺伺者，皆不便於其言，至廢孟子而不立，非導源於小儒乎？"

又曰：

> 後之人主，既得天下，唯恐其子孫之不能保有也，思患於未然以爲之法①。然則其所謂法者，一家之法，而非天下之法也。……夫非法之法，前王不勝其利欲之私以創之，後王或不勝其利欲之私以壞之。壞之者固足以害天下，其創之者亦未始非害天下也。……論者謂有治人無治法，吾謂有治法而後有治人。（原法）

此等論調，由今日觀之，固甚普通甚膚淺，然在二百六七十年前，則真極大膽之創論也，故顧炎武見之而歎，謂“三代之治可復”；而後此梁啓超、譚嗣同輩倡民權共和之説，則將其書節鈔，印數萬本，祕密散布，於晚清思想之驟變，極有力焉。

清代史學盛於浙②，鄞縣萬斯同最稱首出，斯同則宗羲弟子也。唐以後之史，皆官家設局分修，斯同最非之，謂“官修之史，倉猝成於衆人，猶招市人與謀室中之事”（錢大昕潛揅堂集萬季野先生傳），以獨力成明史稿，論者謂遷固以後一人而已。其後斯同同縣有全祖望，亦私淑宗羲，言“文獻學”者宗焉。會稽有章學誠，著文史通義，學識在劉知幾、鄭樵上。

衡陽王夫之，生於南荒，學無所師承；且國變後遁迹深

①以　原作“而”，國學本、合集本同，據稿本、改造本改。
②原於“學”後衍“極”字，國學本、合集本同，據稿本、改造本删。

山，與一時士夫不相接，故當時無稱之者，然亦因是戛戛獨有所造。其攻王學甚力，嘗曰："侮聖人之言，小人之大惡也。……姚江之學，横拈聖言之近似者，摘一句一字以爲要妙，竄入其禪宗，尤爲無忌憚之至。"（俟解）又曰："數傳之後，愈徇迹而忘其真，或以鈎考文句、分支配擬爲窮經之能，僅資場屋射覆之用，其偏者以臆測度，趨入荒杳。"（中庸補傳衍①）遺書中此類之論甚多，皆感於明學之極敝而生反動。欲挽明以返諸宋，而於張載之正蒙，特推尚焉。

其治學方法，已漸開科學研究的精神。嘗曰：

> 天下之物理無窮，已精而又有其精者，隨時以變，而皆不失於正。但信諸己而即執之，如何得當②。況其所爲信諸己者，又或因習氣，或守一先生之言，而漸漬以爲己心乎？（俟解）

夫之著書極多，同治間金陵刻本二百八十八卷，猶未逮其半。皆不落"習氣"，不"守一先生之言"。其讀通鑑論、宋論，往往有新解，爲近代學子所喜誦習，尤能爲深沉之思以

①中庸補傳衍　稿本、改造本、國學本、合集本同，似應作"中庸衍補傳"。按，清儒學案船山學案："大學衍。（案，大學衍、中庸衍全載朱子注而爲説衍之，先生自言，二篇本屬專書，後撰禮記章句，乃歸入其中，與全編體例不一。今專采之，仍題原名。）"所引即中庸衍文字。

②如　原作"云"，國學本、合集本同，據稿本、改造本改。

撢繹名理。其張子正蒙注、老子衍、莊子解，皆覃精之作，蓋欲自創一派哲學而未成也。其言："天理即在人欲之中，無人欲則天理亦無從發現"(正蒙注)，可謂發宋元以來所未發。後此戴震學説，實由兹衍出。故劉獻廷極推服之，謂"天地元氣，聖賢學脈，僅此一綫"(廣陽雜記二)①。其鄉後學譚嗣同之思想，受其影響最多，嘗曰："五百年來學者，真通天人之故者，船山一人而已。"(仁學卷上)尤可注意者，遺書目録中，有相宗絡索及三藏法師八識規矩論贊二書(未刻)，在彼時以儒者而知治"唯識宗"，可不謂豪傑之士耶？

①稿本、改造本無"其言天理即在人欲之中"至"廣陽雜記二"數句。

七[1] 顏元

顧黃王顏，同一"王學"之反動也，而其反動所趨之方嚮各不同。黃氏始終不非王學，但是正其末流之空疏而已；顧王兩氏黜明存宋，而顧尊考證，王好名理；若顏氏者，則明目張膽以排程朱陸王，而亦非薄傳注考證之學，故所謂"宋學""漢學"者，兩皆吐棄；在諸儒中尤爲挺拔，而其學卒不顯於清世。

博野顏元，生於窮鄉，育於異姓，飽更憂患，堅苦卓絶，其學有類羅馬之"斯多噶派"，其對於舊思想之解放，最爲徹底。嘗曰：

> 立言但論是非，不論異同。是，則一二人之見不可易也；非，則雖千萬人所同，不隨聲也。豈惟千萬人，雖

①"七"字寫於稿紙第一行右側欄外，係後補。

百千年同迷之局，我輩亦當以先覺覺後覺①，竟不必附和雷同也。（鍾錂著顏習齋言行録學問篇）

其尊重自己良心，確乎不可拔也如此。其對於宋學，爲絶無閃縮之正面攻擊。其言曰：

予昔尚有將就程朱附之聖門支派之意，自一南游，見人人禪子，家家虛文，直與孔門敵對，必破一分程朱，始入一分孔孟。乃定以爲孔孟與程朱判然兩途，不願作道統中鄉愿矣。（李塨著顏習齋先生年譜卷下）

然則元之學之所以異於宋儒者何在耶？其最要之旨曰："習行於身者多，勞枯於心者少。"（年譜卷下）彼引申其義曰："人之歲月精神有限，誦説中度一日，便習行中錯一日，紙墨上多一分，便身世上少一分。"（存學編論講學）②又曰："宋儒如得一路程本，觀一處又觀一處，自喜爲通天下路程，人亦以曉路稱之，其實一步未行，一處未到。"（年譜卷下）又曰："諸儒之論，在身乎，在世乎，徒紙筆耳，則言之悖於孔孟者墜也，言之不悖於孔孟者亦墜也。"（習齋記餘未墜集序）又曰："譬之於醫，有妄人者，止務覽醫書千萬卷，熟讀詳説，以爲予國手矣，視診脈製

①"後覺"之"覺"原脱，稿本、改造本、國學本、合集本同，據鍾氏原文補。
②編　改造本作"篇"。

藥針灸爲粗不足學，書日博，識日精。一人倡之，舉世效之，岐黄盈天下，而天下之人病相枕死相接也。”(存學編學辯一)又曰：“爲愛静空談之學久，必至厭事；厭事必至廢事，遇事即茫然，故誤人才敗天下事者宋學也。”(年譜卷下)又曰：“書本上見，心頭上思，可無所不及，而最易自欺欺世，不特一無能①，其實一無知也。”(言行録卷下)其論學宗旨大率類此。

由此觀之，元不獨不認宋學爲學，並不認漢學爲學，明矣。元之意蓋謂：學問絶不能向書本上或講堂上求之，惟當於社會日常行事中求之。故其言曰：“人之認讀書爲學者②，固非孔子之學，以讀書之學解書，並非孔子之書。”(言行録卷下)又曰：“後儒將博學改爲博讀博講博著③。”(年譜卷下)其所揭櫫以爲學者，曰：周禮大司徒之“鄉三物”，——一：六德：知，仁，聖，義，忠，和；二：六行：孝，友，睦，婣，任，衈；三：六藝：禮，樂，射，御，書，數。——而其所實行者尤在六藝。故躬耕、習醫、學技擊、學兵法、習禮、習樂，其教門人必使之各執一藝。“勞作神聖”之義，元之所最信仰也，其言曰：“養身莫善於習動，夙興夜寐，振起精神，尋事去做。”(言行録卷上)曰：“生存一日，當爲生民辦事一日。”(年譜卷下)質而言之，爲做事故求學問，做事即是學問，舍做事外别無學問，此元之根本主義也。以實學代虚學，以動學代静學，以活學代死學，與最近教育新思潮最相合。

①一　原脱，國學本、合集本同，據稿本、改造本補。
②書　原作“者”，據稿本、改造本、國學本、合集本改。
③博講　原脱，國學本、合集本同，據稿本、改造本補。

但其所謂實所謂動所謂活者，究竟能免於虛靜與死否耶？此則時代爲之，未可以今日社會情狀繩古人矣。

元弟子最著者，曰李塨，曰王源，皆能實踐其教。然元道太刻苦，類墨氏，傳者卒稀，非久遂中絶。

八[1] 梅文鼎 顧祖禹 劉獻廷 傅山

我國科學最昌明者，惟天文算法，至清而尤盛，凡治經學者多兼通之。其開山之祖，則宣城梅文鼎也。杭世駿謂："自明萬曆中利瑪竇入中國，製器作圖頗精密，……學者張皇過甚，無暇深考中算源流。輒以世傳淺術，謂古九章盡此，於是薄古法爲不足觀；而或者株守舊聞，遽斥西人爲異學，兩家遂成隔閡。鼎集其書而爲之説，稍變從我法，若三角比例等，原非中法可該，特爲表出，古法方程，亦非西法所有，則專著論以明古人精意。"（杭世駿道古堂集梅定九徵君傳）文鼎著書八十餘種，其精神大率類是，知學問無國界，故無主奴之見。其所創獲甚多，自言："吾爲此學，皆歷最艱苦之後而後得簡易。……惟求此理大顯，絶學不致無傳，則死且不憾。"（同上）蓋粹然學者態度也。

清代地理學亦極盛，然乾嘉以後，率偏於考古，且其發

---

①八　稿本原作"七"，墨筆圈去，下寫"八"字。

明多屬於局部的。以云體大思精,至今蓋尚無出無錫顧祖禹讀史方輿紀要上者。魏禧評之曰:"職方、廣輿諸書,襲謬踵謬,名實乖錯,悉據正史考訂折衷之,此數千百年所絕無僅有之書也。……貫穿諸史,出以己所獨見,其深思遠識,在語言文字之外。"(魏禧叔子集讀史方輿紀要敘)祖禹爲此書,年二十九始屬稿,五十乃成,無一日中輟。自言:"舟車所經,必覽城郭,按山川,稽里道,問關津,以及商旅之子,征戍之夫,或與從容談論,考覈異同。"(讀史方輿紀要自敘)蓋純然現代科學精神也。

清初有一大學者,而其學無傳於後者,曰大興劉獻廷。王源表其墓曰:"……脱身遍歷九州,覽其山川形勢,訪遺佚,交其豪傑,觀其土俗,博采軼事,以益廣其聞見,而質證其所學。……討論天地陰陽之變、霸王大略、兵法、文章、典制、方域要害,……於禮、樂、象緯、醫藥、書、數、法律、農桑、火攻器製,旁通博考,浩浩無涯涘。"(王源居業堂集劉處士墓表)而全祖望述其遺著有新韻譜者,最爲精奇。全氏曰:

> 繼莊(獻廷字)自謂於聲音之道,别有所窺,足窮造化之奥,百世而不惑。嘗作新韻譜,其悟自華嚴字母入,而參以天竺陀羅尼、泰西臘頂話①、小西天梵書,暨天方、蒙古、女直等音;又證之以遼人林益長之説,而益自

①臘　稿本作"蠟"。後一處同。

信。同時吴修齡自謂蒼頡以後第一人，繼莊則曰：是其於天竺以下書皆未得通，而但略見華嚴之旨者也。繼莊之法，先立鼻音二，以爲韻本，有開有合，各轉陰陽上去入之五音，——陰陽即上下二平——共十聲，而不歷喉腭舌齒脣之七位，故有横轉無直送，則等韻重疊之失去矣。次定喉音四，爲諸韻之宗，而後知臘頂話、女直國書、梵音尚有未精者。以四者爲正喉音，而從此得半音、轉音、伏音、送音、變喉音。又以二鼻音分配之，一爲東北韻宗，一爲西南韻宗，八韻立而四海之音可齊。於是以喉音互相合，凡得音十七；喉音與鼻音互相合，凡得音十；又以有餘不盡者三合之，凡得音五；共計三十音爲韻父。而韻歷二十二位爲韻母，横轉各有五子，而萬有不齊之聲攝於此矣。又欲譜四方土音，以窮宇宙元音之變，乃取新韻譜爲主，而以四方土音填之，逢人便可印正。（全祖望鮚埼亭集劉繼莊傳）

蓋自唐釋守温始謀爲中國創立新字母，直至民國七年教育部頒行注音字母，垂閱千年，而斯業乃成。而中間最能覃思而具其條理者，則獻廷也。使其書而傳於後，則此問題或早已解決；而近三十年來學者，或可省許多研究之精力，然猶幸而有全氏傳其崖略，以資近代學者之取材。今注音字母，采其成法不少，則固受賜多矣。

全氏又述獻廷關於地理關於史學關於宗法之意見，而總論之曰："凡繼莊所撰著，其運量皆非一人一時所能成，故雖言之甚殷，而難於畢業。"斯實然也。然學問之道，固未有成之於一人一時者，在後人能否善襲遺産以光大之而已。彼獻廷之新韻譜，豈非閱三百年而竟成也哉？獻廷嘗言曰："人苟不能斡旋氣運，利濟天下，徒以其知能爲一身家之謀，則不能謂之人。"（王源墓表引）其學問大本可概見，惜乎當時莫能傳其緒也。獻廷書今存者惟一廣陽雜記，實涉筆漫録之作，殊不足以見獻廷①。

同時有太原傅山者，以任俠聞於鼎革之交，國變後馮銓、魏象樞嘗强薦之，幾以身殉，遂易服爲道士。有問學者，則告之曰："老夫學莊列者也，於此間諸仁義事，實羞道之。"（全祖望鮚埼亭集傅青主事略）然史家謂："其學，大河以北莫能及者。"（吴翔鳳人史）

①殊　原作"殆"，國學本、合集本同，據稿本、改造本改。

九① 由啓蒙期到全盛期

綜上所述,可知啓蒙期之思想界,極複雜而極絢爛。其所以致此之原因有四:

第一:承明學極空疏之後,人心厭倦,相率返於沉實。

第二:經大亂後,社會比較的安寧,故人得有餘裕以自厲於學②。

第三:異族入主中夏,有志節者恥立乎其朝,故刊落聲華,專集精力以治樸學。

第四:舊學派權威既墜,新學派系統未成,無"定於一尊"之弊,故自由研究之精神特盛③。

其研究精神,因環境之衝動,所趨之方向亦有四:

第一:因矯晚明不學之弊,乃讀古書。愈讀而愈覺求真

①九 稿本原作"八",墨筆改作"九"。

②厲 改造本作"勵"。

③盛 改造本作"成之"。

解之不易，則先求諸訓詁名物典章制度等等①，於是考證一派出。

第二：當時諸大師，皆遺老也。其於宗社之變，類含隱痛，志圖匡復，故好研究古今史迹成敗，地理阨塞，以及其他經世之務。

第三：自明之末葉，利瑪竇等輸入當時所謂西學者於中國，而學問研究方法上，生一種外來的變化。其初惟治天算者宗之，後則漸應用於他學。

第四：學風既由空返實，於是有從書上求實者，有從事上求實者。南人明敏多條理，故向著作方面發展；北人樸慤堅卓，故向力行方面發展。

此啓蒙期思想發展塗徑之大概也。

然則第二期之全盛時代，獨所謂正統派者(考證學)，充量發達，餘派則不盛，或全然中絶，其故何耶？以吾所思，原因亦有四：

一：顔李之力行派，陳義甚高，然未免如莊子評墨子所云："其道大觳，恐天下不堪。"(天下篇)此等苦行，惟有宗教的信仰者能踐之，然已不能責望之於人人②。顔元之教，既絶無"來生的""他界的"觀念，在此現實

①改造本只有一箇"等"字。

②人人　原脱一"人"字，國學本、合集本同，據稿本、改造本補。

界而惟恃極單純極嚴冷的道德義務觀念[1]，教人犧牲一切享樂，本不能成爲天下之達道。元之學所以一時尚能光大者，因其弟子直接受彼之人格的感化；一再傳後，感化力遞減，其漸歸衰滅，乃自然之理。況其所謂實用之"藝"，因社會變遷，非皆能周於用，而彼所最重者在"禮"。所謂"禮"者，二千年前一種形式，萬非今日所能一一實踐；既不能，則實者乃反爲虚矣。此與當時求實之思潮，亦不相吻合，其不能成爲風氣也固宜。

二：吾嘗言當時"經世學派"之昌，由於諸大師之志存匡復；諸大師始終不爲清廷所用，固已大受猜忌。其後文字獄頻興，學者漸惴惴不自保，凡學術之觸時諱者，不敢相講習。然英拔之士，其聰明才力，終不能無所用也。詮釋故訓，究索名物，真所謂"於世無患與人無爭"，學者可以自藏焉。又所謂經世之務者，固當與時消息，過時焉則不適用。治此學者既未能立見推行，則藏諸名山，終不免成爲一種空論。等是空論，則浮薄之士，何嘗不可勦説以自附？附者衆則亂真而見厭矣。故乾嘉以降，此派衰熄，即治史學地理學者，亦全趨於考證方面，無復以議論行之矣。

---

①改造本無第二箇"極"字。

三:凡欲一種學術之發達,其第一要件,在先有精良之研究法。清代考證學,顧閻胡惠戴諸師,實闢出一新塗徑,俾人人共循。賢者識大,不賢識小,皆可勉焉。中國積數千年文明,其古籍實有研究之大價值,如金之蘊於礦者至豐也。而又非研究之後,加以整理,則不能享其用,如在礦之金,非開采磨治焉不得也。故研究法一開,學者既感其有味,又感其必要,遂靡然嚮風焉。愈析而愈密,愈濬而愈深,蓋此學派在當時饒有開拓之餘地。凡加入派中者,苟能忠實從事,不拘大小,而總可以有所成,所以能拔異於諸派而獨光大也。

四:清學之研究法,既近於"科學的",則其趨嚮似宜向科學方面發展①。今專用之於考古,除算學天文外,一切自然科學皆不發達,何也?凡一學術之興,一面須有相當之歷史,一面又乘特殊之機運。我國數千年學術,皆集中社會方面,於自然界方面素不措意,此無庸爲諱也;而當時又無特別動機,使學者精力轉一方嚮。且當考證新學派初興,可開拓之殖民地太多,才智之士正趨焉,自不能分力於他途。天算者,經史中所固有也,故能以附庸之資格,連帶發達,而他無聞焉。其實歐洲之科學,亦直至近代而始昌明,

① 嚮　原作"響",據稿本、改造本、國學本、合集本改。

在彼之"文藝復興"時,其學風亦偏於考古,蓋學術進化必經之級[1],應如是矣。

右述啓蒙期竟[2],次及全盛期。

①改造本於"之"後有"階"字。

②改造本無"竟"字。

十　惠棟

啓蒙期之考證學，不過居一部分勢力，全盛期則占領全學界，故治全盛期學史者，考證學以外，殆不必置論。啓蒙期之考證學，不過粗引端緒，其研究法之漏略者，不一而足，——例如閻若璩之尚書古文疏證，中多闌入日記信札之類，體例極蕪雜，胡渭之禹貢錐指，多經濟談，且漢宋雜糅，家法不嚴。——苟無全盛期諸賢，則考證學能否成一宗派，蓋未可知。夫無考證學則是無清學也，故言清學必以此時期爲中堅。

在此期中，此學派已成爲“群衆化”，派中有力人物甚多，皆互相師友；其學業亦極“單調的”，無甚派別之可特紀。故吾欲專敘一二人以代表其餘①。當時鉅子，共推惠棟、戴震，而戴學之精深，實過於惠。今略述二人之著述言論，及

①改造本無“二”字。按，“二”字稿本朱筆補。

其傳授之緒，資比較焉。①

元和惠棟，世傳經學；祖父周惕，父士奇，咸有著述，稱儒宗焉。棟受家學，益弘其業，所著有九經古義、易漢學、周易述、明堂大道録、古文尚書考、後漢書補注諸書。其弟子則沈彤、江聲、余蕭客最著。蕭客弟子江藩，著漢學師承記，推棟爲斯學正統；實則棟未能完全代表一代之學術，不過門户壁壘，由彼而立耳。惠氏之學，以博聞强記爲入門，以尊古守家法爲究竟。士奇於九經、四史、國語、國策、楚辭之文，皆能闇誦，嘗對座客誦史記封禪書終篇，不失一字（錢大昕潛揅堂集惠天牧先生傳）。棟受其教，記誦益賅洽。士奇之言曰：

> 康成三禮，何休公羊，多引漢法，以其去古未遠。……賈公彦於鄭注……之類皆不能疏，……夫漢遠於周，而唐又遠於漢，宜其説之不能盡通也，况宋以後乎？（禮説）

此可見惠氏家學，專以"古今"爲"是非"之標準。棟之學，其

① 自"當時鉅子"至"資比較焉"，稿本初作"當時鉅子，共推元和惠棟、休寧戴震，而戴學精於惠，今但述戴"，後即接第十一節"戴震"文字。改造本同。按，今稿紙於"元和惠棟休寧戴震"後裁開，另接紙寫"而戴學之精深"以下文字。又朱筆圈去"元和"、"休寧"四字。參見卷首書影插頁。

根本精神即在是。其言曰:

> 漢人通經有家法,故有五經師,訓詁之學,皆師所口授,其後乃著竹帛,所以漢經師之説,立於學官,與經並行。……古字古言非經師不能辨,……是故古訓不可改也,經師不可廢也。……余家四世傳經,咸通古義,……因述家學作九經古義一書。……(九經古義述首①)

惠派治學方法,吾得以八字蔽之,曰:"凡古必真,凡漢皆好。"其言"漢經師説與經並行",意蓋欲尊之使儕於經矣。王引之嘗曰:"惠定宇先生,考古雖勤,而識不高,心不細,見異於今者則從之,大都不論是非。"(焦氏叢書卷首王伯申手札)可謂知言。② 棟以善易名。其治易也,於鄭玄之所謂"爻辰",虞翻之所謂"納甲",荀諝之所謂"升降",京房之所謂"世應"、"飛伏",與夫"六日七分"、"世軌"諸説,一一爲之疏通證明,汪中所謂"千餘年不傳之絶學"者也。以吾觀之,此其矯誣,與陳摶之"河圖洛書"有何差别。然彼則因其宋人所誦習也而排之,此則因其爲漢人所倡道也而信之,可謂大惑不解。然而當時之人蔽焉,輒以此相尚。

江藩者,惠派嫡傳之法嗣也,其所著國朝漢學師承記,

①述首 原作"首述",國學本、合集本同,據稿本乙。
②自"王引之嘗曰"至"可謂知言",稿本朱筆補。

末附有國朝經師經義目録一篇。其言曰：

> 黄宗羲之易學象數論，雖闢陳摶、康節之學，而以納甲動爻爲僞象，又稱王輔嗣注簡當無浮義。黄宗炎之圖書辨惑，力闢宋人，然不專宗漢學，非篤信之士。……胡朏明（渭）洪範正論，雖力攻圖書之謬，而闢漢學五行災異之説，是不知夏侯始昌之洪範五行傳，亦出伏生也。是以黜之。

此種論調，最足以代表惠派宗旨。蓋謂凡學説出於漢儒者，皆當遵守，其有敢指斥者，則目爲信道不篤也。其後阮元輯學海堂經解，即以此爲標準，故顧黄閻胡諸名著，多見擯焉，謂其不醇也。

平心論之，此派在清代學術界，功罪參半。篤守家法，令所謂"漢學"者壁壘森固，旗幟鮮明，此其功也。膠固，盲從，褊狹，好排斥異己，以致啓蒙時代之懷疑的精神批評的態度，幾夭閼焉，此其罪也。清代學術，論者多稱爲"漢學"；其實前此顧黄王顔諸家所治，並非"漢學"，後此戴段二王諸家所治，亦並非"漢學"；其"純粹的漢學"，則惠氏一派，洵足當之矣。夫不問"真不真"，惟問"漢不漢"，以此治學，安能通方。況漢儒經説，派别正繁，其兩説絶對不相容者甚多，欲盲從其一，則不得不駁斥其他。棟固以尊漢爲標幟者也，其釋"箕子明夷"之義，因欲揚孟喜説而抑施讐、梁丘賀説，乃云："謬説流傳①，肇於西漢。"(周易述卷五)致方東樹摭之以反唇相稽(漢學商兑卷下)；然則所謂"凡漢皆好"之旗幟，亦終見其不貫徹而已。故苟無戴震，則清學能否卓然自樹立，蓋未可知也。

①説　原作"傳"，稿本、國學本、合集本同，據惠氏原文改。

十一　戴震

休寧戴震受學江永①,其與惠棟亦在師友之間。震十歲就傅,受大學章句至"右經一章"以下,問其塾師曰:"此何以知爲孔子之言而曾子述之,又何以知爲曾子之意而門人記之?"師應之曰:"此先儒朱子所注云爾。"又問:"朱子何時人?"曰:"南宋。"又問:"孔子、曾子何時人?"曰:"東周。"又問:"周去宋幾何時?"曰:"幾二千年。"又問:"然則朱子何以知其然?"師無以應(據王昶述庵文鈔戴東原墓誌銘)。此一段故事,非惟可以説明戴氏學術之出發點,實可以代表清學派時代精神之全部。蓋無論何人之言,決不肯漫然置信,必求其所以然之故,常從衆人所不注意處覓得間隙。既得間,則層層逼拶,直到盡頭處。苟終無足以起其信者,雖聖哲父師之言不信也。此種研究精神,實近世科學所賴以成立,而震以童年具此本能,其能爲一代學派完成建設之業固宜。

①改造本無"休寧"二字。按,此二字稿本朱筆補。

震之言曰：

> 學者當不以人蔽己，不以己自蔽。不爲一時之名，亦不期後世之名。有名之見，其弊二：非掊擊前人以自表暴①，即依傍昔賢以附驥尾。……私智穿鑿者，或非盡掊擊以自表暴，積非成是而無從知，先入爲主而惑以終身；或非盡依傍以附驥尾，無鄙陋之心而失與之等。……（東原文集答鄭用牧書）

"不以人蔽己，不以己自蔽"二語，實震一生最得力處。蓋學問之難也，粗涉其塗，未有不爲人蔽者；及其稍深入，力求自脱於人蔽，而己旋自蔽矣。非廓然卓然，鑑空衡平，不失於彼，必失於此。

震之破"人蔽"也，曰：

> 志存聞道，必空所依傍。漢儒訓詁，有師承，有時亦傅會；晉人傅會鑿空益多；宋人則恃胸臆以爲斷，故其襲取者多謬，而不謬者在其所棄②。……宋以來儒者，以己之見硬坐爲古聖賢立言之意，而語言文字實未之知。其於天下之事也，以己所謂理强斷行之，而事情

①暴　稿本作"襮"。

②原於"者"後衍"反"字，改造本、國學本、合集本同，據稿本删。

源委隱曲實未能得，是以大道失而行事乖；……自以爲於心無愧，而天下受其咎，其誰之咎，不知者且以實踐躬行之儒歸焉。（東原文集與某書①）

其破“己蔽”也，曰：

凡僕所以尋求於遺經，懼聖人之緒言闇汶於後世也。然尋求而有獲十分之見者，有未至十分之見者。所謂十分之見，必徵諸古而靡不條貫，合諸道而不留餘議，鉅細畢究，本末兼察。若夫依於傳聞以擬其是，擇於衆説以裁其優，出於空言以定其論，據於孤證以信其通，雖溯流可以知源，不目睹淵泉所導，循根可以達杪，不手披枝肄所歧，皆未至十分之見也。以此治經，失不知爲不知之意，而徒增一惑以滋識者之辨之也。……既深思自得而近之矣，然後知孰爲十分之見，孰爲未至十分之見。如繩繩木，昔以爲直者，其曲於是可見也；如水準地，昔以爲平者，其坳於是可見也。夫然後傳其信不傳其疑，疑則闕，庶幾治經不害。（東原文集與姚姬傳書②）

①②“東原文集”之“文”字原脱，國學本、合集本同，據改造本補。按，稿本無“東原”二字。

讀第一段，則知目震所治者爲"漢學"，實未當也。震之所期，在"空諸依傍"：晉宋學風，固在所詆斥矣；即漢人亦僅稱其有家法，而未嘗教人以盲從。錢大昕謂其"實事求是，不主一家"（潛揅堂集戴震傳），余廷燦謂其"有一字不準六書①，一字解不通貫群經，即無稽者不信，不信必反復參證而後即安，以故胸中所得，皆破出傳注重圍"（余氏撰戴東原先生事略見國朝耆獻類徵百三十一），此最能傳寫其思想解放之精神。讀第二段，其所謂十分之見與未至十分之見者，即科學家定理與假說之分也。科學之目的，在求定理，然定理必經過假說之階級而後成②。初得一義，未敢信爲真也，其真之程度，或僅一二分而已，然姑假定以爲近真焉，而憑藉之以爲研究之點；幾經試驗之結果，寖假而真之程度增至五六分、七八分，卒達於十分，於是認爲定理而主張之；其不能至十分者，或仍存爲假說以俟後人，或遂自廢棄之也。凡科學家之態度，固當如是也。震之此論，實從甘苦閱歷得來，所謂"昔以爲直而今見其曲，昔以爲平而今見其坳"，實科學研究法一定之歷程，而其毅然割舍，"傳信不傳疑"③，又學者社會最主要之道德矣。

震又言曰：

> 學有三難：淹博難，識斷難，精審難。三者僕誠不

---

①謂其" 原作"'謂其"，據稿本、改造本、國學本、合集本乙。
②説 原作"設"，國學本、合集本同，據稿本、改造本改。
③" " 原脱，改造本、國學本同，據稿本、合集本補。

足以與於其間,其私自持及爲書之大概,端在乎是。前人之博聞强識,如鄭漁仲、楊用修諸君子,著書滿家,淹博有之,精審未也。……

戴學所以異於惠學者,惠僅淹博,而戴則識斷且精審也。①章炳麟曰:"戴學分析條理,参密嚴瑮②,上溯古義,而斷以己之律令。"(檢論清儒篇)可謂知言。

凌廷堪爲震作事略狀而繫以論曰:"昔河間獻王實事求是。夫實事在前,吾所謂是者,人不能强辭而非之也,吾所謂非,人不能强辭而是之也,如六書九數及典章制度之學是也。虚理在前,吾所謂是者,人既可别持一説以爲非,吾所謂非者,人亦可别持一説以爲是也,如義理之學是也。"(校禮堂集)此其言絶似實證哲學派之口吻,而戴震之精神見焉,清學派之精神見焉。惜乎此精神僅應用於考古,而未能應用於自然科學界,則時代爲之也。

震常言:"知十而皆非真知③,不若知一之爲真知也。"(段玉裁經韻樓集娱親雅言序引)故其學雖淹博而不泛濫。其最專精者:曰小學,曰曆算,曰水地。小學之書:有聲韻考四卷、聲類表十卷、方言疏證十三卷、爾雅文字考十卷。曆算

①改造本無"震又言曰"至"識斷且精審也"數句。按,稿本此處紙張有拼接,係後來補作。

②瑮　原作"瓔",國學本、合集本同,據稿本、改造本改。

③"真知"之"知"字原脱,稿本、改造本、國學本、合集本同,據段氏原文補。

之書：有原象一卷、曆問二卷、古曆考二卷、句股割圜記三卷、續天文略三卷、策算一卷。水地之書：有水地記一卷、校水經注四十卷、直隸河渠書六十四卷。其他著述不備舉。四庫全書天算類提要全出其手，他部亦多參與焉。而其晚年最得意之作，曰孟子字義疏證。

孟子字義疏證，蓋軼出考證學範圍以外，欲建設一"戴氏哲學"矣。震嘗言曰：

> 聖人之道，使天下無不達之情，求遂其欲而天下治。後儒不知情之至於纖微無憾是謂理，而其所謂理者，同於酷吏所謂法。酷吏以法殺人，後儒以理殺人。寖寖乎舍法而論理，死矣，更無可救矣。（東原文集卷九與某書）①

又曰：

> 程朱以"理"爲如有物焉②，得於天而具於心，啓天下後世人人憑在己之意見而執之曰"理"，以禍斯民。更淆以"無欲"之說，於得理益遠，於執其意見益堅，而禍斯民益烈。豈理禍斯民哉，不自知爲意見也。（戴氏遺

①九　原作"八"，稿本、改造本、國學本、合集本同，據戴氏原書改。
②"　原脱，據稿本、改造本、國學本、合集本補。

書九附録答彭進士書）

又曰：

宋以前，孔孟自孔孟，老釋自老釋；談老釋者，高妙其言，不依附孔孟。宋以來，孔孟之書，盡失其解，儒者雜襲老釋之言以解之。……譬猶子孫未睹其祖父之貌者，誤圖他人之貌爲其貌而事之，所事固己之祖父也，貌則非矣。（同上）

震欲祛"以釋混儒"、"舍欲言理"之兩蔽，故既作原善三篇①，復爲孟子字義疏證。疏證之精語曰：

……記曰："飲食男女，人之大欲存焉。"聖人治天下，體民之情，遂民之欲，而王道備。人知老莊釋氏異於聖人，聞其無欲之說，猶未之信也，於宋儒則信以爲同於聖人。理欲之分，人人能言之，故今之治人者，視古聖賢體民之情、遂民之欲，多出於鄙細隱曲，不措諸意②，不足爲怪。及其責以理也，不難舉曠世之高節著於義而罪之。尊者以理責卑，長者以理責幼，貴者以理

①既　原作"晚"，改造本、國學本同，據稿本、合集本改。
②諸　原作"之"，國學本、合集本同，據稿本、改造本改。

責賤，雖失謂之順，卑者幼者賤者以理爭①，雖得謂之逆。於是下之人不能以天下之同情天下所同欲達之於上，上以理責其下，而在下之罪，人人不勝指數。人死於法，猶有憐之者，死於理，其誰憐之。

又曰：

孟子言"養心莫善於寡欲"，明乎欲之不可無也，寡之而已。人之生也，莫病乎無以遂其生。欲遂其生，亦遂人之生，仁也；欲遂其生，至於戕人之生而不顧，不仁也。不仁實始於欲遂其生之心，使其無此欲，必無不仁矣。然使其無此欲②，則於天下之人生道窮蹙，亦將漠然視之。己不必遂其生而遂人之生，無是情也。

又曰：

朱子屢言"人欲所蔽"，凡"欲"無非以生以養之事，"欲"之失爲"私"不爲"蔽"，自以爲得理而所執之實謬乃"蔽"。人之大患，"私"與"蔽"而已，"私"生於"欲"之失，"蔽"生於"知"之失。

①原於"爭"後衍"之"字，據稿本、改造本、國學本、合集本删。

②此 原脱，稿本、改造本、國學本、合集本同，據戴氏原文補。

又曰：

君子之治天下也，使人各得其情，各遂其欲，勿悖於道義。君子之自治也，情與欲使一於道義。夫遏欲之害，甚於防川，絶情去智，充塞仁義。①

又曰：

古賢聖所謂仁義禮智②，不求於所謂欲之外，不離乎血氣心知；而後儒以爲如有别物焉湊泊附著以爲性，由雜乎老釋，終昧於孔孟之言故也。

又曰：

問：宋儒之言……也，求之六經中無其文，故借……之語以飾其説以取信學者歟？曰：舍聖人立言之本指，而以己説爲聖人所言，是誣聖；借其語以飾吾之説以求取信，是欺學者也。誣聖欺學者，程朱之賢不爲，蓋其學借階於老釋，是故失之。凡習於先入之言，往往受其蔽而不自覺。

①按，此段文字實出洪榜初堂遺稿卷一戴先生行狀。

②賢聖　原作"聖賢"，改造本、國學本、合集本同，據稿本乙。

疏證一書，字字精粹，右所録者未盡其萬一也[①]。綜其内容，不外欲以"情感哲學"代"理性哲學"，就此點論之，乃與歐洲文藝復興時代之思潮之本質絶相類。蓋當時人心，爲基督教絶對禁欲主義所束縛，痛苦無藝，既反乎人理而又不敢違，乃相與作僞，而道德反掃地以盡。文藝復興之運動，乃采久閼窒之"希臘的情感主義"以藥之；一旦解放，文化轉一新方向以進行，則蓬勃而莫能禦。戴震蓋確有見於此，其志願確欲爲中國文化轉一新方向，其哲學之立脚點，真可稱二千年一大翻案。其論尊卑順逆一段，實以平等精神，作倫理學上一大革命。其斥宋儒之糅合儒佛，雖辭帶含蓄[②]，而意極嚴正，隨處發揮科學家求真求是之精神，實三百年間最有價值之奇書也。震亦深以此自負[③]，嘗曰："僕生平著述之大，以孟子字義疏證爲第一。"（戴東原集卷首段玉裁序引）雖然，戴氏學派雖披靡一世，獨此書影響極小。據江藩所記，謂："當時讀疏證者莫能通其義，惟洪榜好焉。榜爲震行狀，載與彭尺木書（按此書即與孟子字義疏證相發明者），朱筠見之[④]，謂：'可不必載，戴氏可傳者不在是。'榜貽筠書力爭不得[⑤]，震子中立，卒將此書删去。"（漢學師承記卷六）可見當時戴門諸子之對於此書，已持異同。唐鑑謂："先生本訓詁家，欲

---

①萬　原作"什"，改造本、國學本同，據稿本、合集本改。

②雖　改造本作"維"。

③深　原作"極"，國學本、合集本同，據稿本改。

④⑤筠　原作"珪"，稿本、合集本同，據國學本改。

諱其不知義理,特著孟子字義疏證以詆程朱。”(國朝學案小識)鑑非能知戴學者,其言誠不足輕重,然可以代表當時多數人之心理也。當時宗戴之人,於此書既鮮誦習發明,其反駁者亦僅一方東樹(漢學商兑卷上),然搔不著癢處。① 此書蓋百餘年未生反響之書也②,豈其反響當在今日以後耶?然而論清學正統派之運動,遂不得不將此書除外。吾常言:“清代學派之運動,乃‘研究法的運動’,非‘主義的運動’也。”此其收穫所以不逮“歐洲文藝復興運動”之豐大也歟?

---

①自“震亦深以此自負”至“然搔不著癢處”,改造本作“然戴氏學派,雖披靡一世,獨此書影響極小。陋儒若唐鑑者,至謂‘先生本訓詁家,欲諱其不知義理,特著孟子字義疏證以詆程朱’(國朝學案小識)。此種囈語,誠不足責。乃其友朋弟子之宗尚其學者,吾歷覽其所爲戴氏傳狀、事略、墓銘等十數家,於其他書推挹發揮至詳盡,獨於此書絶少論列,知其信從者希矣,而反駁之論亦未有聞”。

②百餘年　改造本作“百年來”。

十二　段玉裁　王念孫　王引之

戴門後學，名家甚衆。而最能光大其業者，莫如金壇段玉裁、高郵王念孫及念孫子引之，故世稱戴段二王焉。玉裁所著書，最著者曰：說文解字注、六書音韻表；念孫所著書，最著者曰：讀書雜志、廣雅疏證；引之所著書，最著者曰：經義述聞、經傳釋詞。

戴段二王之學，其所以特異於惠派者，惠派之治經也，如不通歐語之人讀歐書，視譯人爲神聖。漢儒則其譯人也，故信憑之不敢有所出入。戴派不然，對於譯人不輕信焉，必求原文之正確然後即安。惠派所得，則斷章零句，援古正後而已；戴派每發明一義例，則通諸群書而皆得其讀。是故惠派可名之曰漢學，戴派則確爲清學而非漢學。

以爻辰納甲說易，以五行災異說書，以五際六情說詩，其他諸經義，無不雜引讖緯，此漢儒通習也。戴派之清學，則芟汰此等，不稍涉其藩，惟於訓詁名物制度注全力焉。戴派之言訓詁名物，雖常博引漢人之說，然並不墨守之。例如讀書雜志、經義述聞,全書皆糾正舊注舊疏之失誤。所謂舊注者,則毛鄭馬賈服杜也;舊疏者,則陸孔賈也;宋以後之説,則其所不屑是正矣。是故如高郵父子者,實毛鄭賈馬服杜之諍臣,非其將順之臣也。夫豈惟不將順古人,雖其父師,亦不苟同。段之尊戴,可謂至矣。試讀其説文注,則"先生之言非也"、"先生之説非是"諸文,到處皆是。即王引之經義述聞,與其父念孫之説相出入者,且不少也。①

彼等不惟於舊注舊疏之舛誤絲毫不假借而已,而且敢於改經文。此與宋明儒者之好改古書,迹相類而實大殊;彼純憑主觀的臆斷,而此則出於客觀的鈎稽參驗也。段玉裁曰:

> 校書,定是非最難。是非有二:曰底本之是非,曰立説之是非。必先定底本之是非,而後可斷其立説之是非。……何謂底本,著書者之稿本是也;何謂立説,著書者所言之義理是也。……不先正底本,則多誣古人;不斷其立説之是非,則多誤今人。……(經韻樓集與諸同志論校書之難)

此論最能説明考證學在學術界之位置及其價值②。蓋吾輩

① 自"夫豈惟不將順古人"至"且不少也",稿本朱筆補。

② 其 原脱,國學本、合集本同,據稿本補。

不治一學則已，既治一學，則第一步須先將此學之真相，了解明確，第二步乃批評其是非得失。譬如今日，欲批評歐人某家之學説，若僅憑拙劣譌謬之譯本①，相與辯爭討論，實則所駁斥者乃並非原著，如此豈不可憐可笑。研究中國古書，雖不至差違如此其甚，然以語法古今之不同，與寫刻傳襲之譌錯，讀之而不能通其文句者則甚多矣。對於未通文句之書，而批評其義理之是非，則批評必多枉用，此無可逃避也。清代之考證學家，即對於此第一步工夫而非常努力；且其所努力皆不虚，確能使我輩生其後者，得省却無限精力，而用之以從事於第二步。清學之成績②，全在此點，而戴段二王之著述，則其代表也。

阮元之序經義述聞也，曰：

> 凡古儒所誤解者，無不旁徵曲喻，而得其本義之所在。使古聖賢見之，必解頤曰："吾言固如是，數千年誤解之，今得明矣。"……

此其言洵非溢美。吾儕今日讀王氏父子之書，只覺其條條皆犁然有當於吾心，前此之誤解，乃一旦涣然冰釋也。雖以方東樹之力排"漢學"，猶云："高郵王氏經義述聞，實足令鄭

①譌　原作"僞"，國學本、合集本同，據稿本改。

②原於"清"後衍"代"字，國學本、合集本同，據稿本删。

朱俛首，漢唐以來，未有其比。”(漢學商兑卷中之下)亦可見公論之不可磨滅矣。

然則諸公曷爲能有此成績耶？一言以蔽之，曰：用科學的研究法而已。試細讀王氏父子之著述，最能表現此等精神。吾嘗研察其治學方法：第一曰注意：凡常人容易滑眼看過之處，彼善能注意觀察，發現其應特别研究之點，所謂讀書得間也。如自有天地以來，蘋果落地不知凡幾，惟奈端能注意及之①；家家日日皆有沸水，惟瓦特能注意及之；經義述聞所釐正之各經文，吾輩自童時即誦習如流，惟王氏能注意及之。凡學問上能有發明者，其第一步工夫必恃此也。第二曰虚己：注意觀察之後，既獲有疑竇，最易以一時主觀的感想，輕下判斷。如此則所得之“間”，行將失去。考證家決不然，先空明其心，絶不許有一毫先入之見存，惟取客觀的資料，爲極忠實的研究。第三曰立説：研究非散漫無紀也，先立一假定之説以爲標準焉。第四曰搜證：既立一説，絶不遽信爲定論；乃廣集證據，務求按諸同類之事實而皆合，如動植物學家之日日搜集標本②，如物理化學家之日日化驗也。第五曰斷案，第六曰推論：經數番歸納研究之後，則可以得正確之斷案矣；既得斷案，則可以推論於同類之事項而無閡也。

①奈端　今譯作“牛頓”。

②稿本無“家”字。

王引之經傳釋詞自序云：

……始取尚書廿八篇紬繹之①，見其詞之發句助句者，昔人以實義釋之，往往詰䡈爲病②，竊嘗私爲之説而未敢定也。及聞大人（指其父念孫）論毛詩"終風且暴"……諸條，發明意旨，涣若冰釋。……乃遂引而伸之，盡其義類。自九經三傳及周秦西漢之書，凡助語之文，遍爲搜討，分字編次，爲經傳釋詞十卷。

又云：

揆之本文而協，驗之他卷而通，雖舊説所無，可以心知其意。……凡其散見於經傳者，皆可比例而知，觸類長之。③ ……

此自言其治學次第及應用之法頗詳明。雖僅敘一書著述始末，然他書可以類推，他家之書亦可以類推矣。此清學所以異於前代，而永足爲我輩程式者也。

①廿　原作"二十"，國學本、合集本同，據稿本改。

②䡈　原作"籟"，稿本、國學本、合集本同，據王氏原文改。

③按，王氏自序"凡其散見於經傳者"以下三句，原在"揆之本文而協"之前。

十三[①] 樸學

正統派之學風,其特色可指者略如下:

一　凡立一義,必憑證據;無證據而以臆度者,在所必擯。

二　選擇證據,以古爲尚,以漢唐證據難宋明,不以宋明證據難漢唐;據漢魏可以難唐,據漢可以難魏晉,據先秦西漢可以難東漢,以經證經,可以難一切傳記。

三　孤證不爲定説;其無反證者姑存之,得有續證則漸信之,遇有力之反證則棄之。

四　隱匿證據或曲解證據,皆認爲不德。

五　最喜羅列事項之同類者,爲比較的研究,而求得其公則。

---

①三　稿本原作"一",朱筆圈去,旁寫"三"。

六　凡采用舊説，必明引之；勦説認爲大不德。

七　所見不合，則相辯詰，雖弟子駁難本師，亦所不避；受之者從不以爲忤。

八　辯詰以本問題爲範圍，詞旨務篤實温厚，雖不肯枉自己意見，同時仍尊重别人意見；有盛氣凌轢，或支離牽涉、或影射譏笑者，認爲不德。

九　喜專治一業，爲"窄而深"的研究。

十　文體貴樸實簡絜，最忌"言有枝葉"。

當時學者，以此種學風相矜尚，自命曰"樸學"。其學問之中堅，則經學也。經學之附庸則小學，以次及於史學、天算學、地理學、音韻學、律吕學、金石學、校勘學、目録學，等等，一皆以此種研究精神治之。①

質言之，則舉凡自漢以來書册上之學問，皆加以一番磨琢，施以一種組織。

其直接之效果：一，吾輩向覺難讀難解之古書，自此可以讀可以解；二，許多僞書及書中竄亂蕪穢者，吾輩可以知所别擇，不復虚糜精力；三，有久墜之絶學②，或前人向不注意之學，自此皆卓然成一專門學科。使吾輩學問之内容，日

---

①稿本此段文字前原有"此當時學風之大凡也。章炳麟謂其有三善，曰'明徵定保，遠於欺詐；先難後得，遠於徼倖；習勞思善，遠於偷惰'（檢論學隱篇），信然。其□□以'小學訓故'塗徑方法入"數句，墨筆畫去。

②絶　原作"哲"，國學本同，據稿本、改造本、合集本改。

益豐富

其間接之效果：一，讀諸大師之傳記及著述，見其"爲學問而學問"，治一業則終身以之①，銖積寸累，先難後獲；無形中受一種人格的觀感，使吾輩奮興向學。二，用此種研究法以治學，能使吾輩心細，讀書得間；能使吾輩忠實，不欺飾；能使吾輩獨立，不雷同；能使吾輩虚受②，不敢執一自是。

正統派所治之學，爲有用耶？爲無用耶？此甚難言。試持以與現代世界諸學科比較，則其大部分屬於無用，此無可諱言也。雖然，有用無用云者，不過相對的名詞。老子曰："三十輻共一轂，當其無，有車之用。"此言乎以無用爲用也。循斯義也，則凡真學者之態度，皆當爲學問而治學問。夫用之云者，以所用爲目的，學問則爲達此目的之一手段也；爲學問而治學問者，學問即目的，故更無有用無用之可言。莊子稱："不龜手之藥，或以霸，或不免於洴澼絖。"此言乎爲用不爲用，存乎其人也。循斯義也，則同是一學，在某時某地某人治之爲極無用者，易時易地易人治之，可變爲極有用，是故難言也。其實就純粹的學者之見地論之，只當問成爲學不成爲學，不必問有用與無用，非如此則學問不能獨

①則　原脱，國學本、合集本同，據稿本、改造本補。
②原於"使"後衍"得"字，據稿本、改造本、國學本、合集本删。

立，不能發達。夫清學派固能成爲學者也，其在我國文化史上有價值者，以此。①

①此段文字，稿本初作"近世人士，多誚此學爲無用，吾亦嘗附和之。吾年十二三即治此學，嗜之綦篤；十八以後，覺其無用也，棄去，大肆抨擊焉。近十年來，始漸悔其所爲。實則學問有用之與無用，界説至難定也。哲學則何用者，談空説有而已。科學號稱最有用，學者在講堂在化驗室中，説公理説公式，則何用者，其應用之則別有人矣。凡真學者之態度，皆爲學問而治學問。夫'學以致用'云者，以所用爲目的，學問則爲達此目的之一手段也。爲學問而治學問者，學問即目的，故更無有用無用之可言。老子曰：'三十輻共一轂，當其無，有車之用。'學問之本質蓋如是也。故就學者之見地論之，只當問成爲學不成爲學，不當問有用與無用。非如此則學問不能獨立，不能發達。夫此學派則真能成爲學者也，其在我國文化史上有價值者，以此"，改造本同。今稿本經朱筆刪改。

十四[1]　經史考證與箋疏

清學自當以經學爲中堅，其最有功於經學者，則諸經殆皆有新疏也。其在易：則有惠棟之周易述，張惠言之周易虞氏義，姚配中之周易姚氏學。其在書：則有江聲之尚書集注音疏，孫星衍之尚書今古文注疏[2]，段玉裁之古文尚書撰異，王鳴盛之尚書後案。其在詩：則有陳奐之詩毛氏傳疏，馬瑞辰之毛詩傳箋通釋，胡承珙之毛詩後箋。其在周官：有孫詒讓之周禮正義。其在儀禮：有胡承珙之儀禮古今文疏義[3]，胡培翬之儀禮正義。其在左傳：有劉文淇之春秋左氏傳正義[4]。其在公羊傳：有孔廣森之公羊通義[5]，陳立之公羊義

---

①四　稿本原作"二"，朱筆圈去，旁寫"四"。

②今古　原作"古今"，國學本、合集本同，據稿本、改造本乙。

③古今　原作"今古"，稿本、改造本、國學本、合集本同，據胡氏原書書名乙。

④淇　原作"祺"，據稿本、改造本、國學本、合集本改。又，書名實作"春秋左氏傳舊注疏證"。

⑤書名實作"春秋公羊傳通義"。

疏。其在論語:有劉寶楠之論語正義[1]。其在孝經:有皮錫瑞之孝經鄭注疏。其在爾雅:有邵晉涵之爾雅正義,郝懿行之爾雅義疏。其在孟子:有焦循之孟子正義。以上諸書,惟馬胡之於詩,非全釋經傳文,不能直謂之新疏。易諸家穿鑿漢儒説,非訓詁家言。清儒最善言易者,惟一焦循,其所著易通釋、易圖略、易章句皆絜淨精微,但非新疏體例耳。[2] 書則段王二家稍粗濫,公羊則孔著不通家法,自餘則皆博通精粹,前無古人。尤有吾鄉簡朝亮,著尚書集注述疏[3]、論語集注補正述疏,志在溝通漢宋,非正統派家法,然精覈處極多。十三經除禮記、穀梁外,餘皆有新疏一種或數種,而大戴禮記則有孔廣森補注、王聘珍解詁焉。[4] 此諸新疏者,類皆擷取一代經説之菁華,加以別擇結撰,殆可謂集大成。

其餘爲部分的研究之書,最著者則惠士奇之禮説,胡渭之禹貢錐指,惠棟之易漢學、古文尚書考、明堂大道録,焦循之周易鄭氏義、荀氏九家義、易義別録[5],陳壽祺之三家詩遺説考,江永之周禮疑義舉要,戴震之考工記圖,段玉裁之周禮儀禮漢讀考,張惠言之儀禮圖,凌廷堪之禮經釋例,金榜

①楠　原作"枬",據稿本、改造本、國學本、合集本改。按,稿本作"柟"。
②改造本無"清儒最善言易者"至"但非新疏體例耳",稿本朱筆補。
③述　原作"迷",國學本同,據稿本、改造本、合集本改。
④自"十三經除禮記穀梁外"至"王聘珍解詁焉",稿本朱筆補。
⑤以上三書著者應爲"張惠言"。又,"荀氏九家義"書名實作"周易荀氏九家義"。

之禮箋，孔廣森之禮學卮言，武億之三禮義證，金鶚之求古録禮説，黄以周之禮書通故[①]，王引之之春秋名字解詁，侯康之穀梁禮證，江永之鄉黨圖考，王引之之經義述聞，陳壽祺之左海經辨，程瑶田之通藝録，焦循之群經宫室圖等，[②]其精粹者不下數百種。[③]

清儒以小學爲治經之塗徑，嗜之甚篤，附庸遂蔚爲大國。其在説文：則有段玉裁之説文注，桂馥之説文義證，王筠之説文釋例、説文句讀，朱駿聲之説文通訓定聲。其在説文以外之古字書：則有戴震之方言疏證，江聲之釋名疏證，宋翔鳳之小爾雅訓纂[④]，胡承珙之小爾雅義證，王念孫之廣雅疏證；此與爾雅之邵郝二疏，略同體例，得此而六朝以前之字書，差無疑滯矣。而以極嚴正之訓詁家法貫穴群書而會其通者，則王念孫之經傳釋詞[⑤]，俞樾之古書疑義舉例最精鑿；近世則章炳麟之小學答問，益多新理解，而馬建忠學之以著文通[⑥]，嚴復學之以著英文漢詁，爲“文典學”之椎輪

①書　原作“經”，稿本、改造本同，據國學本、合集本改。
②自“最著者則惠士奇之禮説”至“焦循之群經宫室圖等”，稿本朱筆、墨筆補。
③稿本此後有“阮元輯皇清經解，王先謙輯皇清經解續編，什收其七八矣”數句，朱筆畫去。
④纂　原作“篡”，據稿本、改造本、國學本、合集本改。
⑤著者應爲“王引之”。
⑥改造本無“章炳麟之小學答問益多新理解而”十四字，稿本朱筆補。

焉①。而梁啓超著國文語原解，又往往以證社會學。

音韻學又小學之附庸也，而清代特盛。自顧炎武始著音論、古音表、唐韻正，而江永有音學辨微、古韻標準，戴震有聲韻考、聲類表，段玉裁有六書音韻表，姚文田有説文聲系②，苗夔有説文聲讀表，嚴可均有説文聲類，陳澧有切韻考；而章炳麟國故論衡中論音韻諸篇，皆精絶。此學也，③其動機本起於考證古音，而愈推愈密，遂能窮極人類發音官能之構造，推出聲音變化之公例。劉獻廷著新韻譜，創字母，其書不傳。近世治此學者，積多數人之討論折衷，遂有注音字母之頒定。

典章制度一科，在清代亦爲絶學。其動機起於治三禮，後遂泛濫益廣。惠棟著明堂大道録，對於古制度專考一事泐成專書者始此。徐乾學編讀禮通考，秦蕙田編五禮通考，多出一時名人之手。其後則胡匡衷有儀禮釋官，戴震有考工記圖，沈彤有周官禄田考，王鳴盛有周禮軍賦説，洪頤煊有禮經宮室答問，任大椿有弁服釋例、深衣釋例，皆專注禮，而焦循有群經宮室圖，程瑶田有通藝録，貫通諸經焉。晚清

①“ ” 原脱，國學本同，據稿本、改造本、合集本補。 學 原作“字”，據稿本、改造本、國學本、合集本改。

②系 原作“原”，國學本同，據稿本、改造本、合集本改。

③改造本無“章炳麟國故論衡中論音韻諸篇皆精絶此學也”十九字，稿本朱筆補。

則有黄以周之禮書通故①，最博贍精審，蓋清代禮學之後勁矣。而樂律一門，亦幾蔚爲大國。毛奇齡始著竟山樂録②，次則江永著律吕新論③、律吕闡微，江藩著樂縣考，凌廷堪著燕樂考原，而陳澧之聲律通考，晚出最精善；此皆足爲將來著中國音樂史最好之資料也。焦循著劇説，專考今樂沿革，尤爲切近有用矣。④

清初諸師皆治史學，欲以爲經世之用。王夫之長於史論，其讀通鑑論、宋論皆有特識，而後之史學家不循兹軌⑤。黄宗羲、萬斯同以一代文獻自任，實爲史學嫡派。康熙間，清廷方開明史館，欲藉以網羅遺逸；諸師既抱所學，且藉以寄故國之思，雖多不受職，而皆間接參與其事，相與討論體例，别擇事實。故唐以後官修諸史，獨明史稱完善焉。乾隆以後，傳此派者，全祖望最著。

顧炎武治史，於典章制度風俗，多論列得失，然亦好爲考證。乾嘉以還，考證學統一學界，其洪波自不得不及於史，則有趙翼之廿二史劄記，王鳴盛之十七史商榷，錢大昕

①書　原作"經"，稿本、合集本同，據國學本改。
②"毛奇齡始著竟山樂録"九字，稿本朱筆補。
③稿本原於"永"後有"始"字，朱筆圈去。
④改造本無此段文字。按，稿本朱筆眉批曰："添入一節。"墨筆眉批曰："添入第十二節'音韻學'一條之後。"又按，此段文字稿紙剪貼而來，所謂"第十二節"即最初之編次也。
⑤兹　原作"斯"，國學本、合集本同，據稿本、改造本改。

之廿二史考異①,洪頤煊之諸史考異,皆汲其流。四書體例略同,其職志皆在考證史迹,訂譌正謬②,惟趙書於每代之後常有多條臚列史中故實,用歸納法比較研究,以觀盛衰治亂之原,此其特長也。其專考證一史者,則有惠棟之後漢書補注,梁玉繩之史記志疑、漢書人表考③,錢大昭之漢書辨疑④、後漢書辨疑、續漢書辨疑,梁章鉅之三國志旁證,周壽昌之漢書注校補、後漢書注補正,杭世駿之三國志補注其尤著也。

自萬斯同力言表志之重要,自著歷代史表,此後表志專書,可觀者多,顧棟高有春秋大事表,錢大昭有後漢書補表,周嘉猷有南北史表⑤、三國紀年表、五代紀年表,洪飴孫有三國職官表,錢大昕有元史氏族表,齊召南有歷代帝王年表,林春溥著竹柏山房十五種,皆考證古史,其中戰國紀年、孔孟年表諸篇最精審,⑥而官書亦有歷代職官表⑦。洪亮吉有

①廿二　原作“二十一”,國學本、合集本同,稿本、改造本作“廿一”,據錢氏原書書名改。
②謬　稿本作“繆”。
③書名實作“漢書古今人表考”。
④昭　原作“昕”,國學本、合集本同,據稿本、改造本改。
⑤猷　原作“獻”,國學本、合集本同,據稿本、改造本改。　書名實作“補南北史表”。
⑥改造本無“林春溥著竹柏山房十五種”至“諸篇最精審”三句,稿本朱筆補。
⑦而　改造本作“有”。

三國疆域志①、東晉疆域志、十六國疆域志，洪齮孫有補梁疆域志，錢儀吉有補晉兵志，侯康有補三國藝文志，倪燦有宋史藝文志補、補遼金元三史藝文志②，顧櫰三有補五代史藝文志③，錢大昕有補元史藝文志，郝懿行有補宋書刑法志食貨志，皆稱善本焉。

而對於古代別史雜史，亦多考證箋注，則有陳逢衡之逸周書補注，朱右曾之周書集訓校釋，丁宗洛之逸周書管箋，洪亮吉之國語注疏，顧廣圻之國語札記④、戰國策札記⑤，程恩澤之國策地名考，郝懿行之山海經箋疏，陳逢衡之竹書紀年集證。

降及晚清，研究元史，忽成爲一時風尚，則有何秋濤之元聖武親征録校正⑥，李文田之元祕史注。

凡此皆以經學考證之法，移以治史，只能謂之考證學，殆不可謂之史學。其專研究史法者，獨有章學誠之文史通義，其價值可比劉知幾史通。

自唐以後，罕能以私人獨力著史。惟萬斯同之明史稿，最稱鉅製；而魏源亦獨力改著元史⑦；柯劭忞之新元史，則近

---

①書名實作“補三國疆域志”。

②書名實作“補遼金元藝文志”。

③櫰　原作“懷”，稿本、改造本、國學本、合集本同，據顧氏原書署名改。

④⑤札　原作“扎”，稿本、改造本、合集本同，據國學本改。

⑥書名實作“校正元親征録”。

⑦魏氏改著之書名爲“元史新編”。

出之鉅製也;源又有聖武記,記清一代大事,有條貫;而畢沅續資治通鑑,亦稱善本。

黄宗羲始著明儒學案,爲學史之祖;其宋元學案,則其子百家與全祖望先後續成之;皆清代史學之光也。①

史之縮本,則地志也。清之盛時,各省府州縣皆以修志相尚,其志多出碩學之手。其在省志:浙江通志、廣東通志、雲南通志之總纂②,則阮元也;廣西通志,則謝啓昆也;湖北通志,則章學誠原稿也。其在府縣志:則汾州府志出戴震,涇縣志、淳化縣志出洪亮吉,三水縣志出孫星衍,朝邑縣志出錢坫,偃師志、安陽志出武億,富順縣志出段玉裁,和州志、亳州志③、永清縣志、天門縣志出章學誠,鳳臺縣志出李兆洛,長安志出董祐誠④,遵義府志出鄭珍、莫友芝。凡作者皆一時之選,其書有別裁有斷制,其討論體例見於各家文集者甚周備。欲知清代史學家之特色,當於此求之。

① 自"自唐以後"至"皆清代史學之光也"兩段文字,稿本朱筆補。按,改造本無"柯劭忞之新元史則近出之鉅製也"十四字,且此十四字實爲墨筆補於朱筆間者。
② 改造本無"雲南通志"四字,稿本朱筆補。
③ 亳　原作"毫",國學本同,據稿本、改造本、合集本改。
④ 長安志出董祐誠　原作"長沙志出章祐誠",國學本、合集本同,稿本、改造本作"長安志出章祐誠",據清儒學案方立學案改。

十五[1]　地理學　天文算學

顧炎武、劉獻廷皆酷嗜地理學，所著書皆未成；而顧祖禹之讀史方輿紀要，言形勢阨塞略盡，後人莫能尚。於是中清之地理學，亦偏於考古一途。

自戴震著水地記、校水經注，而水經爲一時研究之中心；孔廣森有水經釋地[2]，全祖望有新校水經注，趙一清有水經注釋，張匡學有水經注釋地，而近人楊守敬爲水經注疏，尤集斯學大成(未刻，刻者僅注疏要刪)。

而齊召南著水道提綱，則循水道治今地理也；洪頤煊有漢志水道疏證，陳澧有漢書地理志水道圖説，亦以水道治漢地理。

閻若璩著四書釋地，徐善著春秋地名考略[3]，江永著春

①五　稿本原作“三”，朱筆圈去，旁寫“五”。

②著者應爲“孔繼涵”。

③按，丁子復徐處士善傳：“處士諱善，字敬可，秀水人。……輯春秋地名考十四卷，朱太史竹垞爲之序，今所傳高氏本是也。”張穆閻潛丘(轉下頁)

秋地名考實①，焦循著毛詩地理釋，程恩澤著國策地名考，皆考證先秦地理。

其考證各史地理者，則吴卓信漢書地理志補注，楊守敬隋書地理志考證最精博。

其通考歷代者，有陳芳績之歷代地理沿革表，李兆洛之歷代地理志韻編今釋，皆便檢閲；而楊守敬之歷代疆域志、歷代地理沿革圖②，極綜核，惜製圖術未精，難言正確矣。

自乾隆後，邊徼多事，嘉道間學者漸留意西北邊新疆、青海、西藏、蒙古諸地理，而徐松、張穆、何秋濤最名家。松有西域水道記、漢書西域傳補注、新疆識略，穆有蒙古游牧記，秋濤有朔方備乘，漸引起研究元史的興味，至晚清尤盛③。

外國地理，自徐繼畬著瀛寰志略④，魏源著海國圖志，始

（接上頁）先生年譜："劄記：'秀水徐善敬可，爲人撰春秋地名訖，問余成二年鞌之戰'云云。高士奇春秋地名考略序：'乙丑夏四月，奉命總裁春秋講義，因於纂紀之暇，博搜群書，而參考之'云云。四庫書提要：'春秋地名考略十四卷，高士奇撰。據閻若璩潛丘劄記，稱秀水徐勝敬可云云，則實士奇倩勝代作也。'"此徐勝即徐善，蓋誤書也。

①書名應爲"春秋地理考實"。

②武作成清史稿藝文志補編："歷代輿地圖，歷代輿地沿革險要圖一卷，楊守敬製。"

③尤　稿本、改造本作"猶"。

④寰　原作"環"，稿本、改造本、國學本、合集本同，據徐氏原書書名改。

開端緒[1]，而其後竟不光大；近人丁謙於各史外夷傳及穆天子傳、佛國記[2]、大唐西域記諸古籍，皆博加考證，成書二十餘種（無總名，最近浙江圖書館校刻）[3]，頗精贍。

要之清代地理學偏於考古，故活學變爲死學，惟據全祖望著劉獻廷傳，知獻廷有意治"人文地理"，惜其業不竟，而後亦無繼也。

自明徐光啓以後，士大夫漸好治天文算學。清初則王錫闡、梅文鼎最專精，而大師黄宗羲、江永輩皆提倡之。清聖祖尤篤嗜，召西士南懷仁等供奉内廷，風聲所被，嚮慕尤衆。聖祖著有數理精蘊、曆象考成，錫闡有曉庵新法，文鼎

①始開　原作"開始"，國學本、合集本同，據稿本、改造本乙。

②佛國　改造本作"西游"。按，稿本原作"西游"，朱筆圈去，旁寫"佛國"。又按，丁氏著有晉釋法顯佛國記地理考證、元長春真人西游記地理考證。

③按，該叢書一九〇二年石印本名蓬萊軒輿地學叢書，一九一五年地學雜誌介紹時或名蓬萊軒地理學叢書，或名蓬萊軒輿地雜著；越二年，復載丁氏著作廣告，有"發售處：杭州横大方伯館十七號門牌，浙江公立圖書館附設印行所"云。葉瀚清代地理學家傳略："所著有蓬萊軒輿地叢書六十九卷，由浙江圖書館爲鳩貲刊行，風行於世，今所稱浙江圖書館叢書第一、二集是也。"又按，任公一九一八年七月與陳叔通函曰："有一事欲奉詢者，頃讀杭人丁益甫先生謙所著地理書，嘆服至五體投地。最近聞人言，此老尚在人間（聞寓杭城）。頗欲上書有所請益，公能訪知其居，且爲介紹否？"

有勿庵曆算全書二十九種①，江永有慎修數學九種，戴震校周髀以後迄六朝唐人算書十種，命曰算經。

自爾以後②，經學家什九兼治天算，尤專門者，李鋭、董祐誠、焦循、羅士琳、張作楠、劉衡、徐有壬、鄒伯奇、丁取忠、李善蘭、華蘅芳③。鋭有李氏遺書，祐誠有董方立遺書，循有里堂學算記，作楠有翠微山房數學，衡有六九軒算書，有壬有務民義齋算學④，伯奇有鄒徵君遺書，取忠有白芙堂算學叢書，善蘭有則古昔齋算學；而曾國藩設江南製造局於上海，頗譯泰西科學書，其算學名著，多出善蘭、蘅芳手⑤，自是所謂“西學”者漸興矣。阮元著疇人傳，羅士琳續補之，清代斯學變遷略具焉。

茲學中國發源甚古，而光大之實在清代，學者精孯虛受，各有創獲，其於西來法，食而能化，足覘民族器量焉。

①文鼎有勿庵曆算全書二十九種　改造本作“文鼎勿庵曆算全書有八十種刻者二十九種”。按，施彦恪徵刻曆算全書啓：“曆法書五十八種，算數法二十二書，卷輒萬言，帙惟八十。”至已刻者，曆算全書梅汝培跋謂“三十種共七十卷”，任公學術史謂“三十種七十五卷”，核之清兼濟堂刻本，則二十九種七十四卷也。

②以　原作“而”，國學本、合集本同，據稿本、改造本改。

③稿本、改造本無“華蘅芳”三字。

④學　原作“書”，合集本同，據稿本、改造本、國學本改。

⑤稿本、改造本無“蘅芳”二字。

十六[1]　金石學　校勘學　輯佚學

金石學之在清代，又彪然成一科學也。自顧炎武著金石文字記，實爲斯學濫觴，繼此有錢大昕之潛揅堂金石文字跋尾，武億之金石三跋，洪頤煊之平津館讀碑記，嚴可均之鐵橋金石跋，陳介祺之金石文字釋，皆考證精覈[2]；而王昶之金石萃編，薈録衆説，頗似類書。其專舉目録者，則孫星衍、邢澍之寰宇訪碑録，其後碑版出土日多，故萃編、訪碑録等再三續補而不能盡。

顧錢一派，專務以金石爲考證經史之資料，同時有黄宗羲一派，從此中研究文史義例。宗羲著金石要例，其後梁玉繩、王芑孫、郭麐、劉寶楠、李富孫、馮登府等皆賡續有作。别有翁方綱、黄易一派，專講鑑别，則其考證非以佐經史矣[3]。包世臣一派專講書勢，則美術的研究也。而葉昌熾著

---

[1]六　稿本原作“四”，朱筆圈去，旁寫“六”。

[2]覈　原作“徹”，國學本、合集本同，據稿本、改造本改。

[3]佐　原作“助”，國學本、合集本同，據稿本、改造本改。

語石,頗集諸派之長。此皆石學也。

其"金文學"則考證商周銅器。初,此等古物,惟集於内府,則有西清古鑑、寧壽鑑古等官書,然其文字皆摹寫取姿媚,失原形,又無釋文,有亦臆舛。自阮元、吴榮光以封疆大吏,嗜古而力足以副之,於是收藏寖富,遂有著録。阮有積古齋鐘鼎彝器款識,吴有筠清館金石文字,研究金文之端開矣。道咸以後日益盛,名家者有劉喜海、吴式芬、陳介祺、王懿榮、潘祖蔭、吴大澂、羅振玉。式芬有攈古録金文,祖蔭有攀古樓彝器款識,大澂有愙齋集古録,皆稱精博。其所考證,多一時師友互相賞析所得,非必著者一人私言也。

自金文學興而小學起一革命。前此尊説文若六經,祔孔子以許慎,至是援古文籀文以難許者紛作,若莊述祖之説文古籀疏證,孫詒讓之古籀拾遺①,其著也。諸器文字既可讀,其事迹出古經以外者甚多,因此增無數史料;而其花紋雕鏤之研究②,亦爲美術史上可寶之資,惜今尚未有從事者耳。

最近復有龜甲文之學。龜甲文者,光緒己亥在河南湯陰縣出土,殆數萬片,而文字不可識,共不審爲何時物。後羅振玉考定爲殷文,著貞卜文字③、殷虚書契考釋、殷虚書契

①拾遺　原作"疏證",國學本同,據稿本、改造本、合集本改。

②紋　原作"文",國學本、合集本同,據稿本、改造本改。

③書名實作"殷商貞卜文字考"。

待問篇,而孫詒讓著名原亦多根據甲文[①]。近更有人言其物質非龜甲乃竹簡云,惜文至簡,[②]足供史材者希。然文字變遷異同之迹,可稽焉。

清儒之有功於古學者[③],更一端焉,則校勘也。古書傳習愈希者[④],其傳鈔踵刻,譌謬愈甚[⑤],馴至不可讀[⑥],而其書以廢。清儒則博徵善本以校讐之,校勘遂成一專門學。其成績可紀者,若汪中、畢沅之校大戴禮記,周廷寀、趙懷玉之校韓詩外傳[⑦],盧文弨之校逸周書,汪中、畢沅、孫詒讓之校墨子,謝墉之校荀子,孫星衍之校孫子、吴子,汪繼培、任大椿、秦恩復之校列子,顧廣圻之校國語、戰國策、韓非子,畢沅、梁玉繩之校吕氏春秋,嚴可均之校慎子、商君書,畢沅之校山海經,洪頤煊之校竹書紀年[⑧]、穆天子傳,丁謙之校穆天子傳,戴震、盧文弨之校春秋繁露,汪中之校賈誼新書,戴震之校算經十書,戴震、全祖望之校水經注,顧廣圻之校華陽國志。諸所校者,或遵善本,或據他書所徵引,或以本文上

---

①名原　原作"原名",國學本、合集本同,據稿本、改造本乙。

②自"近更有人"至"惜文至簡",稿本、改造本作"惜此皆貞卜契龜所用文至簡"。

③古　改造本作"史"。

④希　稿本、改造本作"稀"。

⑤譌　原作"僞",國學本同,據稿本、改造本、合集本改。

⑥至　稿本、改造本作"致"。

⑦"周廷寀趙懷玉之校韓詩外傳"十二字,稿本朱筆補。

⑧煊　原作"孫",國學本、合集本同,據稿本、改造本改。

下互證；或是正其文字，或釐定其句讀，或疏證其義訓；往往有前此不可索解之語句，一旦昭若發矇。其功尤鉅者，則所校多屬先秦諸子，因此引起研究諸子學之興味。蓋自漢武罷黜百家以後，直至清之中葉，諸子學可謂全廢。若荀若墨，以得罪孟子之故，幾莫敢齒及。

及考證學興，引據惟古是尚，學者始思及六經以外，尚有如許可珍之籍，故王念孫讀書雜志已推勘及於諸子，其後俞樾亦著諸子平議，與群經平議並列；而汪戴盧孫畢諸賢，乃遍取古籍而校之。夫校其文必尋其義，尋其義則新理解出矣。故汪中之荀卿子通論、墨子序、墨子後序（並見述學），孫星衍之墨子序（經訓堂叢書本墨子①），我輩今日讀之，誠覺甚平易，然在當日，固發人所未發，且言人所不敢言也。後此洪頤煊著管子義證，孫詒讓著墨子間詁，王先慎著韓非子集釋②，則躋諸經而爲之注矣，及今而稍明達之學者，皆以子與經並重。思想蛻變之樞機，有捩於彼而闢於此者，此類是已。

吾輩尤有一事當感謝清儒者，曰輯佚。書籍經久必漸散亡，取各史藝文、經籍等志校其存佚，易見也。膚蕪之作，

①經訓堂　原作"平津館"，稿本、改造本、國學本、合集本同，據東京文求堂重排本改。按，平津館叢書爲孫氏輯刊，分十集，收書四十三種，無墨子。孫氏之墨子序，實爲畢沅輯校經訓堂叢書本墨子所作。

②改造本無"王先慎著韓非子集釋"九字，稿本朱筆補。按，書名實作"韓非子集解"。又按，"王先慎"合集本作"王先謙"。

存亡固無足輕重。名著失墜，則國民之遺産損焉。乾隆中修四庫全書，其書之采自永樂大典者以百計，實開輯佚之先聲；此後兹業日昌①，自周秦諸子，漢人經注，魏晉六朝逸史逸集，苟有片語留存，無不搜羅最録。其取材則唐宋間數種大類書，如藝文類聚、初學記、太平御覽等最多，而諸經注疏及他書，凡可搜者無不徧。當時學者從事此業者甚多，不備舉，而馬國翰之玉函山房輯佚書，分經史子三部，所輯至數百種，②他可推矣。遂使漢志諸書③、隋唐志久稱已佚者，今乃纍纍現於吾輩之藏書目録中。雖復片鱗碎羽，而受賜則既多矣。

①改造本無"此後兹業日昌"六字，稿本朱筆補。

②分經史子三部所輯至數百種　稿本原作"凡經史子集所輯至千種以上"，朱筆圈去"集"，旁寫"三部"；圈去"千"，旁寫"數百"；又圈去"以上"。按，改造本作"凡經史子所輯至數百種可謂鉅且勞矣"。

③改造本無"遂"字。

十七[①] 劄記與函札

嗚呼！自吾之生，而乾嘉學者已零落略盡[②]，然十三歲肄業於廣州之學海堂，堂則前總督阮元所創，以樸學教於吾鄉者也，其規模矩矱，一循百年之舊；十六七歲游京師，亦獲交當時耆宿數人，守先輩遺風不替者，中間涉覽諸大師著述，參以所聞見。蓋當時"學者社會"之狀況[③]，可髣髴一二焉。

大抵當時好學之士，每人必置一"劄記册子"，每讀書有心得則記焉[④]。蓋清學祖顧炎武，而炎武精神傳於後者，在其日知録，其自述曰："所著日知録三十餘卷[⑤]，平生之志與

①七　稿本原作"五"，朱筆圈去，旁寫"七"。

②而　稿本、改造本作"則"。　者　稿本、改造本作"風"。

③"學者社會"　原作"'學者'社會"，國學本同，據稿本、改造本、合集本乙。

④焉　稿本、改造本作"之"。

⑤卷　原作"種"，國學本、合集本同，據稿本、改造本改。

業皆在其中"(亭林文集與友人論門人書),又曰:"承問日知録又成幾卷,而某自别來一載,早夜誦讀,反復尋究①,僅得十餘條"(同與人書十),其成之難而視之重也如此。推原劄記之性質,本非著書,不過儲著書之資料。然清儒最戒輕率著書,非得有極滿意之資料,不肯泐爲定本,故往往有終其身在預備資料中者。

又當時第一流學者所著書,恒不欲有一字餘於己所心得之外。著專書或專篇,其範圍必較廣泛,則不免於所心得外摭拾冗詞以相湊附。此非諸師所樂,故寧以劄記體存之而已。

夫吾固屢言之矣:清儒之治學,純用歸納法,純用科學精神。此法此精神,果用何種程序始能表現耶?第一步:必先留心觀察事物,覷出某點某點有應特别注意之價值;第二步:既注意於一事項,則凡與此事項同類者或相關係者,皆羅列比較以研究之;第三步:比較研究的結果,立出自己一種意見;第四步:根據此意見,更從正面旁面反面博求證據,證據備則泐爲定説,遇有力之反證則棄之。凡今世一切科學之成立,皆循此步驟,而清考證家之每立一説,亦必循此步驟也。既已如此,則試思每一步驟進行中,所需資料幾何,精力幾何,非用極綿密之劄記,安能致者。

訓詁學之模範的名著,共推王引之經傳釋詞②、俞樾古

①究　原作"覓",國學本、合集本同,據稿本、改造本改。
②引之　原作"念孫",稿本、改造本、合集本同,據國學本改。

書疑義舉例，苟一察其内容，即可知其實先有數千條之劄記，後乃組織而成書。又不惟專書爲然耳，即在劄記本身中，其精到者，亦必先之以初稿之劄記，——例如錢大昕發明古無輕唇音[①]，試讀十駕齋養新録本條，即知其必先有百數十條之初稿劄記，乃能産出。——故顧氏謂一年僅能得十餘條，非虚言也。

由此觀之，則劄記實爲治此學者所最必要。而欲知清儒治學次第及其得力處，固當於此求之。

劄記之書則夥矣，其最可觀者，日知録外，則有閻若璩之潛丘劄記，錢大昕之十駕齋養新録，臧琳之經義雜記，盧文弨之鍾山札記[②]、龍城札記，孫志祖之讀書脞録，王鳴盛之蛾術編[③]，汪中之知新記，洪亮吉之曉讀書齋四録[④]，趙翼之陔餘叢考，王念孫之讀書雜志，王引之之經義述聞，何焯之義門讀書記[⑤]，臧庸之拜經日記，梁玉繩之瞥記，俞正燮之癸巳類稿、癸巳存稿，宋翔鳳之過庭録，陳澧之東塾讀書記等，其他不可殫舉。各家劄記，精粗之程度不同，即同一書中，每條價值亦有差别：有純屬原料性質者（對於一事項初下注意的

①無　原作"書"，國學本、合集本同，據稿本、改造本改。

②鍾　原作"鐘"，據稿本、改造本、國學本、合集本改。

③蛾術編　原作"蛾述篇"，國學本、合集本同，稿本、改造本作"蛾術篇"，據王氏原書書名改。

④書名實作"曉讀書齋雜録"。按，雜録八卷，爲初録、二録、三録、四録，各分上下卷。

⑤焯　原作"倬"，據稿本、改造本、國學本、合集本改。

觀察者),有漸成爲粗製品者(臚列比較而附以自己意見者),有已成精製品者(意見經反覆引證後認爲定説者),而原料與粗製品,皆足爲後人精製所取資,此其所以可貴也。要之當時學者喜用劄記,實一種困知勉行工夫,其所以能綿密深入而有創獲者,頗恃此,而今亡矣。

清儒既不喜效宋明人聚徒講學,又非如今之歐美有種種學會學校爲聚集講習之所,則其交換智識之機會,自不免缺乏,其賴以補之者,則函札也。後輩之謁先輩,率以問學書爲贄,——有著述者則媵以著述。——先輩視其可教者,必報書,釋其疑滯而獎進之。平輩亦然,每得一義,輒馳書其共學之友相商榷,答者未嘗不盡其詞。凡著一書成,必經摯友數輩嚴勘得失,乃以問世,而其勘也皆以函札。此類函札,皆精心結撰,其實即著述也。此種風氣,他時代亦間有之,而清爲獨盛。

其爲文也,樸實説理,言無枝葉,而旨壹歸於雅正。語録文體,所不喜也,而亦不以奇古爲尚。顧炎武之論文曰:"孔子言:'其旨遠,其辭文。'又曰:'言之無文,行而不遠。'曾子曰:'出辭氣斯遠鄙倍。'今講學先生從語録入者,多不善修辭。"又曰:"時有今古,非文有今古,今之不能爲二漢,猶二漢之不能爲尚書、左氏。乃勦取史漢中文法以爲古,甚者獵其一二字句用之於文,殊爲不稱。……舍今日恒用之字而借古字之通用者,文人所以自蓋其俚淺也。"(日知録十九)

清學皆宗炎武,文亦宗之,其所奉爲信條者:一曰不俗,二曰不古，三曰不枝。蓋此種文體於學術上之説明，最爲宜矣，然因此與當時所謂“古文家”者，每不相容。美文，清儒所最不擅長也。諸經師中，殆無一人能爲詩者；——集中多皆有詩，然真無足觀。——其能爲詞者，僅一張惠言；能爲駢體文者，有孔廣森、汪中、凌廷堪、洪亮吉、孫星衍、董祐誠；其文仍力洗浮豔，如其學風。

十八[①] 清學全盛之條件

兹學盛時，凡名家者，比較的多耿介恬退之士。時方以科舉籠罩天下，學者自宜什九從兹途出。

大抵後輩志學之士未得第者，或新得第而俸入薄者，恒有先輩延主其家，爲課子弟；此先輩亦以子弟畜之，常奬誘增益其學；此先輩家有藏書，足供其掔索；所交游率當代學者，常得陪末座以廣其聞見，於是所學漸成矣。官之遷皆以年資，人無干進之心，即干亦無倖獲。得第早而享年永者，則馴躋卿相，否則以詞館郎署老。俗既儉樸，事畜易周，而寒士素慣淡泊，故得與世無競，而終其身於學。京官簿書期會至簡，惟日夕閉户親書卷；得間與同氣相過從，則互出所學相質。琉璃廠書賈，漸染風氣，大可人意，每過一肆，可以永日，不啻爲京朝士夫作一公共圖書館，——凌廷堪傭於書

①八　稿本原作“六”，朱筆圈去，旁寫“八”。

坊以成學①。——學者滋便焉。其有外任學差或疆吏者，輒妙選名流充幕選；所至則網羅遺逸，汲引後進；而從之游者，既得以稍裕生計，亦自增其學。其學成名著而厭仕宦者，亦到處有逢迎，或書院山長，或各省府州縣修志，或大族姓修譜，或有力者刻書請鑑定，皆其職業也。凡此皆有相當之報酬，又有益於學業，故學者常樂就之。

吾常言：欲一國文化進展，必也社會對於學者有相當之敬禮，學者恃其學足以自養，無憂飢寒，然後能有餘裕以從事於更深的研究，而學乃日新焉。近世歐洲學問，多在此種環境之下培養出來，而前清乾嘉時代，則亦庶幾矣。

歐洲文藝復興，固由時代環境所醞釀，與二三豪俊所濬發，然尚有立乎其後以翼而輔之者：若羅馬教皇尼古拉第五、佛羅陵士之梅忒西家父子②、拿波里王阿爾芬梭③，以及其他意大利自由市府之豪商閥族，皆沾染一時風尚，爲之先後疏附，直接間接提倡獎借者不少，故其業益昌。

清學之在全盛期也亦然：清高宗席祖父之業，承平殷阜，以右文之主自命；開四庫館，修一統志，纂續三通、皇朝三通，修會典，修通禮，日不暇給；其事皆有待於學者，内外

①改造本於“堪”後有“即”字。

②佛羅陵士之梅忒西　稿本、改造本、國學本同，合集本作“佛羅稜薩之麥地奇”。按，“佛羅陵士”今譯作“佛羅倫薩”；“梅忒西”今譯“梅迪契”，或“美第奇”、“梅第奇”。

③按，“拿波里”今譯作“那不勒斯”，“阿爾芬梭”今譯作“阿方索二世”。

大僚承風宏獎者甚衆。嘉慶間,阮元、畢沅之流,本以經師致身通顯,任封疆,有力養士,所至提倡,隱然茲學之護法神也。淮南鹽商,既窮極奢欲,亦趨時尚,思自附於風雅,競蓄書畫圖器,邀名士鑑定,潔亭舍豐館穀以待。其時刻書之風甚盛,若黄丕烈、鮑廷博輩固自能别擇讎校,其餘則多有力者欲假此自顯,聘名流董其事;乃至販鴉片起家之伍崇曜,亦有粤雅堂叢書之刻,而其書且以精審聞,他可推矣。夫此類之人人①,則何與於學問?然固不能謂其於茲學之發達無助力,與南歐巨室豪賈之於文藝復興,若合符契也。

吾乃知時代思潮之爲物,當運動熱度最高時,可以舉全社會各部分之人人,悉參加於此運動。其在中國,則晚明之心學,盛清之考證,皆其例也。

---

①人人　原脱一"人"字,國學本、合集本同,據稿本、改造本補。

十九[①] 桐城派 陽湖派 章學誠

以上諸節所論，皆爲全盛期之正統派。此派遠發源於順康之交[②]，直至光宣，而流風餘韻，雖替未沫，直可謂與前清朝運相終始；而中間乾嘉道百餘年間，其氣象更掩襲一世，實更無他派足與抗顔行。若强求其一焉，則固有在此統一的權威之下而常懷反側者，即所謂"古文家"者是已。

宋明理學極敝，然後清學興。清學既興，治理學者漸不復能成軍。其在啓蒙期，猶爲程朱陸王守殘壘者，有孫奇逢、李中孚、刁包、張履祥、張爾岐、陸隴其、陸世儀諸人[③]，皆尚名節，厲實行，粹然純儒，然皆硜硜自守，所學遂不克光大。同時有湯斌、李光地[④]、魏象樞、魏裔介輩，亦治宋學，頗婞婴投時主好以躋通顯。時清學壁壘未立，諸大師著述談

①九　稿本原作"七"，朱筆圈去，旁寫"九"。
②改造本無"發"字。
③改造本無"陸隴其陸世儀"六字，稿本朱筆補。
④改造本"李光地"後有"陸隴其"三字，稿本朱筆删。

説，往往出入漢宋，則亦相忘於道術而已。

乾隆之初，惠戴崛起，漢幟大張，疇昔以宋學鳴者，頗無顔色。時則有方苞者，名位略似斌、光地等，尊宋學，篤謹能躬行，而又好爲文。苞，桐城人也，與同里姚範、劉大櫆共學文，誦法曾鞏、歸有光，造立所謂古文義法，號曰"桐城派"。又好述歐陽修"因文見道"之言，以孔孟韓歐程朱以來之道統自任，而與當時所謂漢學者互相輕。範從子鼐，欲從學戴震，震固不好爲人師，謝之。震之規古文家也，曰："諸君子之爲之也，曰：是道也，非藝也。夫道固有存焉者矣，如諸君子之文，亦惡睹其非藝歟？"①（東原集與方希原書）錢大昕亦曰："方氏所謂古文義法者，特世俗選本之古文，……法且不知，義更何有。……若方氏乃真不讀書之甚者，吾兄特以其波瀾意度近於古而喜之。……"（潛研堂集三十三與友人書）由是諸方諸姚頗不平，鼐屢爲文詆漢學破碎，而方東樹著漢學商兑遍詆閻胡惠戴所學，不遺餘力。自是兩派始交惡。

其後陽湖惲敬、陸繼輅自"桐城"受義法而稍變其體，張惠言、李兆洛皆治考證學，而亦好爲文，與惲陸同氣，號"陽

①按，戴氏東原文集卷九與方希原書："古今學問之途，其大致有三：或事於理義，或事於制數，或事於文章。事於文章者，等而末者也。然自子長、孟堅、退之、子厚諸君子之爲之，曰：是道也，非藝也。以云道，道固有存焉者矣。如諸君子之文，亦惡睹其非藝歟？"文中"諸君子"實指子長（司馬遷）、孟堅（班固）、退之（韓愈）、子厚（柳宗元），任公此處蓋借用其意也。

湖派”。戴段派之考證學，雖披靡一世，然規律太嚴整，且亦聲希味淡，不能悉投衆嗜，故誦習兩派古文家者卒不衰，然才力薄，罕能張其軍者。

咸同間，曾國藩善爲文而極尊“桐城”，嘗爲聖哲畫像贊，至躋姚鼐與周公、孔子並列。國藩功業既焜燿一世，“桐城”亦緣以增重，至今猶有挾之以媚權貴欺流俗者。

平心論之，“桐城”開派諸人，本狷潔自好，當“漢學”全盛時而奮然與抗，亦可謂有勇，不能以其末流之墮落歸罪於作始。然此派者，以文而論，因襲矯揉，無所取材；以學而論，則獎空疏，閼創獲，無益於社會。且其在清代學界，始終未嘗占重要位置，今後亦斷不復能自存。置之不論焉可耳。

方東樹之漢學商兑，却爲清代一極有價值之書。其書成於嘉慶間，正值正統派炙手可熱之時，奮然與抗，亦一種革命事業也。其書爲宋學辯護處，固多迂舊，其針砭漢學家處，却多切中其病，就中指斥言“漢易”者之矯誣，及言典章制度者之莫衷一是①，尤爲知言。後此治漢學者頗欲調和漢宋，如阮元著性命古訓②；陳澧著漢儒通義，謂漢儒亦言理學，其東塾讀書記中有朱子一卷，謂朱子亦言考證，蓋頗受此書之反響云。

在全盛期與蜕分期之間，有一重要人物以爲之樞紐③，曰會稽章學誠。學誠不屑屑於考證之學，與正統派異。其

①者　原脱，國學本、合集本同，據稿本補。
②稿本無“阮元著性命古訓”七字。
③以爲之樞紐　原脱，國學本、合集本同，據稿本補。

言“六經皆史”，且極尊劉歆七略，與今文家異。然其所著文史通義，實爲乾嘉後思想解放之源泉。其言“賢智學於聖人，聖人學於百姓”、“集大成者乃周公而非孔子”（原道篇），言“六經皆史，而諸子又皆出於六經”（易教詩教經解諸篇），言“戰國以前無著述”（詩教篇），言“古人之言所以爲公，未嘗私據爲己有”（言公篇），言“古之糟魄，可以爲今之精華”（説林篇），言“後人之學勝於前人，乃後起之智慮所應爾”（朱陸篇），言“學術與一時風尚不必求適合”（感遇篇），言“文不能彼此相易，不可舍己之所求以摩古人之形似”（文理篇），言“學貴自成一家①，人所能者，我不必以不能爲媿”（博約篇），書中創見，類此者不可悉數。實爲晚清學者開拓心胸，非直史家之傑而已。②

①稿本無“一”字。

②自“方東樹之漢學商兑”以下兩段文字，稿本第一段朱筆書於天眉，第二段墨筆另紙續其後。改造本作“此外尤有一不成派之派，然常鬼蜮出没，爲清學蟊賊。明清之交，有毛奇齡其人者，内行不修，奔競徼倖，老而無恥，好爲大言，嬉笑怒駡，古今人無一能免。於學一無所知，而剽竊穿鑿，成書數百卷（參觀全祖望鮚埼亭集毛西河别傳），冀以譸聞動衆。當時受其欺者竟不少，以堅苦卓絶、光明俊偉之李塨，乃北面稱弟子焉。阮元輯學海堂經解，亦收其著述多種，儕諸顧閻胡惠之林。至乾隆間則有袁枚其人者，輕薄淫穢，卑鄙鮮恥，章學誠大聲疾呼，字之曰‘無行文人’（文史通義婦學篇）。然亦雜博，摭拾猥瑣語爲書數百卷，以粹於史學之錢大昕，且待以先輩禮；以好學守家法之俞樾，猶慕而效之。此兩人者，誠不足齒，然固嘗播扇其毒於社會。三百年間，汲其流者甚衆，致使文藝界、學術界常留臭惡以勞湔滌。夫今日京國中，祖西河而禰隨園者，猶大有人在，但其姓名更不堪污吾筆耳”。按，今稿本此處僅存半頁（自“此外尤有”至“學海堂經解”）。

二十　清學分裂之原因

道咸以後，清學曷爲而分裂耶？其原因：有發於本學派之自身者，有由環境之變化所促成者。

所謂發於本學派自身者何耶？

其一：考證學之研究方法雖甚精善，其研究範圍却甚拘迂。就中成績最高者，惟訓詁一科，然經數大師發明略盡，所餘者不過糟粕。其名物一科，考明堂，考燕寢，考弁服，考車制，原物今既不存，聚訟終末由決。典章制度一科，言喪服，言禘祫，言封建，言井田，在古代本世有損益變遷，即群書亦末由折衷通會。夫清學所以能奪明學之席而與之代興者，毋亦曰彼空而我實也。今紛紜於不可究詰之名物制度，則其爲空也，與言心言性者相去幾何？甚至言易者擯"河圖、洛書"而代以"卦氣爻辰"，其矯誣正相類，諸如此類者尚多，殊不足以服人。要之清學以提倡一"實"字而盛，以不能貫徹一"實"字而衰，自業自得，固其所矣。

其二：凡一有機體發育至一定限度，則凝滯不復進，因凝滯而腐敗，而衰謝，此物理之恒也。政制之蜕變也亦然，學派之蜕變也亦然。清學之興，對於明之“學閥”而行革命也。乃至乾嘉以降，而清學已自成爲炙手可熱之一“學閥”。即如方東樹之漢學商兑，其意氣排軋之處固甚多，而切中當時流弊者抑亦不少，然正統派諸賢，莫之能受。其騶卒之依附末光者，且盛氣以臨之①，於是思想界成一“漢學專制”之局。學派自身，既有缺點，而復行以專制，此破滅之兆矣。

其三：清學家既教人以尊古，又教人以善疑。既尊古矣，則有更古焉者，固在所當尊；既善疑矣，則當時諸人所共信者，吾曷爲不可疑之？蓋清學經乾嘉全盛以後，恰如歐洲近世史初期，各國内部略奠定，不能不有如科侖布其人者别求新陸。故在本派中有異軍突起，而本派之命運，遂根本動搖②，則亦事所必至理有固然矣。

所謂由環境之變化所促成者何耶？

其一：清初“經世致用”之一學派所以中絶者，固由學風正趨於歸納的研究法，厭其空泛，抑亦因避觸時忌，聊以自藏。嘉道以還，積威日弛，人心已漸獲解放，而當文恬武嬉之既極，稍有識者，咸知大亂之將至。追尋根原，歸咎於學非所用，則最尊嚴之學閥，自不得不首當其衝。

其二：清學之發祥地及根據地，本在江浙。咸同之亂，

①且 原作“目”，據稿本、改造本、國學本、合集本改。
②動搖 原作“搖動”，國學本、合集本同，據稿本、改造本乙。

江浙受禍最烈，文獻蕩然，後起者轉徙流離，更無餘裕以自振其業。而一時英拔之士，奮志事功，更不復以學問爲重。凡學術之賡續發展，非比較的承平時代則不能，咸同間之百學中落，固其宜矣。

其三："鴉片戰役"以後，志士扼腕切齒，引爲大辱奇戚，思所以自湔拔，"經世致用"觀念之復活，炎炎不可抑。又海禁既開，所謂"西學"者逐漸輸入，始則工藝，次則政制。學者若生息於漆室之中，不知室外更何所有，忽穴一牖外窺，則粲然者皆昔所未睹也；還顧室中，則皆沉黑積穢。於是對外求索之欲日熾，對内厭棄之情日烈。欲破壁以自拔於此黑闇，不得不先對於舊政治而試奮鬭。於是以其極幼稚之"西學"智識，與清初啓蒙期所謂"經世之學"者相結合，别樹一派，向於正統派公然舉叛旗矣。此則清學分裂之主要原因也。

二十一[1] 今古文之爭

清學分裂之導火綫，則經學今古文之爭也。

何謂今古文？初，秦始皇焚書，六經絶焉，漢興，諸儒始漸以其學教授，而亦有派别：易則有施（讎）、孟（喜）、梁丘（賀）三家，而同出田何；書則有歐陽（生）、大夏侯（勝）、小夏侯（建）三家，而同出伏勝；詩則有齊、魯、韓三家，魯詩出申公，齊詩出轅固，韓詩出韓嬰；春秋則惟公羊傳，有嚴（彭祖）、顔（安樂）兩家，同出胡毋生、董仲舒；禮則惟儀禮，有大戴（德）、小戴（聖）、慶（普）三家，而同出高堂生。此十四家者，皆漢武帝、宣帝時立於學官，置博士教授，其寫本皆用秦漢時通行篆書，謂之今文。史記儒林傳所述經學傳授止此，所謂十四博士是也。逮西漢之末，則有所謂古文經傳出焉：易則有費氏，謂東萊人費直所傳；書則有孔氏，謂孔子裔孫安國發其壁藏所獻；詩則有毛氏，謂河間獻王博士毛公所傳；春秋則左氏

①二十一　稿本原作“十九”，朱筆圈去，旁寫“廿一”。

傳，謂張蒼曾以教授；禮則有逸禮三十九篇，謂魯共王得自孔子壞宅中，又有周官，①謂河間獻王所得②；此諸經傳者，皆以科斗文字寫，故謂之古文。

兩漢經師，多不信古文，劉歆屢求以立學官③，不得。歆移書讓太常博士，謂其"專己守殘黨同妬真"者也。王莽擅漢，歆挾莽力立之，光武復廢之。東京初葉，④信者殊稀⑤；至東漢末，大師服虔、馬融、鄭玄皆尊習古文，古文學遂大昌。而其時爭論焦點則在春秋公羊傳：今文大家何休著左氏膏肓⑥、穀梁廢疾、公羊墨守，古文大家鄭玄則著箴膏肓、起廢疾、發墨守以駁之；玄既淹博，遍注群經，其後晉杜預、王肅皆衍其緒⑦，今文學遂衰。此兩漢時今古文鬩爭之一大公案也。

南北朝以降，經説學派，只爭鄭（玄）王（肅），今古文之爭遂熄。唐陸德明著釋文，孔穎達著正義，皆雜宗鄭王。今所傳十三經注疏者，易用王（弼）注，書用僞孔（安國）傳，詩用毛

---

①自"逸禮三十九篇"至"又有"十九字，稿本朱筆補。

②謂河間獻王所得　稿本原作"不詳所自出而劉歆校中祕書時得之"，朱筆抹去，旁寫"謂河間獻王所得"。

③稿本原於"歆"後有"輩"字，朱筆圈去。

④"光武復廢之東京初葉"九字，稿本朱筆補。

⑤稿本原於"信"前有"然"字，朱筆圈去。　殊　稿本原作"終"，朱筆圈去，旁寫"殊"。

⑥休　原作"林"，國學本、合集本同，據稿本、改造本改。

⑦按，王肅卒於三國魏甘露元年（二六五），十年後司馬炎受魏禪稱帝，改國號晉。

傳、鄭箋，周禮、儀禮、禮記皆用鄭注，春秋左氏傳用杜(預)注，其餘諸經，皆汲晚漢古文家之流；西漢所謂十四博士者，其學説皆亡，僅存者惟春秋公羊傳之何(休)注而已。自宋以後，程朱等亦遍注諸經，而漢唐注疏併廢①。

入清代則節節復古：顧炎武、惠士奇輩專提倡注疏學，則復於六朝唐；自閻若璩攻僞古文尚書，後證明作僞者出王肅，學者乃重提南北朝鄭王公案，絀王申鄭，則復於東漢；乾嘉以來，家家許鄭，人人賈馬，東漢學爛然如日中天矣。

懸崖轉石，非達於地不止，則西漢今古文舊案，終必須翻騰一度，勢則然矣。

①併　原脱，改造本、國學本、合集本同，據稿本補。

二十二[①] 清代今文學

今文學之中心在公羊，而公羊家言，則真所謂"其中多非常異義可怪之論"(何休公羊傳注自序)。自魏晉以還，莫敢道焉。今十三經注疏本，公羊傳雖用何注，而唐徐彦爲之疏[②]，於何義一無發明，公羊之成爲絶學，垂二千年矣。清儒既遍治古經，戴震弟子孔廣森始著公羊通義，然不明家法，治今文學者不宗之。

今文學啓蒙大師，則武進莊存與也。存與著春秋正辭，刊落訓詁名物之末，專求其所謂"微言大義"者，與戴段一派所取塗徑，全然不同。其同縣後進劉逢禄繼之，著春秋公羊經傳何氏釋例，凡何氏所謂非常異義可怪之論，如"張三世"、"通三統"、"絀周王魯"、"受命改制"諸義，次第發明。其書亦用科學的歸納研究法，有條貫，有斷制，在清人著述

①後"二"字，稿本朱筆補。

②彦　改造本作"顔"。

中，實最有價值之創作。

段玉裁外孫龔自珍，既受訓詁學於段，而好今文，説經宗莊劉。自珍性詄宕，不檢細行，頗似法之盧騷；喜爲要眇之思，其文辭俶詭連犿，當時之人弗善也，而自珍益以此自喜；往往引公羊義譏切時政，詆排專制；晚歲亦耽佛學[①]，好談名理。綜自珍所學，病在不深入，所有思想，僅引其緒而止，又爲瑰麗之辭所掩，意不豁達。雖然，晚清思想之解放，自珍確與有功焉。光緒間所謂新學家者，大率人人皆經過崇拜龔氏之一時期。初讀定庵文集，若受電然，稍進乃厭其淺薄。然今文學派之開拓，實自龔氏。夏曾佑贈梁啓超詩云："璱人（龔[②]）申受（劉）出方耕（莊），孤緒微茫接董生（仲舒）。"此言"今文學"之淵源最分明，擬諸"正統派"，莊可比顧，龔劉則閻胡也。

"今文學"之初期，則專言公羊而已，未及他經。然因此知漢代經師家法，今古兩派，截然不同，知賈馬許鄭，殊不足以盡漢學。

時輯佚之學正極盛，古經説片語隻字，搜集不遺餘力，於是研究今文遺説者漸多。馮登府有三家詩異文疏證，陳壽祺有三家詩遺説考，陳喬樅有今文尚書經説考、尚書歐陽夏侯遺説考、三家詩遺説考、齊詩翼氏學疏證，迮鶴壽有

①耽　原作"眈"，國學本、合集本同，據稿本、改造本改。
②龔　原作"樂"，國學本、合集本同，據稿本、改造本改。

齊詩翼氏學，然皆不過言家法同異而已，未及真僞問題。道光末，魏源著詩古微，始大攻毛傳及大小序，謂爲晚出僞作，其言博辯，比於閻氏之書疏證。且亦時有新理解，其論詩不爲美刺而作，謂："美刺固毛詩一家之例，……作詩者自道其情，情達而止，……豈有懽愉哀樂，專爲無病代呻者耶。……"(詩古微齊魯韓毛異同論中)此深合"爲文藝而作文藝"之旨，直破二千年來文家之束縛。又論詩樂合一，謂："古者樂以詩爲體，孔子正樂即正詩。"(同夫子正樂論上)皆能自創新見，使古書頓帶活氣。源又著書古微，謂：不惟東晉晚出之古文尚書(即閻氏所攻者)爲僞也，東漢馬鄭之古文説，亦非孔安國之舊。同時邵懿辰亦著禮經通論，謂：儀禮十七篇爲足本，所謂古文逸禮三十九篇者，出劉歆僞造。而劉逢禄故有左氏春秋考證，謂：此書本名左氏春秋，不名春秋左氏傳，與晏子春秋、吕氏春秋同性質，乃記事之書，非解經之書；其解經者，皆劉歆所竄入，左氏傳之名，亦歆所僞創。

蓋自劉書出而左傳真僞成問題，自魏書出而毛詩真僞成問題，自邵書出而逸禮真僞成問題；若周禮真僞，則自宋以來成問題久矣。初時諸家不過各取一書爲局部的研究而已，既而尋其系統，則此諸書者，同爲西漢末出現，其傳授端緒，俱不可深考，同爲劉歆所主持爭立。

質言之，則所謂古文諸經傳者，皆有連帶關係，真則俱真，僞則俱僞。於是將兩漢今古文之全案，重提覆勘，則康有爲其人也。

今文學之健者，必推龔魏。龔魏之時，清政既漸陵夷衰微矣。舉國方沉酣太平，而彼輩若不勝其憂危，恒相與指天畫地，規天下大計。考證之學，本非其所好也，而因衆所共習，則亦能之，能之而頗欲用以别闢國土，故雖言經學，而其精神與正統派之爲經學而治經學者則既有以異。自珍、源皆好作經濟談，而最注意邊事。自珍作西域置行省議，至光緒間實行，則今新疆也；又著蒙古圖志，研究蒙古政俗而附以論議（未刊①）。源有元史，有海國圖志，治域外地理者，源實爲先驅。故後之治今文學者，喜以經術作政論，則龔魏之遺風也。

① 刊　原作"刻"，國學本、合集本同，據稿本、改造本改。

二十三[1]　康有爲

今文學運動之中心，曰南海康有爲，然有爲蓋斯學之集成者，非其創作者也。

有爲早年，酷好周禮，嘗貫穴之著政學通議[2]，後見廖平所著書，乃盡棄其舊説。廖平者，王闓運弟子。闓運以治公羊聞於時，然故文人耳，經學所造甚淺，其所著公羊箋，尚不逮孔廣森。平受其學，著四益館經學叢書十數種，頗知守今文家法；晚年受張之洞賄逼[3]，復著書自駁，其人固不足道[4]，然有爲之思想，受其影響，不可誣也。

有爲最初所著書，曰新學僞經考。"僞經"者，謂周禮、逸禮、左傳及詩之毛傳，凡西漢末劉歆所力爭立博士者[5]；

①三　稿本原作"一"，朱筆補筆作"三"。

②按，據康氏稿本，書名實作"教學通義"。

③受張之洞賄逼　稿本、改造本、國學本同，合集本作"以張之洞故"。

④道　稿本、改造本、國學本同，合集本作"法"。

⑤改造本於"者"後有"也"字。

“新學”者，謂新莽之學。時清儒誦法許鄭者，自號曰“漢學”，有爲以爲此新代之學，非漢代之學，故更其名焉。

新學僞經考之要點：一：西漢經學，並無所謂古文者，凡古文皆劉歆僞作；二：秦焚書，並未厄及六經，漢十四博士所傳，皆孔門足本，並無殘缺；三：孔子時所用字，即秦漢間篆書，即以“文”論，亦絶無今古之目；四：劉歆欲彌縫其作僞之迹，故校中祕書時，於一切古書多所羼亂；五：劉歆所以作僞經之故，因欲佐莽篡漢，先謀湮亂孔子之微言大義。諸所主張，是否悉當，且勿論，要之此説一出，而所生影響有二：第一：清學正統派之立脚點，根本搖動；第二：一切古書，皆須從新檢查估價。此實思想界之一大颶風也。

有爲弟子有陳千秋、梁啓超者，並夙治考證學，陳尤精洽，聞有爲説，則盡棄其學而學焉。僞經考之著，二人者多所參與，亦時時病其師之武斷，然卒莫能奪也。實則此書大體皆精當，其可議處乃在小節目，乃至謂史記、楚辭經劉歆羼入者數十條，出土之鐘鼎彝器，皆劉歆私鑄埋藏以欺後世；此實爲事理之萬不可通者，而有爲必力持之。實則其主張之要點，並不必借重於此等枝詞强辯而始成立，而有爲以好博好異之故，往往不惜抹殺證據或曲解證據，以犯科學家之大忌，此其所短也。

有爲之爲人也，萬事純任主觀，自信力極强，而持之極毅。其對於客觀的事實，或竟蔑視，或必欲强之以從我，其在事業上也有然，其在學問上也亦有然。其所以自成家數崛起一時者以此，其所以不能立健實之基礎者亦以此，讀新學僞經考而可見也。

新學僞經考出甫一年，遭清廷之忌，毁其板，傳習頗稀。其後有崔適者，著史記探原、春秋復始二書，皆引申有爲之説，益加精密。今文派之後勁也。①

有爲第二部著述，曰孔子改制考；其第三部著述，曰大同書。若以新學僞經考比颶風，則此二書者，其火山大噴火也，其大地震也。

有爲之治公羊也，不斷斷於其書法義例之小節，專求其微言大義，即何休所謂"非常異義可怪之論"者，定春秋爲孔子改制創作之書；謂文字不過其符號，如電報之密碼，如樂譜之音符，非口授不能明。又不惟春秋而已，凡六經皆孔子所作，昔人言孔子删述者誤也，孔子蓋自立一宗旨而憑之以進退古人、去取古籍。孔子改制，恒託於古。堯舜者，孔子所託也。其人有無不可知，即有，亦至尋常，經典中堯舜之盛德大業，皆孔子理想上所構成也。又不惟孔子而已，周秦諸子罔不改制，罔不託古。老子之託黄帝，墨子之託大禹，許行之託神農，是也。

近人祖述何休以治公羊者，若劉逢禄、龔自珍、陳立輩，皆言改制，而有爲之説，實與彼異。有爲所謂改制者，則一種政治革命社會改造的意味也。故喜言"通三統"："三統"者，謂夏商周三代不同，當隨時因革也；喜言"張三世"："三

①稿本、改造本無此一段。

世”者，謂據亂世升平世太平世，愈改而愈進也。有爲政治上“變法維新”之主張，實本於此。有爲謂孔子之改制，上掩百世，下掩百世，故尊之爲教主；誤認歐洲之尊景教爲治强之本，故恒欲儕孔子於基督，乃雜引讖緯之言以實之。於是有爲心目中之孔子，又帶有“神祕性”矣。孔子改制考之内容，大略如此，其所及於思想界之影響，可得言焉。

一：教人讀古書，不當求諸章句訓詁名物制度之末，當求其義理。所謂義理者，又非言心言性，乃在古人創法立制之精意。於是漢學宋學，皆所吐棄，爲學界别闢一新殖民地。

二：語孔子之所以爲大，在於建設新學派（創教），鼓舞人創作精神。

三：僞經考既以諸經中一大部分爲劉歆所僞造①，改制考復以真經之全部分爲孔子託古之作②，則數千年來共認爲神聖不可侵犯之經典，根本發生疑問，引起學者懷疑批評的態度。

四：雖極力推挹孔子，然既謂孔子之創學派與諸子之創學派，同一動機，同一目的，同一手段，則已夷孔子於諸子之列。所謂“别黑白定一尊”之觀念，全然解放，導人以比較的研究。

①諸經中一大部分爲劉歆所僞造　稿本作“諸經傳之一大部分爲劉歆所僞託”。
②改造本於“考”後有“復以諸經傳之一部分爲劉歆所僞託”十五字。

二十四[①] 大同書之條理

右兩書皆有爲整理舊學之作，其自身所創作，則大同書也。

初，有爲既從學於朱次琦，畢業，退而獨居西樵山者兩年，專爲深沉之思，窮極天人之故，欲自創一學派，而歸於經世之用。[②] 有爲以春秋"三世"之義説禮運，謂"升平世"爲"小康"，"太平世"爲"大同"。禮運之言曰："大道之行也，天下爲公，選賢與能，講信修睦，故人不獨親其親，不獨子其子。使老有所歸，壯有所用，幼有所長，鰥寡孤獨廢疾者皆有所養，男有分，女有歸，貨惡其棄於地也，不必藏諸己，力惡其不出於身也，不必爲己，……是謂大同。"此一段者，以今語釋之，則民治主義存焉(天下……與能)，國際聯合主義存焉(講信修睦)，兒童公育主義存焉(故人不……其子)，老病保險

① 四　稿本原作"二"，朱筆圈去，旁寫"四"。

② 自"初有爲既從學於朱次琦"至"而歸於經世之用"，稿本朱筆補。

主義存焉(使老有……有所養),共產主義存焉(貨惡……藏諸己),勞作神聖主義存焉(力惡……爲己)。有爲謂此爲孔子之理想的社會制度,謂春秋所謂"太平世"者即此。乃衍其條理爲書,略如左。

一:無國家。全世界置一總政府,分若干區域。

二:總政府及區政府皆由民選。

三:無家族。男女同棲不得逾一年,届期須易人。

四:婦女有身者入胎教院,兒童出胎者入育嬰院。

五:兒童按年入蒙養院及各級學校。

六:成年後由政府指派分任農工等生產事業。

七:病則入養病院,老則入養老院。

八:胎教、育嬰、蒙養、養病、養老諸院,爲各區最高之設備,入者得最高之享樂。

九:成年男女,例須以若干年服役於此諸院,若今世之兵役然。

十:設公共宿舍、公共食堂,有等差,各以其勞作所入自由享用。

十一:警惰爲最嚴之刑罰。

十二:學術上有新發明者,及在胎教等五院有特別勞績者,得殊獎。

十三:死則火葬,火葬場比鄰爲肥料工廠。

大同書之條理略如是。全書數十萬言,於人生苦樂之根原、善惡之標準,言之極詳辯,然後説明其立法之理由。

其最要關鍵，在毁滅家族。有爲謂佛法出家，求脱苦也，不如使其無家可出；謂私有財産爲爭亂之源，無家族則誰復樂有私産。若夫國家，則又隨家族而消滅者也。有爲懸此鵠爲人類進化之極軌，至其當由何道乃能致此，則未嘗言。其第一眼目所謂男女同棲當立期限者，是否適於人性，則亦未甚能自完其説。雖然，有爲著此書時，固一無依傍，一無勦襲。在三十年前，而其理想與今世所謂世界主義、社會主義者多合符契，而陳義之高且過之。嗚呼！真可謂豪傑之士也已。

有爲雖著此書，然祕不以示人，亦從不以此義教學者。謂今方爲"據亂"之世，只能言小康，不能言大同，言則陷天下於洪水猛獸。其弟子最初得讀此書者，惟陳千秋、梁啓超，讀則大樂，鋭意欲宣傳其一部分。有爲弗善也，而亦不能禁其所爲，後此萬木草堂學徒，多言大同矣。而有爲始終謂當以小康義救今世，對於政治問題，對於社會道德問題，皆以維持舊狀爲職志。自發明一種新理想，自認爲至善至美，然不願其實現，且竭全力以抗之遏之。人類秉性之奇詭，度無以過是者。有爲當中日戰役後，糾合青年學子數千人上書言時事，所謂"公車上書"者是也。中國之有"群衆的政治運動"實自此始。然有爲既欲實行其小康主義的政治，[1]不能無所求於人，終莫之能用，屢遭竄逐，而後輩多不

[1] 自"有爲當中日戰役後"至"實自此始然"，稿本朱筆補。

喜其所爲，相與詆訶之。有爲亦果於自信，而輕視後輩，益爲頑舊之態以相角。今老矣，殆不復與世相聞問，遂使國中有一大思想家，而國人不蒙其澤。悲夫！

啓超屢請印布其大同書，久不許，卒乃印諸不忍雜誌中，僅三之一。雜誌停版，竟不繼印。

二十五[1]　梁啓超

對於"今文學派"爲猛烈的宣傳運動者，則新會梁啓超也。

啓超年十三，與其友陳千秋同學於學海堂，治戴段王之學，千秋所以輔益之者良厚。越三年，而康有爲以布衣上書被放歸，舉國目爲怪。千秋、啓超好奇，相將謁之，一見大服，遂執業爲弟子，共請康開館講學，則所謂萬木草堂是也。二人者學數月，則以其所聞昌言於學海堂，大詆訶舊學，與長老儕輩辯詰無虚日。有爲不輕以所學授人，草堂常課，除公羊傳外，則點讀資治通鑑、宋元學案、朱子語類等，又時時習古禮，千秋、啓超弗嗜也，則相與治周秦諸子及佛典，亦涉獵清儒經濟書及譯本西籍，皆就有爲決疑滯。居一年，乃聞所謂"大同義"者，喜欲狂，鋭意謀宣傳。有爲謂非其時，然不能禁也。又二年，而千秋卒(年二十二)，啓超益獨力自任。

---

①五　稿本原作"三"，朱筆圈去，旁寫"五"。

啓超治僞經考，時復不慊於其師之武斷，後遂置不復道。其師好引緯書，以神祕性説孔子，啓超亦不謂然。啓超謂孔門之學，後衍爲孟子、荀卿兩派，荀傳小康，孟傳大同。漢代經師，不問爲今文家古文家，皆出荀卿（汪中説）；二千年間，宗派屢變，壹皆盤旋荀學肘下。孟學絶而孔學亦衰。於是專以絀荀申孟爲標幟，引孟子中誅責"民賊"、"獨夫"、"善戰服上刑"、"授田制産"諸義，謂爲大同精意所寄，日倡道之。又好墨子，誦説其"兼愛"、"非攻"諸論。

啓超屢游京師，漸交當世士大夫，而其講學最契之友，曰夏曾佑、譚嗣同。曾佑方治龔劉今文學，每發一義，輒相視莫逆。其後啓超亡命日本，曾佑贈以詩，中有句曰①："……②冥冥蘭陵（荀卿）門，萬鬼頭如蟻。質多（魔鬼）舉隻手，陽烏爲之死。袒裼往暴之，一擊類執豕。酒酣擲杯起，跌宕笑相視。頗謂宙合間，只此足歡喜。……③"此可想見當時彼輩"排荀運動"④，實有一種元氣淋漓景象。嗣同方治王夫之之學，喜談名理，談經濟，及交啓超，亦盛言大同，運動尤

①"中有句"三字，稿本朱筆補。

②稿本原作"壬辰在京師，廣座見吾子。草草致一揖，僅足記姓氏。洎乎癸甲間，衡宇望尺咫。春騎醉鶯花，秋燈狎圖史"，朱筆畫去，旁寫"……"。

③稿本原作"夕烽從東來，孤帆共南指。再别再相遭，便已十年矣。吾子尚青春，英聲乃如此。嗟嗟吾黨人，視之爲泰否"，朱筆畫去，旁寫"……"。

④運動" 原作"'運動"，國學本、合集本同，據稿本、改造本乙。

烈(詳次節)。而啓超之學,受夏譚影響亦至鉅。

其後啓超等之運動,益帶政治的色彩。啓超創一旬刊雜誌於上海,曰時務報,自著變法通議,批評秕政,而救敝之法,歸於廢科舉興學校。亦時時發"民權論",但微引其緒,未敢昌言。已而嗣同與黄遵憲、熊希齡等,設時務學堂於長沙,聘啓超主講席,唐才常等爲助教。啓超至,以公羊、孟子教,課以劄記。學生僅四十人,而李炳寰、林圭、蔡鍔稱高才生焉。啓超每日在講堂四小時,夜則批答諸生劄記,每條或至千言,往往徹夜不寐。所言皆當時一派之民權論,又多言清代故實,臚舉失政,盛倡革命;其論學術,則自荀卿以下漢唐宋明清學者,掊擊無完膚。時學生皆住舍,不與外通,堂内空氣日日激變,外間莫或知之。及年假,諸生歸省,出劄記示親友,全湘大譁。

先是嗣同、才常等,設"南學會"聚講,又設湘報(日刊)、湘學報(旬刊),所言雖不如學堂中激烈,實陰相策應;又竊印明夷待訪録、揚州十日記等書,加以案語,祕密分布,傳播革命思想,信奉者日衆,於是湖南新舊派大鬨。葉德輝著翼教叢編數十萬言①,將康有爲所著書、啓超所批學生劄記,及時務報、湘報、湘學報諸論文,逐條痛斥;而張之洞亦著勸學篇②,

---

①按,翼教叢編六卷,蘇輿輯。輿字嘉瑞,號厚庵,湖南平江人。光緒二十四年(一八九八)八月序刊。收朱一新、孫家鼐、張之洞、葉德輝、梁鼎芬、王先謙諸人反對變法之文,内葉氏文計十四篇,都六萬字。

②篇　稿本作"編"。

旨趣略同。

戊戌政變前，某御史臚舉劄記批語數十條指斥清室鼓吹民權者具摺揭參，卒興大獄。嗣同死焉，啓超亡命，才常等被逐，學堂解散，蓋學術之爭，延爲政爭矣。

啓超既亡居日本，其弟子李林蔡等棄家從之者十有一人；才常亦數數往來，共圖革命。積年餘，舉事於漢口，十一人者先後歸，從才常死者六人焉；啓超亦自美洲馳歸，及上海而事已敗。自是啓超復專以宣傳爲業，爲新民叢報、新小説等諸雜誌①，暢其旨義。國人競喜讀之，清廷雖嚴禁，不能遏。每一册出，内地翻刻本輒十數。二十年來學子之思想，頗蒙其影響②。

啓超夙不喜桐城派古文，幼年爲文，學晚漢魏晉，頗尚矜鍊。至是自解放，務爲平易暢達，時雜以俚語韻語及外國語法，縱筆所至不檢束。學者競效之，號新文體。老輩則痛恨，詆爲野狐。然其文條理明晰，筆鋒常帶情感，對於讀者，别有一種魔力焉。

①改造本無"等"字。
②頗蒙其影響　稿本原作"殆無一人不蒙其影響"，朱筆畫去"殆無一人"，旁寫"頗"。

二十六[1] 康梁學派之分歧

啓超既日倡革命排滿共和之論,而其師康有爲深不謂然,屢責備之,繼以婉勸,兩年間函札數萬言。啓超亦不慊於當時革命家之所爲,懲羹而吹虀,持論稍變矣。然其保守性與進取性常交戰於胸中,隨感情而發,所執往往前後相矛盾。嘗自言曰:"不惜以今日之我,難昔日之我。"世多以此爲詬病[2],而其言論之效力亦往往相消,蓋生性之弱點然矣。

啓超自三十以後,已絶口不談"僞經",亦不甚談"改制"。而其師康有爲大倡設孔教會、定國教、祀天配孔諸議[3],國中附和不乏,啓超不謂然,屢起而駁之。其言曰:

> 我國學界之光明,人物之偉大,莫盛於戰國,蓋思想自由之明效也。及秦始皇焚百家之語,而思想一窒;

①六 稿本原作"四",朱筆圈去,旁寫"六"。
②改造本於"病"後有"焉"字。
③議 原作"義",據稿本、改造本、國學本、合集本改。

漢武帝表章六藝罷黜百家，而思想又一窒。自漢以來，號稱行孔教二千餘年於兹矣，而皆持所謂表章某某罷黜某某者爲一貫之精神。故正學異端有爭，今學古學有爭，言考據則爭師法，言性理則爭道統。各自以爲孔教，而排斥他人以爲非孔教。……寖假而孔子變爲董江都、何邵公矣，寖假而孔子變爲馬季長、鄭康成矣，寖假而孔子變爲韓退之、歐陽永叔矣，寖假而孔子變爲程伊川、朱晦庵矣，寖假而孔子變爲陸象山、王陽明矣，寖假而孔子變爲顧亭林、戴東原矣，皆由思想束縛於一點，不能自開生面。如群猨得一果，跳擲以相攫，如群嫗得一錢，詬詈以相奪，情狀抑何可憐。……此二千年來保教黨所生之結果也。……(壬寅年新民叢報)①

又曰：

今之言保教者，取近世新學新理而緣附之，曰：某某孔子所已知也，某某孔子所曾言也。……然則非以此新學新理釐然有當於吾心而從之也，不過以其暗合於我孔子而從之耳。是所愛者，仍在孔子，非在真理也。萬一遍索諸四書、六經而終無可比附者，則將明知

①按，文見保教非所以尊孔論，後一節引文同，原載新民叢報第二號(一九〇二年二月二十二日)，署名“中國之新民”。收入何擎一編飲冰室文集(廣智書局一九〇二年)、分類精校飲冰室文集(廣智書局一九〇五年)等。

爲真理而亦不敢從矣。萬一吾所比附者，有人剔之曰孔子不如是，斯亦不敢不棄之矣。若是乎真理之終不能餉遺我國民也。故吾最惡乎舞文賤儒①，動以西學緣附中學者，以其名爲開新，實則保守，煽思想界之奴性而滋益之也。(同上)

又曰：

摭古書片詞單語以傅會今義②，最易發生兩種流弊：一：倘所印證之義，其表裏適相脗合，善已；若稍有牽合附會，則最易導國民以不正確之觀念，而緣郢書燕説以滋弊。例如疇昔談立憲談共和者，偶見經典中某字某句與立憲、共和等字義略相近，輒摭拾以沾沾自喜，謂此制爲我所固有。其實今世共和、立憲制度之爲物，即泰西亦不過起於近百年，求諸彼古代之希臘、羅馬且不可得，遑論我國。而比附之言，傳播既廣，則能使多數人之眼光之思想，見局見縛於所比附之文句，以爲所謂立憲、共和者不過如是，而不復追求其真義之所存。……此等結習，最易爲國民研究實學之魔障。二：勸人行此制，告之曰：吾先哲所嘗行也。勸人治此學，

①最　原作“所”，國學本、合集本同，據稿本、改造本改。
②書　改造本作“人”。

> 告之曰：吾先哲所嘗治也。其勢較易入，固也。然頻以此相詔，則人於先哲未嘗行之制，輒疑其不可行；於先哲未嘗治之學，輒疑其不當治。無形之中，恒足以增其故見自滿之習，而障其擇善服從之明。……吾雅不願采擷隔牆桃李之繁葩，綴結於吾家杉松之老榦，而沾沾自鳴得意。吾誠愛桃李也，惟當思所以移植之，而何必使與杉松淆其名實者。（乙卯年國風報）①

此諸論者，雖專爲一問題而發，然啓超對於我國舊思想之總批判，及其所認爲今後新思想發展應遵之塗徑，皆略見焉。中國思想之痼疾，確在"好依傍"與"名實混淆"。若援佛入儒也，若好造僞書也，皆原本於此等精神。以清儒論，顏元幾於墨矣，而必自謂出孔子；戴震全屬西洋思想②，而必自謂出孔子；康有爲之大同，空前創獲，而必自謂出孔子。乃至孔子之改制③，何爲必託古，諸子何爲皆託古，則亦依傍混淆也已。此病根不拔，則思想終無獨立自由之望，啓超蓋於此三致意焉。然持論既屢與其師不合，康梁學派遂分。④

---

①按，文見孔子教義實際裨益於今日國民者何在欲昌明之其道何由，實載大中華第一卷第二號（一九一五年二月二十日），署名"梁啓超"。

②全屬　改造本作"闇合"。

③乃　原作"及"，改造本、國學本、合集本同，據稿本改。

④稿本此後原有"啓超之學，淺薄其一病也，游移其二病也，而歸根於不徹底。啓超性流動，富於感情，盛情也"一段文字，墨筆畫去。

啓超之在思想界，其破壞力確不小，而建設則未有聞。晚清思想界之粗率淺薄，啓超與有罪焉。啓超常稱道佛説①，謂："未能自度，而先度人，是爲菩薩發心。"故其生平著作極多，皆隨有所見，隨即發表。彼嘗言："我讀到'性本善'，則教人以'人之初'而已。"殊不思"性相近"以下尚未讀通，恐並"人之初"一句亦不能解。以此教人，安見其不爲誤人。

啓超平素主張，謂：須將世界學説爲無制限的盡量輸入，斯固然矣。然必所輸入者確爲該思想之本來面目，又必具其條理本末，始能供國人切實研究之資，此其事非多數人專門分擔不能。啓超務廣而荒，每一學稍涉其樊，便加論列。故其所述著，多模糊影響籠統之談，甚者純然錯誤，及其自發現而自謀矯正，則已前後矛盾矣。

平心論之，以二十年前思想界之閉塞萎靡②，非用此種鹵莽疏闊手段，不能烈山澤以闢新局。就此點論，梁啓超可謂新思想界之陳涉。雖然，國人所責望於啓超者不止此，以其人本身之魄力，及其三十年歷史上所積之資格，實應爲我新思想界力圖締造一開國規模。若此人而僅以"破壞的功業"自終③，則在中國文化史上，不能不謂爲一大損失也。

①道　原脱，國學本、合集本同，據稿本、改造本補。

②萎　稿本、改造本作"委"。

③僅以破壞的功業　原作"長此以"，國學本、合集本同，據改造本改。按，稿本原作"長此以'流寇的學者'"，朱筆畫去"流寇的學者"，而旁又未寫擬改之字。

啓超與康有爲有最相反之一點：有爲太有成見，啓超太無成見。其應事也有然，其治學也亦有然。有爲常言：“吾學三十歲已成，此後不復有進，亦不必求進。”啓超不然，常自覺其學未成，且憂其不成，數十年日在旁皇求索中。故有爲之學，在今日可以論定；啓超之學，則未能論定①。然啓超以太無成見之故，往往徇物而奪其所守。其創造力不逮有爲，殆可斷言矣。

啓超“學問欲”極熾，其所嗜之種類亦繁雜。每治一業，則沉溺焉，集中精力，盡拋其他。歷若干時日，移於他業，則又拋其前所治者。以集中精力故，故常有所得；以移時而拋故，故入焉而不深。彼嘗有詩題其女令嫻藝蘅館日記云②：“吾學病愛博，是用淺且蕪。尤病在無恒，有獲旋失諸。百凡可效我，此二無我如③。”可謂有自知之明。啓超雖自知其短，而改之不勇，中間又屢爲無聊的政治活動所牽率，耗其精而荒其業。識者謂啓超若能永遠絶意政治，且裁斂其學問欲，專精於一二點，則於將來之思想界當更有所貢獻，否則亦適成爲清代思想史之結束人物而已。

---

①改造本無“論定”二字。

②稿本原於“其”後有“愛”字，朱筆圈去。

③無　稿本、改造本作“毋”。

二十七[①] 譚嗣同

晚清思想界有一彗星，曰瀏陽譚嗣同。

嗣同幼好爲駢體文[②]，緣是以窺"今文學"，其詩有"汪（中）魏（源）龔（自珍）王（闓運）始是才"之語[③]，可見其嚮往所自；又好王夫之之學[④]，喜談名理。自交梁啓超後，其學一變；自從楊文會聞佛法，其學又一變。嘗自裒其少作詩文刻之，題曰東海褰冥氏三十以前舊學，示此後不復事此矣。其所謂"新學"之著作，則有仁學，亦題曰"臺灣人所著書"，蓋中多譏切清廷，假臺人抒憤也。書成，自藏其稿，而寫一副本畀其友梁啓超。啓超在日本印布之，始傳於世。仁學自敘曰：

吾將哀號流涕，强聒不舍，以速其衝決網羅。衝決

①七　稿本原作"五"，朱筆圈去，旁寫"七"。

②稿本無"嗣同"二字。

③是　改造本作"有"。

④改造本無第二箇"之"字。

利禄之網羅，衝決俗學若考據若詞章之網羅，衝決全球群學群教之網羅，衝決君主之網羅，衝決倫常之網羅，衝決天之網羅；……然既可衝決，自無網羅；真無網羅，乃可言衝決。……

仁學内容之精神，大略在是①。英培根倡"打破偶像"之論②，遂啓近代科學，嗣同之"衝決羅網"，正其義也。

仁學之作，欲將科學、哲學、宗教冶爲一爐，而更使適於人生之用，真可謂極大膽極遼遠之一種計畫。此計畫，吾不敢謂終無成立之望，然以現在全世界學術進步之大勢觀之，則似爲期尚早，況在嗣同當時之中國耶？

嗣同幼治算學，頗深造，亦嘗盡讀所謂"格致"類之譯書，將當時所能有之科學智識，③盡量應用。又稍治佛教之

①在　原作"如"，國學本、合集本同，據稿本、改造本改。

②培根　原作"奈端"，稿本、國學本、合集本同，據改造本改。按，奈端(Newton)今譯"牛頓"，其人未有"打破偶像"之論，而培根(Bacon，或譯"倍根")新工具第一卷提出四類偶像，即種類偶像、洞穴偶像、市場偶像、劇場偶像，"謂欲得真理之奥，必先破壞此四類偶像。蓋偶像云者，即先入爲主之偏見妄想也"(李守常倍根之偶像説)。又按，"偶像"今譯作"假象"。

③亦嘗盡讀所謂格致類之譯書將當時所能有之科學智識　稿本原作"亦嘗盡讀當時譯出所謂'格致'類之西學書，以其極貧弱極幼稚之科學知識"，朱筆圈去"當時譯出"；又圈去"西學"，旁寫"譯"；畫去"以其極貧弱極幼稚"，旁寫"將當時所能有"。按，改造本於"譯"前有"西"字。

“唯識宗”①、“華嚴宗”，用以爲思想之基礎，而通之以科學。又用今文學家“太平”、“大同”之義，以爲“世法”之極軌，而通之於佛教。嗣同之書，蓋取資於此三部分，而組織之以立己之意見；其駁雜幼稚之論甚多，固無庸諱；其盡脱舊思想之束縛，戛戛獨造，則前清一代，未有其比也。

嗣同根本的排斥尊古觀念，嘗曰：“古而可好，則何必爲今之人哉！”（仁學卷上）②對於中國歷史，下一總批評，曰：“二千年來之政，秦政也，皆大盜也；二千年來之學，荀學也，皆鄉愿也。惟大盜利用鄉愿，惟鄉愿工媚大盜。”（仁學卷上）③當時譚梁夏一派之論調，大約以此爲基本，而嗣同尤爲勇悍④。其仁學所謂衝決羅網者，全書皆是也，不可悉舉，姑舉數條爲例。

嗣同明目張膽以詆名教，其言曰：

> 俗學陋行，動言名教，……以名爲教，則其教已爲實之賓而決非實也。又況名者由人創造，上以制其下而下不能不奉之，則數千年三綱五常之慘禍酷毒由此矣。……如曰“仁”，則共名也。君父以責臣子，臣子亦可反之君父，於箝制之術不便，故不能不有“忠孝廉節”一切分別等衰之名。……忠孝既爲臣子之專名，則終

---

①稍　原脱，改造本、國學本、合集本同，據稿本補。

②稿本無“根本的排斥尊古觀念”至“仁學卷上”二十七字。

③上　原作“下”，據譚氏原書改。

④勇悍　原作“悍勇”，改造本、國學本、合集本同，據稿本乙。

不能以此反之，雖或他有所據，意欲詰訴，而終不敵忠孝之名爲名教之所尚。……名之所在，不惟關其口使不敢昌言，乃並錮其心使不敢涉想。……

嗣同對於善惡，有特別見解，謂："天地間無所謂惡，惡者名耳，非實也。"謂："俗儒以天理爲善，人欲爲惡，不知無人欲安得有天理。"彼欲申其"惡由名起"説，乃有極詭僻之論，曰：

惡莫大淫殺。……男女構精名淫，此淫名也。淫名亦生民以來沿習既久，名之不改，習謂爲惡。向使生民之始，即相習以淫爲朝聘宴饗之鉅典，行諸朝廟，行諸都市，行諸稠人廣衆，如中國之長揖拜跪，西國之抱腰接吻，則孰知爲惡者。戕害生命名殺①，此殺名也。然殺爲惡，則凡殺皆當爲惡，人不當殺，則凡虎狼牛馬雞豚，又何當殺者，何以不並名惡也。或曰：人與人同類耳。然則虎狼於人不同類也，虎狼殺人，則名虎狼爲惡，人殺虎狼，何以不名人爲惡也。……

此等論調②，近於詭辯矣，然其懷疑之精神，解放之勇氣，正

①名　改造本作"爲"。按，此句仁學作"戕害生民之命，名之曰殺"。
②稿本、改造本無"調"字。

可察見。①

仁學下篇，多政治談。其篇首論國家起原及民治主義（文不具引），實當時譚梁一派之根本信條，以殉教的精神力圖傳播者也。由今觀之，其論亦至平庸，至疏闊。然彼輩當時，並盧騷民約論之名亦未夢見，而理想多與暗合，蓋非思想解放之效不及此。其鼓吹排滿革命也，詞鋒鋭不可當。曰：

> 天下爲君主私産，不始今日，……然而有知遼金元清之罪②，浮於前此君主者乎？其土則穢壤也，其人則羶種也，其心則禽心也，其俗則毳俗也。逞其凶殘淫殺，攫取中原子女玉帛；……猶以爲未饜，錮其耳目，桎其手足，壓其心思，挫其氣節。……方命曰：此食毛踐土者之分然也③。夫果誰食誰之毛，誰踐誰之土。……

又曰："吾華人慎毋言華盛頓、拿破侖矣，志士仁人，求爲陳涉、楊玄感，以供聖人之驅除，死無憾焉。若機無可乘，則莫

① 稿本此後原有"嗣同闢'好古'，曰：'古而可好，又何必爲今之人哉？'又闢'主静'，曰：'善學佛者，未有不震動奮勇而雄强剛猛也。'又闢'尚儉'，曰：'私天下者尚儉，其財偏以壅，壅故亂；公天下者爲奢，其財均以流，流故平'"一段文字，墨筆畫去。

② 譚氏原文無"清"字。

③ 者　原脱，稿本、改造本、國學本、合集本同，據譚氏原文補。

若爲任俠(暗殺),亦足以伸民氣倡勇敢之風。"此等言論,著諸竹帛,距後此"同盟會"、"光復會"等之起,蓋十五六年矣。

仁學之政論,歸於"世界主義",其言曰:"春秋大一統之義,天地間不當有國也。"又曰:"不惟發願救本國,並彼極强盛之西國與夫含生之類①,一切皆度之。……不可自言爲某國人,當平視萬國,皆其國,皆其民。"篇中此類之論,不一而足,皆當時今文學派所日倡道者。其後梁啓超居東,漸染歐日俗論,乃盛倡褊狹的國家主義,慚其死友矣。

嗣同遇害,年僅三十三,使假以年,則其學將不能測其所至。僅留此區區一卷,吐萬丈光芒,一瞥而逝,而掃蕩廓清之力莫與京焉。吾故比諸彗星。②

①强 原脱,國學本、合集本同,據稿本、改造本補。

②稿本原於此後换行即接"章炳麟"一節(今存三行),兩行之間朱筆補寫"二十八"三字,後又朱筆將此三行勾去,另頁重作章氏一節。兹録此三行文字如下:"此外猶有一人當記述者,曰餘杭章炳麟。炳麟清學正統派最後之健將也,其學博贍淹貫,綜理密微。以言論倡革命,備極勞勩。"可見任公初時對章氏之評述。

二十八　章炳麟

在此清學蜕分與衰落期中，有一人焉能爲正統派大張其軍者，曰餘杭章炳麟。

炳麟少受學於俞樾，治小學極謹嚴。然固浙東人也①，受全祖望、章學誠影響頗深，大究心明清間掌故，排滿之信念日烈。炳麟本一條理縝密之人，乃其早歲所作政談，專提倡單調的"種族革命論"，使衆易喻，故鼓吹之力綦大。中年以後，究心佛典，治俱舍、唯識，有所入。既亡命日本，涉獵西籍，以新知附益舊學，日益閎肆。其治小學，以音韻爲骨幹，謂文字先有聲然後有形，字之創造及其孳乳，皆以音衍。所著文始及國故論衡中論文字音韻諸篇，其精義多乾嘉諸老所未發明。應用正統派之研究法，而廓大其内容延闢其新徑，實炳麟一大成功也。

---

①按，章氏餘杭人，俞氏德清人，皆屬浙西。蓋因下文謂章氏受全祖望、章學誠影響而誤作浙東人。中國近三百年學術史亦作"浙東人"。

炳麟用佛學解老莊，極有理致，所著齊物論釋，雖間有牽合處，然確能爲研究“莊子哲學”者開一新國土。其菿漢微言，深造語極多；其餘國故論衡、檢論、文録諸篇，純駁互見。嘗自述治學進化之迹，曰：

> 少時治經，謹守樸學，所疏通證明者，在文字器數之間，雖嘗博觀諸子，略識微言，亦隨順舊義耳①。……繼閱佛藏，涉獵華嚴、法華、涅槃諸經，義解漸深，卒未窺其究竟。及囚繫上海，專修慈氏、世親之書，此一術也，以分析名相始，以排遣名相終，從入之途，與平生樸學相似，易於契機。……
>
> ……講説許書，一旦解寤，的然見語言文字本原，於是初爲文始；……由是所見與箋疏瑣碎者殊矣。……爲諸生説莊子，旦夕比度，遂有所得，端居深觀而釋齊物，乃與瑜伽、華嚴相會。……
>
> 自揣平生學術，始則轉俗成真，終乃回真向俗。……秦漢以來，依違於彼是之間，局促於一曲之内，蓋未嘗睹是也。……（菿漢微言卷末）

其所自述，殆非溢美，蓋炳麟中歲以後所得，固非清學所能限矣。其影響於近年來學界者亦至鉅。

雖然，炳麟謹守家法之結習甚深，故門户之見，時不能

① 舊　改造本作“聲”。

免。如治小學排斥鐘鼎文、龜甲文，治經學排斥"今文派"，其言常不免過當。而對於思想解放之勇決，炳麟或不逮今文家也。

二十九①　晚清西洋思想運動之得失

自明徐光啓、李之藻等廣譯算學天文水利諸書，爲歐籍入中國之始；前清學術，頗蒙其影響，而範圍亦限於天算。“鴉片戰役”以後，漸怵於外患；洪楊之役，借外力平內難，益震於西人之“船堅礮利”。於是上海有製造局之設，附以廣方言館，京師亦設同文館，又有派學生留美之舉。而目的專在養成通譯人才，其學生之志量，亦莫或逾此，故數十年中，思想界無絲毫變化②。惟製造局中尚譯有科學書二三十種，李善蘭、華蘅芳、趙仲涵等任筆受，其人皆學有根柢，對於所譯之書，責任心與興味皆極濃重，故其成績略可比明之徐李。而教會之在中國者，亦頗有譯書。光緒間所謂“新學家”者③，欲求知識於域外，則以此爲枕中鴻祕，蓋“學問飢餓”，至是而極矣。

甲午喪師，舉國震動。年少氣盛之士，疾首扼腕言“維

①九　稿本原作“六”，朱筆圈去，旁寫“九”。

②毫　稿本作“豪”。

③謂　原作“爲”，稿本、國學本、合集本同，據改造本改。

新變法”①，而疆吏若李鴻章、張之洞輩，亦稍稍和之。而其流行語，則有所謂“中學爲體，西學爲用”者。張之洞最樂道之，而舉國以爲至言。蓋當時之人，絶不承認歐美人除能製造能測量能駕駛能操練之外，更有其他學問。而在譯出西書中求之，亦確無他種學問可見。康有爲、梁啓超、譚嗣同輩，即生育於此種“學問飢荒”之環境中，冥思枯索，欲以構成一種“不中不西，即中即西”之新學派，而已爲時代所不容。蓋固有之舊思想，既深根固蔕，而外來之新思想，又來源淺觳，汲而易竭，其支絀滅裂，固宜然矣。

戊戌政變，繼以庚子拳禍，清室衰微益暴露②。青年學子，相率求學海外。而日本以接境故，赴者尤衆。壬寅癸卯間，譯述之業特盛。定期出版之雜誌不下數十種，日本每一新書出，譯者動數家。新思想之輸入，如火如荼矣。然皆所謂“梁啓超式”的輸入，無組織，無選擇，本末不具，派别不明，惟以多爲貴，而社會亦歡迎之。蓋如久處災區之民，草根木皮，凍雀腐鼠，罔不甘之，朵頤大嚼。其能消化與否不問，能無召病與否更不問也，而亦實無衛生良品足以爲代。

時獨有侯官嚴復，先後譯赫胥黎天演論，斯密亞丹原富，穆勒約翰名學、群己權界論，孟德斯鳩法意，斯賓塞爾群學肄言等數種，皆名著也。雖半屬舊籍，去時勢頗遠，然西

---

①維　原作“惟”，國學本、合集本同，據稿本、改造本改。

②微　原作“微”，國學本、合集本同，據稿本、改造本改。

洋留學生與本國思想界發生關係者,復其首也。亦有林紓者,譯小説百數十種,頗風行於時,然所譯本率皆歐洲第二三流作者。紓治桐城派古文,每譯一書,輒“因文見道”,於新思想無與焉。

晚清西洋思想之運動,最大不幸者一事焉。蓋西洋留學生殆全體未嘗參加於此運動,運動之原動力及其中堅,乃在不通西洋語言文字之人。坐此爲能力所限,而稗販、破碎、籠統、膚淺、錯誤諸弊,皆不能免。故運動垂二十年,卒不能得一健實之基礎,旋起旋落,爲社會所輕。就此點論,則疇昔之西洋留學生,深有負於國家也。

而一切所謂“新學家”者,其所以失敗,更有一總根原,曰:不以學問爲目的而以爲手段。時主方以利禄餌誘天下,學校一變名之科舉,而新學亦一變質之八股。學子之求學者,其什中八九,動機已不純潔,用爲“敲門磚”,過時則抛之而已。此其劣下者,可勿論;其高秀者,則亦以“致用”爲信條,謂必出所學舉而措之,乃爲無負。殊不知凡學問之爲物,實應離“致用”之意味而獨立生存,真所謂“正其誼不謀其利,明其道不計其功”。質言之,則有“書獃子”然後有學問也。晚清之新學家,欲求其如盛清先輩具有“爲經學而治經學”之精神者,渺不可得,其不能有所成就,亦何足怪。故光宣之交,只能謂爲清學衰落期,並新思想啓蒙期之名①,亦未敢輕許也。

---

①期　原脱,國學本、合集本同,據稿本、改造本補。

三十① 晚清之佛學

晚清思想界有一伏流，曰佛學。

前清佛學極衰微，高僧已不多，即有，亦於思想界無關係。其在居士中，清初王夫之頗治相宗，然非其專好。至乾隆時，則有彭紹升、羅有高，篤志信仰，紹升嘗與戴震往復辨難（其文具見紹升之一行居集及震之東原集②）。其後龔自珍受佛學於紹升（定庵文集有知歸子讚，知歸子即紹升），晚受菩薩戒；魏源亦然，晚受菩薩戒，易名承貫，著無量壽經會譯等書。③龔魏爲"今文學家"所推奬，故"今文學家"多兼治佛學。

石埭楊文會，少曾佐曾國藩幕府，復隨曾紀澤使英，夙栖心内典，學問博而道行高。晚年息影金陵，專以刻經弘法

①三十　稿本作"二十七"。

②其文具見紹升之一行居集及震之　原脱，國學本、合集本同，據稿本補。按，改造本無此條小字注。

③自"魏源亦然"至"著無量壽經會譯等書"，稿本作"自珍"，改造本作"魏源亦嗜佛學有著述龔魏"。

爲事，至宣統三年武漢革命之前一日圓寂。文會深通"法相"、"華嚴"兩宗，而以"淨土"教學者，學者漸敬信之。譚嗣同從之游一年，本其所得以著仁學。尤常鞭策其友梁啓超，啓超不能深造，顧亦好焉，其所著論，往往推挹佛教。康有爲本好言宗教，往往以己意進退佛說。章炳麟亦好法相宗，有著述。故晚清所謂新學家者，殆無一不與佛學有關係。而凡有真信仰者率皈依文會。

經典流通既廣，求習較易，故研究者日衆。就中亦分兩派，則哲學的研究，與宗教的信仰也。西洋哲學既輸入，則對於印度哲學，自然引起連帶的興味。而我國人歷史上與此系之哲學因緣極深，研究自較易，且亦對於全世界文化應負此種天職，有志者頗思自任焉。然其人極稀，其事業尚無可稱述。社會既屢更喪亂，厭世思想，不期而自發生。對於此惡濁世界，生種種煩懣悲哀，欲求一安心立命之所，稍有根器者，則必遁逃而入於佛。佛教本非厭世，本非消極，然真學佛而真能赴以積極精神者，譚嗣同外，殆未易一二見焉。

學佛既成爲一種時代流行，則依附以爲名高者出焉①。往往有夙昔稔惡或今方在熱中奔競中者，而亦自託於學佛。今日聽經打坐，明日黷貨陷人。淨宗他力横超之教②，本有"帶業往生"一義。稔惡之輩，斷章取義，日日勇於爲惡。恃

①焉　原作"矣"，國學本同，據稿本、改造本、合集本改。
②淨宗他力横超之教　改造本作"淨宗之教兼言他力横超"。

一聲"阿彌陀佛",謂可湔拔無餘,直等於"羅馬舊教"極敝時,懺罪與犯罪,並行不悖。又中國人中迷信之毒本甚深,及佛教流行,而種種邪魔外道惑世誣民之術,亦隨而復活。乩壇盈城①,圖讖累牘,佛弟子曾不知其爲佛法所訶,爲之推波助瀾。甚至以二十年前新學之鉅子,猶津津樂道之。率此不變,則佛學將爲思想界一大障,雖以吾輩夙尊佛法之人,亦結舌不敢復道矣。

蔣方震曰:"歐洲近世史之曙光,發自兩大潮流,其一:希臘思想復活,則'文藝復興'也;其二:原始基督教復活,則'宗教改革'也。我國今後之新機運,亦當從兩途開拓:一爲情感的方面,則新文學新美術也;一爲理性的方面,則新佛教也。"(歐洲文藝復興時代史自序)吾深韙其言。中國之有佛教,雖深惡之者終不能遏絶之,其必常爲社會思想之重要成分,無可疑也。其益社會耶?害社會耶?則視新佛教徒能否出現而已。

更有當附論者,曰基督教。

基督教本與吾國民性不近,故其影響甚微。其最初傳來者,則舊教之"耶穌會"一派也。明士大夫徐光啓輩,一時信奉,入清轉衰。重以教案屢起,益滋人厭。新教初來,亦受其影響。其後國人漸相安,而教力在歐洲已日殺矣。各派教會在國内事業頗多,尤注意教育,然皆竺舊,乏精神。

---

①乩　稿本、改造本作"箕"。

對於數次新思想之運動①,毫未參加,而間接反有阻力焉。基督教之在清代,可謂無咎無譽,今後不改此度,則亦歸於淘汰而已。

①數次　改造本作"鼓吹"。

三十一[1]　清代學風與歐洲文藝復興相異之點

前清一代學風,與歐洲文藝復興時代相類者甚多[2],其最相異之一點,則美術文學不發達也。

清之美術(畫),雖不能謂甚劣於前代,然絶未嘗向新方面有所發展,今不深論。其文學,以言夫詩:真可謂衰落已極。吴偉業之靡曼,王士禎之脆薄,號爲開國宗匠。乾隆全盛時,所謂袁(枚)、蔣(士銓)、趙(翼)三大家者[3],臭腐殆不可嚮邇。諸經師及諸古文家,集中多亦有詩,則極拙劣之砌韻文耳。嘉道間,龔自珍、王曇、舒位號稱新體,則粗獷淺薄。咸同後,競宗宋詩,只益生硬,更無餘味。其稍可觀者,反在生長僻壤之黎簡、鄭珍輩,而中原更無聞焉。直至末葉,始有金和、黄遵憲、康有爲,元氣淋漓,卓然稱大家。

---

①三十一　稿本作"二十八"。

②者　原脱,國學本、合集本同,據稿本、改造本補。

③翼　原作"執信",稿本、改造本、合集本同,據國學本改。按,稿本原作"翼",墨筆點去,旁寫"執信"。

以言夫詞：清代固有作者，駕元明而上，若納蘭性德、郭麐、張惠言、項鴻祚、譚獻、鄭文焯、王鵬運、朱祖謀，皆名其家，然詞固所共指爲小道者也。

以言夫曲：孔尚任桃花扇、洪昇長生殿外，無足稱者，李漁、蔣士銓之流，淺薄寡味矣①。

以言夫小説：紅樓夢隻立千古，餘皆無足齒數。

以言夫散文：經師家樸實説理，毫不帶文學臭味；桐城派則以文爲"司空城旦"矣。其初期魏禧、王源較可觀，末期則魏源、曾國藩、康有爲。② 清人頗自夸其駢文，其實極工者僅一汪中，次則龔自珍、譚嗣同，其最著名之胡天游、邵齊燾、洪亮吉輩，已堆垜柔曼無生氣，餘子更不足道。

要而論之，清代學術，在中國學術史上，價值極大；清代文藝美術，在中國文藝史美術史上，價值極微，此吾所敢昌言也。

清代何故與歐洲之"文藝復興"異其方向耶？所謂"文藝復興"者，一言以蔽之，曰：返於希臘。希臘文明，本以美術爲根榦，無美術則無希臘，蓋南方島國景物妍麗而多變化之民所特産也。而意大利之位置，亦適與相類。希臘主要美術在彫刻，而其實物多傳於後。故温尼士像（彫刻裸體女神）

①淺薄寡味　改造本作"姿薄寡味"。按，稿本作"幾於妖孽"。

②稿本於"康有爲"後有"若梁啓超之新體則所共指爲野狐也"十五字。按，此意已見前第二十五節最末一段。

之發掘①，爲文藝復興最初之動機②，研究學問上古典，則其後起耳。故其方向特趨重於美術，宜也。我國文明，發源於北部大平原。平原雄偉曠蕩而少變化，不宜於發育美術。所謂復古者，使古代平原文明之精神復活，其美術的要素極貧乏，則亦宜也。

然則曷爲並文學亦不發達耶？歐洲文字衍聲，故古今之差變劇；中國文字衍形，故古今之差變微。文藝復興時之歐人，雖競相與研究希臘，或徑以希臘文作詩歌及其他著述。要之欲使希臘學普及，必須將希臘語譯爲拉丁或當時各國通行語，否則人不能讀。因此，而所謂新文體（國語新文學）者，自然發生，如六朝隋唐譯佛經③，産出一種新文體，今代譯西籍，亦産出一種新文體④，相因之勢然也。我國不然，字體變遷不劇，研究古籍，無待迻譯。夫論語、孟子，稍通文義之人盡能讀也。其不能讀論語、孟子者，則並水滸、紅樓亦不能讀也。故治古學者無須變其文與語，既不變其文與語，故學問之實質雖變化，而傳述此學問之文體語體無變化，此清代文無特色之主要原因也。重以當時諸大師方以崇實黜華相標榜，顧炎武曰："一自命爲文人，便無足觀。"（日

---

①温尼士　稿本、改造本同，國學本、合集本作"維納神"。按，今譯作"維納斯"。

②改造本無"最初"二字。

③六朝隋唐　稿本作"唐代"。

④稿本於"新文體"後原旁補有"復古與創新"五字，墨筆畫去。

知録十九)[1]所爲"純文藝"之文[2],極所輕蔑。高才之士,皆集於"科學的考證"之一途。其向文藝方面討生活者,皆第二流以下人物[3],此所以不能張其軍也。

①十九　原作"二十",據顧氏原書改。按,所引文字,乃顧氏徵引宋史劉摯傳文,顧氏日知録卷十九"文人之多"條:"唐宋以下,何文人之多也。固有不識經術,不通古今,而自命爲文人者矣。……宋劉摯之訓子孫,每曰:'士當以器識爲先,一號爲文人,無足觀矣。'"又亭林文集卷一與人書十八:"宋史言劉忠肅每戒子弟曰:'士當以器識爲先,一命爲文人,無足觀矣。'僕自一讀此言,便絶應酬文字,所以養其器識而不墮於文人也。"

②爲　原作"謂",改造本、國學本、合集本同,據稿本改。

③流　原作"派",合集本同,據稿本、改造本、國學本改。

三十二[①] 清代自然科學不發達之原因

問曰：吾子屢言清代研究學術，饒有科學精神，何故自然科學，於此時代並不發達耶？

答曰：是亦有故。文化之所以進展[②]，恒由後人承襲前人智識之遺產，繼長增高。凡襲有遺産之國民，必先將其遺産整理一番，再圖向上，此乃一定步驟。歐洲文藝復興之價值，即在此。故當其時，科學亦並未發達也，不過引其機以待將來。清代學者，刻意將三千年遺産，用科學的方法大加整理，且亦確已能整理其一部分。凡一國民在一時期内，只能集中精力以完成一事業，且必須如此，然後事業可以確實成就。清人集精力於此一點，其貢獻於我文化者已不少，實不能更責以其他。且其趨勢，亦確向切近的方面進行。例如言古音者，初惟求諸詩經、易經之韻，進而考歷代之變遷，更進

①三十二　稿本作“二十九”。

②稿本原於“文化”前有“其一”二字，墨筆圈去。按，下一段句首有“復次”，則此“其一”實宜保留。

而考古今各地方音，遂達於人類發音官能構造之研究；此即由博古的考證引起自然科學的考證之明驗也。故清儒所遵之塗徑，實爲科學發達之先驅，其未能一蹴即幾者，時代使然耳。

復次，凡一學術之發達，必須爲公開的且趣味的研究，又必須其研究資料比較的豐富。我國人所謂"德成而上，藝成而下"之舊觀念，因襲已久，本不易驟然解放。其對於自然界物象之研究，素乏趣味，不能爲諱也。科學上之發明，亦何代無之，然皆帶祕密的性質，故終不能光大，或不旋踵而絕。即如醫學上證治與藥劑，其因祕而失傳者，蓋不少矣。凡發明之業，往往出於偶然，發明者或並不能言其所以然，或言之而非其真。及以其發明之結果公之於世，多數人用各種方法向各種方面研究之，然後偶然之事實，變爲必然之法則。此其事非賴有種種公開研究機關——若學校若學會若報館者，則不足以收互助之效而光大其業也。夫在清代則安能如是，此又科學不能發生之一原因也。

然而語一時代學術之興替，實不必問其研究之種類，而惟當問其研究之精神。研究精神不謬者，則施諸此種類而可以成就①，施諸他種類而亦可以成就也。清學正統派之精神，輕主觀而重客觀，賤演繹而尊歸納，雖不無矯枉過正之處，而治學之正軌存焉。其晚出別派（今文學家）能爲大膽的懷疑解放，斯亦創作之先驅也。此清學之所爲有價值也歟？

①以　原脱，改造本、國學本、合集本同，據稿本補。

三十三[①]　對最近將來之預言

讀吾書者，若認其所采材料尚正確，所批評亦不甚紕繆，則其應起之感想，有數種如下：

其一：可見我國民確富有"學問的本能"，我國文化史確有研究價值，即一代而已見其概[②]。故我輩雖當一面盡量吸收外來之新文化，一面仍萬不可妄自菲薄，蔑棄其遺産。

其二：對於先輩之"學者的人格"，可以生一種觀感。所謂"學者的人格"者，爲學問而學問，斷不以學問供學問以外之手段，故其性耿介，其志專壹。雖若不周於世用，然每一時代文化之進展，必賴有此等人。

其三：可以知學問之價值，在善疑，在求真，在創獲。所謂研究精神者，歸著於此點。不問其所疑所求所創者在何部分，亦不問其所得之鉅細。要之經一番研究，即有一番貢

①三十三　稿本作"三十"。

②改造本於"一"後有"時"字。

獻。必如是始能謂之增加遺産，對於本國之遺産當有然，對於全世界人類之遺産亦當有然。

其四：將現在學風與前輩學風相比照，令吾曹可以發現自己種種缺點。知現代學問上籠統影響淩亂膚淺等等惡現象，實我輩所造成。此等現象，非徹底改造，則學問永無獨立之望，且生心害政，其流弊且及於學問社會以外①。吾輩欲爲將來之學術界造福耶？抑造罪耶？不可不取鑑前代得失以自策厲。

吾著此書之宗旨，大略在是②。而吾對於我國學術界之前途，實抱非常樂觀。蓋吾稽諸歷史，徵諸時勢，按諸我國民性，而信其於最近之將來，必能演出數種潮流，各爲充量之發展。吾今試爲預言於此③，吾祝吾觀察之不謬，而希望之不虚也。

一：自經清代考證學派二百餘年之訓練，成爲一種遺傳，我國學子之頭腦，漸趨於冷静縝密。此種性質，實爲科學成立之根本要素。我國對於"形"的科學（數理的），淵源本遠，根柢本厚；對於"質"的科學（物理的），因機緣未熟，暫不發展。今後歐美科學，日日輸入，我國民用其遺傳上極優粹之科學的頭腦，憑藉此等豐富之資料，猝精研究，將來必可成爲全世界第一等之"科學國民"。

①弊　原脱，國學本、合集本同，據稿本、改造本補。

②在　原作"如"，國學本、合集本同，據稿本、改造本改。

③預　稿本作"豫"。

二：佛教哲學，本爲我先民最珍貴之一遺産。特因發達太過，末流滋弊，故清代學者，對於彼而生劇烈之反動。及清學發達太過，末流亦敝，則還元的反動又起焉。適值全世界學風，亦同有此等傾向，物質文明爛熟，而“精神上之飢餓”，益不勝其苦痛。佛教哲學，蓋應於此時代要求之一良藥也。我國民性，對於此種學問，本有特長，前此所以能發達者在此，今後此特性必將復活。雖然，隋唐之佛教，非復印度之佛教；而今後復活之佛教，亦必非復隋唐之佛教。質言之，則“佛教上之宗教改革”而已。

三：所謂“經世致用”之一學派，其根本觀念，傳自孔孟。歷代多倡道之，而清代之啓蒙派晚出派，益擴張其範圍。此派所揭櫫之旗幟，謂：學問所當講求者①，在改良社會增其幸福，其通行語所謂“國計民生”者是也。故其論點，不期而趨集於生計問題。而我國人對於生計問題之見地，自先秦諸大哲，其理想皆近於今世所謂“社會主義”。二千年來生計社會之組織，亦蒙此種理想之賜，頗稱均平健實。今此問題爲全世界人類之公共問題，各國學者之頭腦，皆爲所惱。吾敢言我國之生計社會，實爲將來新學説最好之試驗場。而我國學者，對於此問題，實有最大之發言權，且尤當自覺悟其對此問題應負最大之任務。

①所　原作“有”，合集本同，據稿本、改造本、國學本改。

四：我國文學美術，根柢皆深厚①，氣象皆雄偉。特以其爲"平原文明"所産育，故變化較少。然其中徐徐進化之迹，歷然可尋，且每與外來之宗派接觸，恒能吸受以自廣。清代第一流人物，精力不用諸此方面，故一時若甚衰落，然反動之徵已見。今後西洋之文學美術，行將盡量輸入，我國民於最近之將來，必有多數之天才家出焉，采納之而傅益以己之遺産，創成新派。與其他之學術相聯絡呼應，爲趣味極豐富之民衆的文化運動。

五：社會日複雜，應治之學日多，學者斷不能如清儒之專擘古典，而固有之遺産，又不可蔑棄。則將來必有一派學者焉，用最新的科學方法，將舊學分科整治，擷其粹，存其真。續清儒未竟之緒，而益加以精嚴，使後之學者既節省精力，而亦不墜其先業。世界人之治"中華國學"者，亦得有藉焉。

以吾所觀察所希望，則與清代興之新時代，最少當有上列之五大潮流，在我學術界中，各爲猛烈之運動，而並占重要之位置。若今日者，正其啓蒙期矣。吾更願陳餘義以自厲，且厲國人。

一：學問可嗜者至多，吾輩當有所割棄，然後有所專精。對於一學，爲徹底的忠實研究，不可如劉獻廷所誚"祇教成半箇學者"（廣陽雜記卷三）②，力洗晚清籠統

---

①皆　原作"極"，國學本、合集本同，據稿本、改造本改。

②三　原作"五"，稿本、改造本、國學本、合集本同，據劉氏原書改。

膚淺凌亂之病。

二：善言政者，必曰“分地自治，分業自治”。學問亦然，當分業發展，分地發展。分業發展之義易明，不贅述。所謂分地發展者，吾以爲我國幅員，廣埒全歐，氣候兼三帶，各省或在平原，或在海濱，或在山谷；三者之民，各有其特性，自應發育三箇體系以上之文明。我國將來政治上各省自治基礎確立後，應各就其特性，於學術上擇一二種爲主榦（余别有論，論歷史上地理與學問之關係）①，例如某省人最宜於科學②，某省人最宜於文學美術③，皆特别注重，求爲充量之發展。必如是然後能爲本國文化世界文化，作充量之貢獻。

三：學問非一派可盡。凡屬學問，其性質皆爲有益無害。萬不可求思想統一，如二千年來所謂“表章某某，罷黜某某”者。學問不厭辨難，然一面申自己所學，一面仍尊人所學，庶不至入主出奴，蹈前代學風之弊。

吾著此篇竟，吾感謝吾先民之餉遺我者至厚④，吾覺有

①（余别有論論歷史上地理與學問之關係）　原脱，稿本、國學本、合集本同，據改造本補。

②③省　改造本作“地”。

④吾先民　稿本、改造本作“我先民”。

極燦爛莊嚴之將來横於吾前。①

①按,稿本此後有"輒寫吾十七年前舊詩一首作結,用自鞭策:'獻身甘作萬矢的,論著求爲百世師。誓起民權移舊俗,更掔哲理牖新知'"(其後原當有一紙書此詩後四句,惜已不存),朱筆畫去,另寫一"完"字,結束全篇。

中國近三百年學術概略

第一講　反動與先驅

這部講義,是要説明清朝一代學術變遷之大勢及其在文化史上所貢獻的分量和價值。爲什麽題目不叫做清代學術呢?因爲晚明的二十多年,已經開清學的先河;民國的十來年,也可以算清學的結束和蜕化。把最近三百年認做學術史上一箇時代的單位,似還適當,所以定名爲近三百年學術概略。

今年是公曆一九二三年。上溯三百年前之一六二三年爲明天啓三年,這部講義,就從那時候講起。若稍爲概括一點,也可以説是十七八九三箇世紀的中國學術概略。

我三年前曾做過一部清代學術概論。那部書的範圍,和這部講義差不多,但材料和組織,狠有些不同,希望諸君預備一部當參考。

*　*　*　*　*

這箇時代的學術主潮是:

厭倦主觀的冥想而傾向於客觀的考察。

無論何方面之學術,都有這樣趨勢。可惜客觀考察,多半仍限於紙片上事物，所以他的效用尚未能盡量發揮。此外還有一箇支流是：

排斥理論，提倡實踐。

這箇支流，屢起屢伏，始終未能狠占勢力。總而言之，這三百年學術界所指向的路，我認爲是不錯的——是對於從前狠有特色而且有進步的。只可惜全部精神，未能貫徹。以後憑藉這點成績，擴充蜕變，再開出一箇更切實更偉大的時代，這是我們的責任，也是我這回演講的微意。

*　　*　　*　　*　　*

凡研究一箇時代思潮，必須把前頭的時代略爲認清，纔能知道那來龍去脈。本講義所講的時代，是從他前頭的時代反動出來。前頭的時代，可以把宋元明三朝總括爲一箇單位——公曆一〇〇〇至一六〇〇——那箇時代，有一種新學術系統出現，名曰“道學”。那五百年間①，便是“道學”自發生成長以至衰落的全時期。那時代的道學思潮，又爲什麽能産生能成立呢？（一）因爲再前一箇時代便是六朝隋唐，物質上文化發達得狠燦爛，文學②、美術、音樂等等都呈現歷史以來最活潑的狀況。後來這種文明爛熟的結果，養成社會種種惰氣。自唐天寶間兩京陷落，過去的物質文明已交末運，跟着晚唐藩鎮和五代一百多年的紛亂，人心越發厭倦。

①五　南開本同，清華本、民志本、合集本作“六”。

②民志本、合集本於“文學”前有“建築”二字。

所以入到宋朝，便喜歡回到內生活的追求，向嚴肅素樸一路走去。（二）隋唐以來，印度佛教各派教理，盡量輸入，思想界已經攙入許多新成分，但始終儒自儒佛自佛，采一種不相聞問的態度。到了中晚唐，兩派接觸的程度日漸加增，一方面有韓愈一流人據儒排佛，一方面有梁肅、李翱一流人援佛入儒。（注一）到了兩宋，當然會產出儒佛結婚的新學派。加以那時候的佛家，各派都衰，禪宗獨盛。禪宗是打破佛家許多形式和理論，專用內觀工夫，越發與當時新建設之道學相接近。所以道學和禪宗，可以説是宋元明思想界全部的代表。

（注一）梁肅與白居易交好，是天台宗一員護法健將。李翱是韓愈朋友，著有復性書，拿佛理解釋儒書。

道學派别，雖然不少。但有一共同之點，是想把儒家言建設在形而上學——即玄學的基礎之上。原來儒家開宗的孔子，不大喜歡談什麽"性與天道"，只是想從日用行爲極平實處陶養成理想的人格。但到了佛法輸入以後，一半由儒家的自衛，一半由時代人心的要求，總覺得把孔門學説找補些玄學的作料纔能滿足。於是從"七十子後學者所記"的禮記裏頭，擡出大學、中庸兩篇出來，再加上含有神祕性的易經，作爲根據，來和印度思想對抗。"道學"最主要的精神，實在於此。所以在"道學"總旗幟底下，雖然有吕伯恭、朱晦庵、陳龍川各派，不專以談玄爲主，然而大勢所趨，總是傾向到明心見性一路，結果自然要像陸子静、王陽明的講法，纔能徹底的成一片段。所以到明的中葉，姚江（王陽明）學派，奄襲全國,和佛門的禪宗,混爲一家。這是距今三百五六十年前學術界的形勢。

在本講義所講的時代開始之時,王陽明去世已將近百年了。(陽明卒於嘉靖八年,當公曆一五二九年。)明朝以八股取士,一般士子,除了永樂皇帝欽定的性理大全外,幾乎一書不讀。學術界本身,本來就像貧血症的人衰弱得可憐。陽明是一位豪傑之士,他的學術像打藥針一般①,令人興奮,所以能結束五百年道學,吐狠大光芒。但晚年已經四方八面受人妒嫉排擠,不得志以死。陽明死後,他的門生,在朝者,如鄒東廓守益、歐陽南野德,在野者,如錢緒山德洪、王龍溪畿、羅近溪汝芳、王心齋艮,都有絶大氣魄,能把師門宗旨發揮光大,勢力籠蓋全國。然而反對的也日益加增。反對派别,大略有三:其一,事功派:如張江陵居正輩,覺得他們都是書生迂闊,不切時務。其二,文學派:如王弇州世貞輩,覺得

① 自"他的學術像打藥針一般"至"平心而論"之前,初稿作"他的學術像打藥針一般,令人興奮,所以能做五百年道學結束,吐狠大的光芒。陽明死後,攀附聲氣的人愈多,流弊亦愈甚。空腹高心,掉弄玄機,已經是令人厭倦。後來一班迂闊的講學家和一班輕薄文人,卑污官僚變成對壘(而且輕薄卑污的人摻入講學家隊裏的也不少),門户水火之爭,牽涉政局,卒至與明俱亡。這齣惡劇,當場親見的人,實在是痛心疾首。次期的大大反動,真所謂'勢所必至,理所必然'了"。南開本同,可知此處增補改寫係任公至清華學堂講授時所作,蓋其中引李剛主、朱舜水、王船山、費燕峰四人語,實已見概略之第二講。按,"能結束五百年道學",初稿作"能做五百年道學結束",清華本、輔仁本、學燈本、學報本、民志本、合集本同。

他們學問空疏，而且所講的太乾燥無味。其三，勢利派：毫無宗旨，惟利是趨。依附魏忠賢一班太監，專和正人君子作對，對於講學先生，自然疾之如讐。這三派中，除勢利派應該絶對排斥外，事功、文學兩派，本來都各有好處。但他們既已看不起道學派，道學派也看不起他們，由相輕變爲相攻，結果這兩派爲勢利派利用，隱然成爲三角同盟以對付道學派。中間經過"議禮"、"紅丸"、"梃擊"、"移宮"諸大案，(注二)都是因宫廷中一種不相干的事實，小題大做，雙方意見，鬧到不得開交。到最後二三十年間，道學派大本營，前有"東林"，後有"復社"，都是用學術團體名義，實行政黨式的活動。他們對於惡勢力拚命奮鬬的精神，固然十分可敬可佩，但黨勢漸成以後，依草附木的人日多，也不免流品混雜。總而言之：明朝所謂"士大夫社會"，以"八股先生"爲土臺。所有群衆運動，無論什麽"清流濁流"，都是八股先生最占勢力。東林、復社，雖比較的多幾位正人君子，然而打開窗户説亮話，其實不過王陽明這面大旗底下一群八股先生和魏忠賢那面大旗底下一群八股先生打架。何況陽明這邊的末流，也放縱得不成話。如何心隱本名梁汝元、李卓吾贄等輩，簡直變成一箇"花和尚"！他們提倡的"酒色財氣不礙菩提路"，把箇人道德、社會道德一切藩籬都衝破了，如何能令敵派人心服？這些話且不必多説。總之，晚明政治和社會所以潰爛到那種程度，最大罪惡自然是在那一群下流無恥的八股先生，巴結太監，魚肉人民，我們一點不能爲他們饒怨。却是和他們反對的,也不過一群上流無用的八股先生,添上幾句"致知格物"的口頭禪做幌子,和別人鬧意見鬧過不休。最高等的如顏習齋所謂"無事袖手談心性,臨危一死報君王",至矣極矣。當他們筆頭上口角上吵得烏煙瘴氣的時候,張獻忠、李自成已經把殺人刀磨得飛快,準備著把千千萬萬人砍頭破肚;滿洲人已經把許多降將收了過去,準備著看風頭撿便宜貨入主中原。結果幾十年門户黨派之爭,鬧到明朝亡了一齊拉倒。這便是前一期學術界最後的一幕悲劇。

(注二)欲知四大案簡單情節,看趙翼的廿二史劄記最好。

明亡以後,學者痛定思痛。對於那群閹黨、强盜、降將,以及下流無恥的八股先生,罪惡滔天,不值得和他算帳了。却是對於這一群上流無用的道學先生,也不能把他們的責任輕輕放過。李剛主説:

> ……高者談性天,撰語録;卑者疲精死神於舉業。不惟聖道之禮樂兵農不務,即當世之刑名錢穀,亦懵然罔識,而搦管呻吟,自矜有學。……中國嚼筆吮毫之一日,即外夷秣馬厲兵之一日。卒之盜賊蠭起,大命遂傾,而天乃以二帝三王相傳之天下授之塞外。……恕谷集書明劉户部墓表後

又説:

宋後二氏學興，儒者浸淫其説，静坐内視，論性談天，與夫子之言，一一乖反，而至於扶危定傾大經大法，則拱手張目，授其柄於武人俗士。當明季世，朝廟無一可倚之臣。坐大司馬堂批點左傳，敵兵臨城，賦詩進講，覺建功立名，俱屬瑣屑，日夜喘息著書，曰此傳世業也。卒至天下魚爛河決①，生民塗炭。嗚呼！誰生厲階哉？恕谷集與方靈皋書

朱舜水説：

明朝以時文取士。此物既爲塵羹土飯，而講道學者又迂腐不近人情。……講正心誠意，大資非笑。於是分門標榜，遂成水火，而國家被其禍。舜水遺集答林春信問

顧亭林説：

劉石亂華，本於清談之流禍，人人知之。孰知今日之清談，有甚於前代者。昔之清談談老莊，今之清談談孔孟。未得其精，而已遺其粗；未究其本，而先辭其末。不習六藝之文，不考百王之典，不綜當代之務，舉夫子

① 自“静坐内視”至“魚爛河決”，原作若干略文符，旁批：“原稿十三葉鈔補。”據清華本、民志本、合集本補。

論學論政之大端一切不問，而曰"一貫"，曰"無言"。以明心見性之空言，代修己治人之實學。股肱惰而萬事荒，爪牙亡而四國亂，神州蕩覆，宗社丘墟。昔王衍妙善玄言，自比子貢，及爲石勒所殺，將死，顧而言曰："吾曹雖不如古人，向若不祖尚浮虛，戮力以匡天下，猶可不至今日。"①今之君子，得不有媿乎其言。日知録卷七"夫子之言性與天道"條②

亭林既憤慨當時學風，以爲明亡實由於此，推原禍始，自然責備到陽明。他説：

以一人而易天下，其流風至於百有餘年之久者，古有之矣：王夷甫（衍）之清談、王介甫（安石）之新説；其在於今，則王伯安（守仁）之良知是也。孟子曰："天下之生久矣，一治一亂。"撥亂世反諸正，豈不在後賢乎？日知録卷十八

王船山亦以爲王學末流之弊，從陽明本身出來。他説：

---

①自"孰知今日之清談"至"猶可不至今日"，原作若干略文符，旁批："原稿三十二葉鈔補。"據清華本、民志本、合集本補。

②夫子之言性與天道條　原脱，據清華本、民志本、合集本補。

姚江王氏陽儒陰釋誣聖之邪説，其究也，刑戮之民、閹賊之黨皆爭附焉，而以充其“無善無惡圓融事理”之狂妄。正蒙注序論

費燕峰説：

清談害實，始於魏晉，而固陋變中，盛於宋南北。案：費氏提倡“實”與“中”兩義，故斥當時學派爲害實變中。自漢至唐，異説亦時有，然士安學同，中實尚存。至宋而後，齊逞意見，專事口舌，……又不降心將人情物理平居處事點勘離合，説者自説，事者自事，終爲兩斷。一段好議論，美聽而已。……後儒所論，惟深山獨處，乃可行之；城居郭聚，有室有家，必不能也。蓋自性命之説出，而先王之三物六行亡矣。……學者所當痛心，而喜高好僻之儒，反持之而不下。無論其未嘗得而空言也，果靜極矣，活潑潑地會矣，坐忘矣，心常在腔子裏矣，即物之理無不窮，本心之大無不立，而良知無不致矣，亦止與達摩面壁、天台止觀同一門庭。……何補於國？何益於家？何關於政事？何救於民生？……學術蠱壞，世道偏頗，而夷狄寇盜之禍亦相挻而起。……費氏遺書弘道書卷中①

① 自“始於魏晉”至“費氏遺書”，原作若干略文符，旁無批注，據清華本、民志本、合集本補。

平心而論，陽明學派，在二千年學術史上，確有相當之價值，不能一筆抹殺。上文所引諸家批評，不免都有些過火之處。但末流積弊，既已如此，舉國人心對於他既已由厭倦而變成憎惡，那麽，這種學術，如何能久存？反動之起，當然是新時代一種迫切的要求了。

大反動的成功，自然在明亡清興以後。但晚明最末之二三十年，機兆已經大露。試把各方面趨勢一一指陳。

第一：王學自身的反動。最顯著的是劉蕺山宗周一派，蕺山以崇禎十七年——一六四四年殉難。特標"證人"主義，以"慎獨"爲入手，對於龍溪王畿、近溪羅汝芳、心齋王艮諸人所述的王學，痛加針砭。總算是舍空談而趨實踐，把王學中談玄的成分減了好些。但這種反動，當然只能認爲舊時代的結局，不能認爲新時代的開山。

第二：自然界探索的反動。晚明有兩位怪人，留下兩部怪書。其一爲徐霞客，名弘祖，生萬曆十三年（一五八五），卒崇禎十三年——一六四〇年卒。① 是一位探險家，單身步行，把中國全國都游歷遍了。他所著的書，名曰霞客游記。内中一半雖

①稿本旁注："生萬曆十三年，年五十六。"按，此處所記徐氏生卒年有誤。陳函輝徐霞客墓誌銘："霞客生於萬曆丙戌，卒於崇禎辛巳，年五十有六。"丙戌爲萬曆十四年（一五八六），辛巳爲崇禎十四年（一六四一）。又徐霞客游記崇禎十年十一月二十七日"爲余生辰"，則徐氏生年换作西曆已爲一五八七年一月五日矣。錢謙益徐霞客傳："霞客死時年五十有六。西游歸以庚辰六月，卒以辛巳正月。"年五十六，係據中曆計齒之法。

屬描寫風景，一半却是專研究山川脈絡，於西南——雲貴蜀桂地理，考證極爲詳確。中國實地調查的地理書，當以此爲第一部。(注一)其二爲宋長庚，名應星，奉新人。卒年無考，丁文江推定爲卒於順治、康熙間。是一位工業科學家。他所著有兩部書，一部是畫音歸正。據書名當是研究方音，可惜已佚。一部是天工開物，商務印書館正在重印。用科學方法研究食物、被服、用器，以及冶金、製械、丹青、珠玉之原料工作，繪圖貼説，詳確明備(注二)。這兩部書不獨一洗明人不讀書的空談，而且比清人“專讀書的實談”，還勝幾籌，真算得反動初期最有價值的作品。本條所舉，雖然不過一兩箇人一兩部書，不能認爲代表時代，然而學者厭蹈空、喜踏實的精神，確已漸漸表現了。

(注一)潘稼堂(耒)徐霞客游記序云：“霞客之游，在中州者無大過人。其奇絶者，閩粤楚蜀滇黔百蠻荒徼之區，皆往返再四。其行不從官道。……先審視山脈如何去來，水道如何分合，既得大勢，然後支搜節討。”又云：“沿溯瀾滄、金沙，窮南北盤江之源，實中土人創闢之事。……向來山經地志之誤，釐正無遺。……然未嘗有怪迂侈大之語，欺人以所不知。”

(注二)天工開物自序云：“世有聰明博物者，稠人推焉。乃棗梨之花未賞，而臆度楚萍；釜鬵之範鮮經，而侈談莒鼎。畫工好圖鬼魅而惡犬馬，即鄭僑、晉華，豈足爲烈哉！”

丁在君(文江)重印天工開物始末記云：“三百年前言工業天産之書如此其詳且明者，世界之中，無與比倫。”

第三：明末有一場大公案，爲中國學術史上應該大筆特書者,曰歐洲曆算學之輸入。先是,馬丁路得既創新教,羅馬舊教在歐洲大受打擊。於是有所謂“耶穌會”者起,想從舊教内部改革振作。他的計畫是要傳教海外,中國及美洲實爲其最主要之目的地。於是利瑪竇、龐迪我、熊三拔、龍華民、鄧玉函、陽瑪諾、羅雅谷、艾儒略、湯若望等,自萬曆末年至天啓、崇禎間,先後入中國。中國學者如徐文定、名光啓,號玄扈,上海人。崇禎六年——一六三三年卒。今上海徐家匯,即其故宅。李涼庵名之藻,仁和人。等,都和他們來往,對於各種學問有精深的研究。先是,所行“大統曆”,循元郭守敬“授時曆”之舊,錯謬狠多。萬曆末年,朱載堉、邢雲路先後上疏指出他的錯處,請重爲釐正。天啓、崇禎兩朝十幾年間,狠拿這件事當一件大事辦。經屢次辨爭的結果,卒以徐文定、李涼庵領其事,而請利龐熊諸客卿共同參預,卒完成曆法改革之業。此外中外學者合譯或分撰的書籍,不下百數十種。最著名者,如利徐合譯之幾何原本,字字精金美玉,爲千古不朽之作,無庸我再爲贊歎了。其餘天學初函、崇禎曆書中幾十部書,都是我國曆算學界狠豐厚的遺産。又辨學一編,爲西洋論理學輸入之鼻祖。又徐文定之農政全書六十卷、熊三拔之泰西水法六卷,實農學界空前之著作。我們只要肯把當時那班人的著譯書目一翻,便可以想見他們對於新智識之傳播如何的努力;只要肯把那時候代表作品——如幾何原本之類擇一兩部細讀一過,便可以知道他們對於學問如何的忠實。要而言之,中國智識綫和外國智識綫相接觸,晉唐間的佛學爲第一次，明末的曆算學便是第二次。中間元代時和阿拉伯文化有接觸，但影響不大。在這種新環境之下，學界空氣，當然變換。後此清朝一代學者，對於曆算學都有興味，而且最喜歡談經世致用之學，大概受利徐諸人影響不小。(注三)

(注三)當時治利徐一派之學者，尚有周子愚、瞿式穀、虞淳熙、樊良樞、王應熊、李天經、楊廷筠、鄭洪猷、馮應京、汪汝淳、周炳謨、王家植、瞿汝夔、曹于汴、鄭以偉、熊明遇、陳亮采、許胥臣、熊士旂等人，皆嘗爲著譯各書作序跋者。又蓮池法師，亦與利瑪竇往來，有書札見辨學遺牘中。可想見當時此派聲氣之廣。

第四：藏書及刻書的風氣漸盛。明朝人不喜讀書，已成習慣。據費燕峰密所説："十三經注疏，除福建版外没有第二部。"①見弘道書卷上。固陋到這種程度，實令人喫驚。但是，到萬曆末年以後，風氣漸變了。焦弱侯名竑，江寧人。萬曆四十八——一六二〇年卒。的國史經籍志，在"目録學"上就狠有相當的價值。范堯卿名欽，鄞縣人。創立天一閣，實爲現在全國——或者還是全世界——最古最大的私人圖書館。可惜這圖書館到民國以來，已成了空殼子了。毛子晉名晉，常熟人。和他的兒子斧季扆，他們家的汲古閣專收藏宋元刻善本。所刻津逮祕書和許多單行本古籍，直到今日，還在中國讀書界有狠大價值。這幾位都是明朝最後二三十年間人。毛斧季是清朝人。

① 費密弘道書卷上："今猶見之十三經注疏，惟閩中有板。閩本亡，漢儒之學或幾乎息矣。"

他們這些事業，都可以説是當時講學的反動。焦弱侯也是王學家健將，但他却好讀書。這點反動，實在是給後來學者狠有益的工具。例如黄梨洲、萬九沙、全謝山都讀天一閣藏書。汲古閣刻本書，流布古籍最有功，且大有益於校勘家。

第五：還有一件狠可注意的現象：這種反動，不獨儒學方面爲然，即佛教徒方面也甚明顯。宋元明三朝，簡直可以説除了禪宗别無佛教。到晚明忽然出了三位大師：一蓮池，名袾宏。萬曆四三——一六一五年卒。二憨山，名德清。天啓三——一六二三年卒。三蕅益。名智旭。順治九——一六五五年卒。我們試把雲棲法彙蓮池著、夢游集憨山著、靈峰宗論蕅益著一讀，他們反禪宗的精神，到處都可以看得出來。他們提倡的是淨土宗，清朝一代的佛教——直到楊仁山爲止，走的都是這條路。禪淨優劣，本來狠難説——我也不願意説。但禪宗末流，參話頭，背公案，陳陳相因，自欺欺人，其實可厭。蓮池所倡淨宗，從極平實的地方立定做極嚴肅的踐履工夫，比之耶教各宗，狠有點"清教徒"的性質。這是修持方面的反動。不惟如此，他們既感覺掉弄機鋒之靠不住，自然回過頭來研求學理。於是憨山注楞伽、楞嚴；蕅益注楞嚴、起信、唯識，乃至把全藏通讀，著成閱藏知津一書。他們的著述價值如何，且不必論，總之一反禪宗束書不觀之習，回到隋唐人做佛學的途徑，是顯而易見了。同時錢牧齋（謙益）著了一大部楞嚴蒙鈔，也是受這箇潮流的影響。

以上所舉五點，都是明朝煞尾二三十年間學術界所發生的新現象。雖然讀黄梨洲明儒學案,一點看不出這些消息,然而我們認爲關係極重大,後來清朝各方面的學術,都從此中孕育出來。我這部講義,所以必把這二三十年做箇"楔子",其理由在此。

"楔子"説完了,下回便入正文。

第二講　清初五大師[①]

凡一箇新時代正在開始，其所表現的事業，多半是粗枝大葉，留下許多漏洞待後人修正。但那一種活潑創造的元氣，到底爲後人所不能及。到時代精神確立之後，繼起的人，做細針密縷分勞深入的整理工夫，纔能把前人打開的新局面弄成確定而且圓滿。但到了確定圓滿之後，暮氣便漸漸侵入，這時代也快完了。此兩種事業——創造和整理——互相期待，如車之兩輪鳥之雙翼，缺一不可。無論政治上、學術上皆然。清代學術，順治、康熙、雍正三朝約八九十年間，算是創造時期。乾隆、嘉慶、道光三朝約一百年間，算是整理成熟時期。咸豐、同治、光緒三朝約五六十年間，算是蛻變時期。(注一)我這部講義，大概也把這三期分爲三箇大段落。現在先講第一期。

①清初五大師　原脱，南開本同，據第三講題名補。

（注一）參看清代學術概論一至六葉①。

從我國歷史上看來，有好幾次都是在政治極腐敗混亂的時代，學術界倒發出狠大的光明。這是什麽緣故呢？頭一件：因爲政治之腐敗混亂，其大根原總由於社會之不健全。社會之所以不健全，又大率由前期學術之末流流弊積得狠深，成爲病的狀態，以致社會中毒。所以這種時候，社會人心對於學術革命的要求，甚爲迫切。新學術當然容易應運而興。第二件：中國學者，向來有"政學一貫"的信仰，政治生活和學問生活不甚分家。政治腐敗混亂的時候，國中第一流人物都不屑——或者不能——插足於政治界，於是把他們的聰明才力，全部放在學問上頭，學術界的分量，自然增重。歷史上政治學術之盛衰不成正比例的理由，我就想拿這兩點解答他。倘若答案不錯，那麽，明末清初，正是最適當的實例。明末閹宦擅權，朋黨蠭起，鬧到全國土崩瓦解。其中原因雖多，而學術界之不健全，最少也應負一部分責任。

顧亭林説：

> 舍聖人之經典與夫前代之史不讀，而讀其所謂時文。……老成之士，既以有用之歲月銷磨於場屋之中，而少年捷得之者，又易視天下國家之事。……故敗壞

①一至六葉　"一""六"二字原空格待填，據南開本補。

天下之人材，而至於士不成士官不成官兵不成兵將不成將。夫然後寇賊奸宄得而乘之，敵國外侮得而勝之。……亭林文集卷一生員論中

又説：

今之君子……聚賓客門人……與之言心言性。舍"多學而識"以求"一貫"之方，置"四海之困窮"不言而終日講"危微精一"之説。……我弗敢知也。同卷三與友人論學書①

王船山説：

姚江王氏陽儒陰釋誣聖之邪説，其究也，刑戮之民、閹賊之黨皆爭附焉，而以充其"無善無惡圓融事理"之狂妄。正蒙注序論

李剛主説：

宋後二氏學興，儒者浸淫其説，靜坐內視，論性談天，與夫子之言，一一乖反，而至於扶危定傾大經大法，

①三　原作"二"，南開本同，據亭林文集改。

則拱手張目，授其柄於武人俗士。當明季世，朝廟無一可倚之臣。坐大司馬堂批點左傳，敵兵臨城，賦詩進講，覺建功立名，俱屬瑣屑，日夜喘息著書，曰此傳世業也。卒至天下魚爛河決，生民塗炭。嗚呼！誰生厲階哉？恕谷集與方靈皋書

又說：

中國嚼筆吮毫之一日，即外夷秣馬厲兵之一日。卒之盜賊蠭起，大命遂傾，而天乃以二帝三王相傳之天下授之塞外。恕谷集書明劉户部墓表後

費燕峰說：

清談害實，始於魏晉；而固陋變中，盛於宋南北。案，費氏提倡"實"與"中"兩義，故斥當時學派爲害實變中。自漢至唐，異説亦時有，然士安學同，中實尚存。至宋而後，齊逞意見，專事口舌。……又不降心將人情物理平居處事點勘離合，説者自説，事者自事，終爲兩斷。一段好議論，美聽而已。……後儒所論，惟深山獨處，乃可行之。城居郭聚，有室有家，必不能也。蓋自性命之説出，而先王之三物六行亡矣。……學者所當痛心。而喜高好僻之儒反持而不下。無論其未嘗得而空言也。

果靜極矣，活潑潑地會矣，坐忘矣，心常在腔子裏矣，即物之理無不窮，本心之大無不立而良知無不致矣。亦止與達摩面壁天台止觀同一門庭。……何補於國，何益於家，何關於政事，何救於民生。……學術蠱壞，世道偏頗，而夷狄寇盜之禍亦相挺而起。……費氏遺書弘道書卷中

朱舜水說：

明朝以時文取士。此物既爲塵羹土飯，而講道學者又迂腐不近人情。如鄒元標、高攀龍、劉念臺等，講正心誠意，大資非笑。於是分門標榜，遂成水火，而國家被其禍。舜水遺集卷十五答林春信問

以上所舉，都是殘明遺獻對於明代學術末流的痛心語。這類話，在當時說的人極多，此不過隨舉一二。總之，明政之亂，其由不學之小人所搆煽者既不足責，而講學之君子亦不能辭其咎。他們最大的毛病，在：無論說何種事理皆憑主觀的武斷，全不與實際相應，又好大言，爭意氣。“東林”“復社”一班清流，所以不能不與群小分過者在此。極端的主觀式之學術其病中於國家既如此，則人心之要求革新，固其所也。

明末流寇之慘毒，既爲有史以來所未有，在這種殘破

局面中，士大夫固無從爲力。到新朝勃興，像是有可爲之時，據過去歷史的慣例，總該有許多上流人物做他的佐命。無奈這回來的是“非我族類”之滿洲人，稍爲有點志氣的人，都不肯和他們合作。所以社會優秀分子，幾乎全部都投身在學術界盡力。那時候學術之大放光芒，原因亦半由於此。

清初學者——實在是前明遺獻，值得我們敬仰贊歎的人狠多。我現在擬舉出五位代表人物：一黄梨洲，二顧亭林，三王船山，四朱舜水，五顔習齋。把這五位先生的學風合攏起來，便可以看出那時候時代精神的全部。今請以這五箇人爲初期學術主幹，别的人分别附論。

(一)黄梨洲 附孫夏峰 李二曲

梨洲、夏峰、二曲三先生，可以説是陽明學派結局人物。當時在北西南三部公認爲最有力的三位講學大師。他們都是從王學出身，却是精神已蜕變許多。内中梨洲尤甚。所以梨洲可以説是明清學術嬗代直接的樞紐。

梨洲，名宗羲，字太沖，浙江餘姚人。生明萬曆三十八年(一六一〇)，卒清康熙三十四年(一六九五)①，年八十六。他是王陽明的同里後學。他的父親黄尊素是東林名士，爲

①康熙三十四年(一六九五) 原作“康熙十六年(一六七七)”，南開本作“康熙十六年(一六九五)”。按，邵廷采遺獻黄文孝先生傳：“其卒以康熙三十四年七月，年八十六。”據改。

魏閹所害。他少年便倜儻有奇氣,常袖一長錐思復父仇。明亡後嘗集義勇與錢肅樂守浙江,號世忠營。失敗後入四明山寨,把餘兵交給王翊。自己跟着魯王在舟山,和張煌言、馮京第共圖匡復。仍常潛行單身來往内地。屢被清廷懸賞名捕,瀕於九死。明統既絶,他纔絶意國事,奉母返鄉。其後設"證人講會"於浙東,從游者日衆。康熙間修明史,想羅致他,他不就。乃命浙中督撫到他家中把他所著述有關史事者鈔送館中。他在他父親墓旁營一生壙,中置石床,臨死遺命不許用棺槨,用明朝士人常服斂。他一生經歷大略如此。

梨洲爲劉蕺山高第弟子。蕺山爲王學後勍。所以在清初諸儒中,梨洲可算是王學嫡傳。他晚年聚徒講學,不脱明人習氣。他又是東林子弟,門户之見,也在所不免。但他確有他的新精神。

全謝山作的梨洲先生神道碑説道:

> 公謂:"明人講學,襲語録之糟粕,不以六經爲根柢,束書而從事於游談。"故受業者必先窮經,經術所以經世,方不爲迂儒之學,故兼令讀書史。又謂:"讀書不多,無以證斯理之變化;多而不求於心,則爲俗學。"故凡受公之教者,不墜講學之流弊。公以濂洛之統,綜會諸家,横渠之禮教,康節之數學,東萊之文獻,艮齋、止

齋之經制，水心之文章，莫不旁推交通，連珠合璧①，自來儒林所未有也。

這段話，可以把梨洲學術大概説明了。梨洲固服膺陽明，然而他解釋致良知之義，謂："陽明説'致良知於事事物物'，'致'字即是'行'字，以救空空窮理在知上討箇分曉之非。乃後之學者，測度想像，求見本體，只在知識上立家儅以爲良知。則陽明何不仍窮理格物之訓，先知後行，而必欲自爲一説耶？"明儒學案卷十姚江學案 他所異於末流王學家者在此。要之，梨洲不是王學的革命家，也不是王學的承繼人，他是王學的修正者。

梨洲有一部怪書，名曰明夷待訪録(注二)。這部書是他的政治理想。從今日青年眼光看去，雖像平平無奇，但三百年前——盧騷民約論出世前之數十年②，有這等議論，不能不算人類文化之一高貴産品。其開卷第一篇原君從社會起原説起，先論君主之職務。次説道：

……後之爲君者，以爲天下利害之權皆出於我，我以天下之利盡歸於己，天下之害盡歸於人，亦無不可。使天下人，不敢自私，不敢自利，以我之大私爲天下之

①連珠合璧　原脱，南開本同，據全氏原文補。

②任公明清之交中國思想界及其代表人物："這部書一六六二年出版，比法國盧騷的民約論早一百年。"按，盧氏書於一七六二年初刊於荷蘭。

大公。始而慚焉，久而安焉，視天下爲莫大之産業，傳諸子孫，受享無窮。……此無他，古者以天下爲主，君爲客，凡君之所畢世而經營者，爲天下也。今也以君爲主，天下爲客，凡天下之無地而得安寧者，爲君也。是以其未得之也，屠毒天下之肝腦，離散天下之子女，以博我一人之産業，曾不慘然，曰："我固爲子孫創業也。"其既得之也，敲剥天下之骨髓，離散天下之子女，以奉我一人之淫樂，視爲當然，曰："此我産業之花息也。"然則爲天下之大害者，君而已矣。……而小儒規規焉以君臣之義無所逃於天地之間，至桀紂之暴，猶以爲湯武不當誅之。……豈天地之大，於兆人萬姓之中，獨私其一人一姓乎？……

其原法篇云：

……後之人主，既得天下，唯恐其祚命之不長也，子孫之不能保有也，思患於未然以爲之法。然則其所謂法者，一家之法，而非天下之法也。……法愈密而天下之亂即生於法之中，所謂非法之法也。……非法之法，前王不勝其利欲之私以創之，後王或不勝其利欲之私以壞之。壞之者固足以害天下，其創之者亦未始非害天下者也。……論者謂有治人無治法，吾以謂有治法而後有治人。……

其學校篇説：

> ……必使治天下之具皆出於學校，而後設學校之意始備。……天子之所是未必是，天子之所非未必非。天子亦遂不敢自爲是非，而公其是非於學校。……

像這類話，的確含有民主主義的精神，——雖然狠幼稚——對於三千年專制政治思想爲極大膽的反抗。在三十年前——我們當學生時代，實爲刺激青年最有力之興奮劑。我自己的政治運動，可以説是受這部書的影響最早而最深。此外書中各篇——如田制、兵制、財計等，雖多半對當時立論，但亦有許多警拔之説。如主張遷都南京，主張變通推廣"衛所屯田"之法，使民能耕者皆有田可耕，主張廢止金銀貨幣。此類議論，雖在今日或將來，依然有相當的價值。

(注二)顧亭林與梨洲書，説："讀待訪録，知百王之敝可以復振。"可謂推重之至。全謝山説："原本不止於此，以多嫌諱不盡出。"然則現行的待訪録，尚非完本，狠可惜。這部書從前曾入禁書類。光緒年間，我們一班朋友曾私印許多送人，作爲宣傳工具。

梨洲著書狠多，現存者不過什之一二。内中經學、曆算學，都有新發明。然而他的最大貢獻，實在史學。他想重修宋史，可惜未成。他有明史案二百四十卷，可惜已佚。他的行朝録七種，爲殘明南部偏安十幾年間重要史料。他的今水經，爲明史地理志的藍本。這些書都有相當的價值，今不細論。而其在學術上千古不磨之功績，尤在兩部學案。

中國有完善的學術史，自梨洲之著學案始。明儒學案六十二卷，梨洲一手著成。宋元學案，則梨洲發凡起例，僅成十七卷而卒，經他的兒子耒史名百家及全謝山兩次補續而成。所以欲知梨洲面目，當從明儒學案求之。

著學術史有四箇必要的條件：第一，敘一箇時代的學術，須把那時代重要各學派全數網羅，不可以愛憎爲去取。第二，敘某家學説，須將其特點提挈出來，令讀者得狠明晰的觀念。第三，要忠實傳寫各家真相，不可以主觀上下其手。第四，要把各人的時代和他一生經歷大概敘述，看出那人的全人格。梨洲的明儒學案，總算具備這四箇條件。那書卷首有“發凡”八條。説：

> 此編所列，有一偏之見，有相反之論。學者於其不同處，正宜着眼理會。……以水濟水，豈是學問。

他這書以陽明學派爲中堅。因爲當時時代精神焦點所在，應該如此。但他對於陽明以外各學派，各還他相當位置，並不抹殺。正合第一條件。他又説：

> 大凡學有宗旨，是其人之得力處，亦是學者之入門處。……講學而無宗旨，即有嘉言，是無頭緒之亂絲

也。學者而不能得其人之宗旨，即讀其書，亦猶張騫初至大夏，不能得月氏要領。……每見鈔先儒語録者，薈撮數條，不知去取之意謂何。其人一生精神未嘗透露，如何見其學術？

我們讀明儒學案，每讀完一案，便覺這箇人的面目活現紙上。梨洲自己説："皆從各人全集纂要鈎玄。"可見他用工甚苦。但我們所尤佩服者，在他有眼光能纂鈎得出。這是合第二箇條件。梨洲之前，有位周海門曾著聖學宗傳一書，他的範圍形式都和明儒學案差不多。梨洲批評他道："是海門一人之宗旨，非各家之宗旨。"梨洲這部書，雖有許多地方自下批評，但他僅在批評裏頭表示梨洲自己意見；至於正文的敘述，却極忠實，從不肯拿别人的話作自己注脚。這是合第三箇條件。他在每案之前，各做一篇極翔實的小傳，把這箇人的時代經歷、師友淵源詳細説明，令讀者能把這箇人的人格捉摸到手。這是合第四箇條件。所以明儒學案這部書，我認爲是極有價值的創作。將來做哲學史、科學史、文學史的人，對於他的組織雖有許多應改良之處，對於他的方法和精神，是永遠應采用的。(注四)

(注四)唐鑑著國朝學案小識，訾議梨洲，謂其以陳(白沙)王(陽明)與薛(敬軒)胡(敬齋)平列，爲不識道統。可謂偏陋已極。無論道統之説我們根本不能承認；試思明代學術，舍陳王外更有何物？梨洲尊陳王而不廢薛胡，還算公道。豈有專取薛胡而棄陳王之理。

梨洲是清代史學開山之祖。他的史學直接傳給萬季野斯同，間接傳給全謝山祖望、章實齋學誠，成爲浙東學派一特色。俟下文詳論。(注五)①

與梨洲同時齊名同爲結束王學之健將者，尚有孫夏峰和李二曲。

夏峰，名奇逢，字啓泰，號鍾元，直隸容城人。生明萬曆十二年(一五八四)，卒清康熙十四年(一六七五)，年九十二。他在清初諸儒中最爲老輩，當順治元年已經六十三歲了。他在明末以節俠聞。天啓間，閹人魏忠賢亂政，荼毒正人，左光斗、魏大中、周順昌諸賢被誣下獄時，親故多懼禍引避。夏峰與其友鹿伯順善繼傾身營救，義聲動天下。流寇逼畿甸，他攜家入易州之五公山，姻黨門人依以自保者數百家。飭武備，定約束，暇則講學習禮，遠近服其德教，賊亦不敢犯。世以比三國時之田子泰②。清師入關，没收近畿民田充旗員采地。他家的田被收了，他帶着家人南下避地。居河南輝縣之百泉山——即夏峰，講學終老。學者稱爲夏峰先生。他在明清兩朝，曾經十幾次薦辟，皆不就。他八十一歲的時候，曾有人以文字獄相誣陷。他聞信從容説道："天下事只論有愧無愧，不論有禍無禍。"即日投呈當局請對簿，後亦無事。他早年與鹿伯順在江村講學，兩家弟子互相師

①注釋文字未見。

②泰　原作"春"，南開本暨學術史之稿本、清華本、民志本、合集本同。按，三國志魏書："田疇，字子泰，右北平無終人也。"據改。

資。晚居夏峰，學者益進，申鳧盟涵光①、王五公餘佑②、湯孔伯斌、魏環極象樞、魏石生裔介、費此度密等，皆及門稱弟子。他的祖父從陽明高弟鄒東廓守益受學；他的摯友鹿伯順又專服膺陽明，所以他的學問，自然是得力於陽明者最深。然而他並無異同門户之見。對於程朱陸王，各道其長而不諱其短，不過援朱入王之處較多耳。(注六)要之，夏峰是一位有肝膽有氣骨的人，晚年加以學養，越發形成他的人格之尊嚴。所以感化力極大，成爲北學重鎮。他的著述不少。雖不算狠精博，却於文獻學也有功勞。(注七)

(注六)孫夏峰語録云："問：晦翁陽明之學。先生曰：門宗分裂，使人知反而求諸事物之際，晦翁之功也。然晦翁殁而天下之實病不可不洩。詞章繁興，使人知反而求諸心性之中，陽明之功也。然陽明殁而天下之虚病不可不補。"又云："諸儒學問，皆有深造自得之處，故其生平各能了當一件大事。雖其間異同紛紜，辨論未已。我輩只宜平心探討各取其長，不必代他人爭是非求勝負也。一有爭是非、求勝負之心，却於前人不相干涉，便是己私，便是浮氣，烏能近裏著己。此病關係殊不小。"啓超案：夏峰對於朱王兩派之態度，大略如此，他並不是模棱調停，他確見得爭辯之無謂。這是他獨到之處。但他到底是王學出身，他狠相信王陽明所謂"朱子晚年定論"，所以他不覺得有大異同可爭。

---

①盟　原作"盂"，南開本暨學術史之稿本、清華本、民志本、合集本同。按，申氏字浮盂，號鳧盟，據魏裔介申鳧盟傳改。

②王　原作"劉"，南開本暨學術史之稿本、清華本、民志本、合集本同。按，王氏字申之，一字介祺，號五公山人，據魏坤五公山人傳改。

（注七）夏峰所著書關於文獻學者，有理學宗傳、畿輔人物考、中州人物考、蘇門紀事、兩大案録、孫文正公年譜等。

二曲，名顒，字中孚，陝西盩厔人。他是僻遠省分絶無師承的一位窮學者。他父親當兵，死於流寇之難。他少年想從塾師讀書，因爲没有錢納脩金，各塾都不收他。他母親教他識字，便借書來讀，自動的把學問磨鍊出來。他學成之後，曾一度到東南，無錫、江陰、靖江、宜興各處的學者，相爭請他講演。康熙年間，陝撫薦他山林隱逸。力辭纔免。其後又徵博學鴻儒。地方官强迫起行，他絶粒六日，最後拔刀自刎，纔肯饒他。他覺得爲虚名所累，從此把門反鎖，除顧亭林外，别人一箇都不見。清聖祖西巡，想召見他。他歎道：這回真要逼死我了。以廢疾堅辭，幸而免。他並不是有意鳴高，但不肯在清朝做官，是他生平的志氣。他四十以前，嘗著十三經糾繆、廿一史糾繆等書。晚年以爲這是口耳之學，無當於身心，不復示人。專以反躬實踐、悔過自新爲主。他常教學者："先觀象山、慈湖、陽明、白沙之書，以洞斯道大原。"但對於晚明王學家"談本體而略工夫"，也認爲不對。（注八）他自己拔自孤微，所以他的講學，帶有平民的色彩。所著觀感録一書，最能表現這種精神。（注九）

（注八）二曲集卷十南行述云："先覺倡道，皆隨時補救，如人患病不同，投藥亦異。……晦庵之後，墮於支離葛藤，故陽明出而救之以致良知，令人當下有得。及其久也，易至於談本體而略工夫。……今日吾人通病，在於昧義命、鮮羞惡。苟有大君子志切拯救，所宜力扶義命，力振廉恥。……"

(注九)觀感録見二曲集卷二十二。所述皆晚明真儒起自賤業者,内鹽丁、樵夫、吏胥、窑匠、商賈、農夫、賣油傭、戍卒、網巾匠、帽匠各一人。

總而言之,一百多年掩襲全國的王學,到反動時代,還有梨洲、夏峰、二曲三位大師做箇壓場,可謂始終不弱。然而都帶點修正的色彩。梨洲和後來考證學派關係較深。夏峰、二曲雖没有什麽創造,然而倔强堅苦的人格,狠給當時以一種好感化。陽明學派從前全盛於東南,不免流入虚浮,到最後掉尾於西北,反日趨沉實了。

第三講　清初五大師(續)

(二)顧亭林 附張楊園　陸桴亭　王白田

"清初五大師"這名稱,是我創的。若依一般清儒——所謂樸學家他們心理上共同信仰的大師,只有一位顧亭林。

亭林,初名絳,改名炎武,字寧人,江蘇崑山人。生明萬曆四十一年(一六一三),卒清康熙二十一年(一六八二),年七十。他是一位世家子弟——江南有名的富户。他承祖父命,出繼堂叔爲子。他的母親王氏,十六歲未婚守節,撫育他成人。他少年是一位極有才華的佳公子。詩古文詞早已做得甚好;好讀書,能强記。在復社中有名。崇禎殉國那年,他三十二歲。次年,清兵渡江,他奉母移居鄉間,自己糾集義勇守城。城破,他母親絶粒二十七日而死。遺命不許他事滿洲。他本來就是箇大丈夫,受了母親這場最後熱烈刺激的教訓,越發把全生涯的方嚮確定了。他初時只把母親淺殯,立意要等北京恢復崇禎奉安後纔舉行葬禮。過了兩年,覺得這種希望狠杳茫,勉强把母先葬了。隆武帝(唐王)在福建,遥授他職方司主事,他像没有到任。他看定了東南的悍將惰卒不足以成事,且又地利不宜於進取。於是决計棄家北游,想通觀形勢,陰結豪傑,以圖光復。曾六謁孝陵,明太祖陵,在南京。七謁思陵。[①] 明懷宗陵,在直隸昌平州。他善於理財,一生羈旅,曾無困乏。每到一地,他認爲有注意價值者,便在那裏墾田,墾好了交給朋友或門生經理,他又往别處去。他每出游,照例用兩匹馬换着騎,兩匹騾馱帶應用書籍。每到一險要地方,便找些老兵退卒,問長問短。倘或和平日所聞不合,便到就近茶坊裏打開書對勘。如是往還河北諸關塞者十年。最後乃居陝西之華陰。他説:"秦人慕經學,重處士,持清議,實他邦所少。而華陰綰轂關河之口,雖足不出户,而能見天下之人,聞天下之事。一旦有警,入山守險,不過十里之遥。若志在四方,則一出關門,亦有

① 亭林謁孝陵、思陵之次數,文獻記載或有不同。張昭吴任臣顧亭林先生事略"六謁思陵",全祖望亭林先生神道表"六謁孝陵……六謁思陵",江藩國朝漢學師承記"六謁思陵",羅正鈞船山師友記"六謁孝陵",清史稿作"四謁孝陵,六謁思陵",任公此處謂"六謁孝陵,七謁思陵",而學術史則改作"五謁孝陵,六謁思陵"矣。按,亭林每謁,必作詩以紀。如謁孝陵,有順治八年恭謁孝陵、十年二月再謁孝陵、十月孝陵圖、十二年元旦陵下作、十三年閏五月十日恭詣孝陵、十四年元日、十七年重謁孝陵,計七次;謁思陵,有順治十六年恭謁天壽山十三陵、十七年再謁天壽山陵,康熙元年三月十九日有事於欑宮時聞緬國之報、三年孟秋朔旦有事於欑宮、八年三月十二日有事於欑宮同李處士因篤、十六年二月十日有事於欑宮,計六次。

建瓴之勢。”於是築室定居。他雖南人，下半世却全送在北方，到死也不肯回家。他本是性情極厚、守禮極嚴的君子，他父母墳墓，忍着幾十年不祭掃，夫人死了，也只臨風一哭。他爲何舉動反常到如此田地？這箇啞謎，只好讓萬世有心人胡猜罷了。他北游以前，曾有家中世僕受里豪嗾使，告他通閩。他親自把那僕人抓住投下海去，因此鬧一場大官司，幾乎送命。有一趟①，他在京，山東忽然鬧什麽文字獄，牽連到他。他立刻親到濟南對簿，入獄半年。清廷用舉鴻博、修明史兩事收買遺老，當局爭着要薦他。他寫信警告他們道：“七十老翁何所求，正欠一死。若必相逼，則以身殉之矣。”他的外甥徐乾學、徐元文，年輕時由他撫養提拔，後來他們做了闊官，要迎養他南歸，他無論如何都不肯。他一生重要行歷大略如此。

亭林常拈“行己有恥、博學於文”八箇字，爲做人與做學問的標準。他有與友人論學書一篇，暢説這宗旨，其文曰：

> ……竊歎夫百餘年以來之爲學者，往往言心言性，而茫乎不得其解也。命與仁，孔子之所罕言也。性與天道，子貢之所未得聞也。性命之理，著之易傳，未嘗數以語人。其答問士也，則曰“行己有恥”；其爲學，則曰“好古敏求”；其與門弟子言，舉堯舜相傳所謂“危微

①趟　原作“躺”，南開本同。

精一”之説一切不道，而但曰：“允執其中，四海困窮，天禄永終。”嗚呼！聖人之所以爲學者，何其平易而可循也。……今之君子則不然，聚賓客門人之學者數十百人，譬諸草木，區以别矣，而一皆與之言心言性。舍多學而識以求一貫之方，置四海之困窮不言而終日講“危微精一”。是必其道之高於孔子，而其門弟子之賢於子貢也，我弗敢知也。孟子一書，言心言性，亦諄諄矣。乃至萬章、公孫丑、陳代、陳臻、周霄、彭更之所問，與孟子之所答者，常在乎出處去就、辭受取與之間。以伊尹之元聖、堯舜其君其民之盛德大功，而其本乃在乎千駟一介之不視不取。伯夷、伊尹之不同於孔子也，而其同者則以“行一不義、殺一不辜而得天下不爲”。是故性也命也天也，孔子之所罕言，而今之君子之所恒言也；出處去就、辭受取與之辨，孔子孟子之所恒言，而今之君子所罕言也。……我弗敢知也。愚所謂聖人之道者如之何？曰“博學於文”，曰“行己有恥”。自一身以至於天下國家，皆學之事也。自子臣弟子以至於出入往來、辭受取與之間，皆有恥之事也。恥之於人大矣，不恥惡衣惡食，而恥匹夫匹婦之不被其澤。……嗚呼！士而不先言恥，則爲無本之人。非好古而多聞，則爲空虛之學。以無本之人而講空虛之學，吾見其日從事於聖人而去之彌遠也。……亭林文集卷三這一篇是他對於當時腐敗空疏之學術界下的宣戰書,也是建設自己學術系統的圖案。他在日知録裏頭,把"有恥"之義尤説得沉痛。他説:

> 禮義廉恥,國之四維。……四者之中,恥尤爲要。……人之不廉而至於悖禮犯義,其原皆生於無恥。故士大夫之無恥,謂之國恥。卷十三廉恥條

他以爲士大夫廉恥之亡,由於學術之敗壞。引魏晉間嵇紹之父康爲司馬師所殺,清談家山濤勸紹忘仇以仕於司馬炎,而當時以爲名言。謂這種社會心理,所以鬧到後來"相率臣於劉聰、石勒,觀其故主青衣行酒而不以動其心"。他借這段歷史爲題,帶血帶淚説道:

> 有亡國,有亡天下。亡國與亡天下奚辨?曰:易姓改號,謂之亡國;仁義充塞而至於率獸食人,人將相食,謂之亡天下。……是故知保天下,然後知保其國。保國者,其君其臣肉食者謀之;保天下者,匹夫之賤與有責焉耳矣。日知録卷十三正始條

他常説:"士人有廉恥,然後天下有風俗。"日知録卷十三廉恥條 怎麼能令人有廉恥呢?他説:"匹夫之心,天下人之心也。"文集卷十四與人書七 所以先要人人打疊自己。他要人學

“松柏後彫於歲寒，雞鳴不已於風雨。”日知録廉恥條 不管社會如何惡濁，自己斷不與之同化。他說：“古之疑衆者行僞而堅，今之疑衆者行僞而脆。”他最尊“耿介”，最恨“鄉原”，他說①：“老氏之學所異乎孔子者，和其光、同其塵，此所謂似是而非者也。……”日知録卷十三耿介條、鄉原條 他自己稱述生平說：“某雖學問淺陋，而胸中磊磊，絶無閹然媚世之習。”與人書十一 他教訓他最親愛的門生没有多話，但說：“自今以往，當思以中材而涉末流之戒。”文集卷四與潘次耕書 他這些論學語，並没有什麽精微玄妙，然而真是“一棒一條痕，一摑一掌血”。他說得出做得到。那種獨往獨來反抗社會至死不變的精神，能令幾百年後後生小子如我輩者尚且“頑夫廉，懦夫有立志”。

潘次耕耒日知録序說：“先生精力絶人，無他嗜好。自少至老，未嘗一日廢書。”我們通觀古今中外許多大學者之所以成就，大率有一箇重要條件，曰老而不衰。然而這件事真不易言。亭林說：“生平所見之友，以窮以老而遂至於衰頽者，十居七八。赤豹……復書曰：‘老則息矣，能無倦哉？’此言非也。夫子歸與歸與，未嘗一日忘天下也。故君子之學，死而後已。”與人書六 又說：“無豪傑之士可與共論，則志不能帥氣而衰鈍隨之。”與人書十一 又說：“有一日未死之身，則有一日未聞之道。”日知録卷七 他所著日知録，三十年纔成。然

①他 原脱，據南開本補。

而與潘次耕書還説:"日知録再待十年,如不及年,則以臨終絶筆爲定。"即此一端,亦可見他所謂"君子之學死而後已",非欺人之談了。

亭林對於陽明學派,極端排斥。他説:

> 自弘治、正德之際,天下之士,厭常喜新,風氣之變,已有所自來。而文成(王陽明)以絶世之資,倡其新説,鼓動海内。嘉靖以後,從王氏而詆朱子者始接踵於人間。而王尚書世貞發策,謂今之學者偶有所窺,則欲盡廢先儒之説而出其上①;不學,則借一貫之言以文其陋;無行,則逃之性命之鄉以使人不可詰。此三言者盡當日之情事矣。……日知録卷十八朱子晚年定論條

又説:

> 劉石亂華,本於清談之流禍,人人知之。孰知今日之清談,有甚於前代者。昔之清談談老莊,今之清談談孔孟。未得其精,而已遺其粗;未究其本,而先辭其末。不習六藝之文,不考百王之典,不綜當代之務。舉夫子論學論政之大端一切不問,而曰一貫,曰無言。以明心見性之空言,代修己治人之實學。股肱惰而萬事荒,爪

①廢　原作"發",南開本同,據顧氏日知録原文改。

牙亡而四國亂。神州蕩覆，宗社丘墟。昔王衍妙善玄言，自比子貢，及爲石勒所殺，將死，顧而言曰："吾曹雖不如古人，向若不祖尚浮虛，勠力以匡天下，猶可不至今日。"今之君子，得不有媿乎其言。日知録卷七夫子之言性與天道條

這些話雖像有點過火，然而他身抱沉痛，冤酷到無可告訴，推原禍始，不能不歸咎於士大夫之不爭氣。他所以發大心願做學術革命事業以爲挽回社會的手段。他常說："救民以言，此亦窮而在下位者之責矣。"日知録卷十九直言條 所謂"匹夫保天下"之責在此。

他主張"博學於文"。"文"字非指文章及書籍中文字。他說："自身而至於家國天下，制之爲度數，發之爲音容，莫非文也。"日知録卷七博學於文條。原文引許多經傳中"文"字之訓詁，今不具載。潘次耕說他："綜貫百家，上下千載，詳考其得失之故，而斷之於心，筆之於書。朝章國典，民風土俗，元元本本，無不洞悉。其術足以匡時，其言足以救世。"日知録序 所以亭林之學，不能限以經學、史學……等等名目，且並不僅紙片上學問。今日我們研究亭林，不能不專從紙片上所留下的求之，已經是亭林之不幸了。

亭林著書，其卷帙最豐者爲天下郡國利病書及肇域志。可惜皆未成。(注一)其與清代專門之學關係最深者，則有音學五書一音論、二易音、三詩本音、四唐韻正、五古音表爲音韻學之祖，有

金石文字記爲金石學之祖。然其一生精力所注,則尤在三十二卷之日知録。

(注一)天下郡國利病書自序云:"……感四國之多虞,恥經生之寡術。於是歷覽二十一史,以及天下郡縣志書、一代名公文集及章奏文册之類,有得即録,共成四十餘帙。一爲輿地之記,一爲利病之書。亂後多有散佚,亦或增補。而其書本不曾先定義例。又多往代之言,地勢民風,與今不盡合。年老善忘,不能一一刊正。姑以初稿存諸篋中。……"

肇域志自序云:"此書自崇禎己卯起,先取一統志,後取各省府州縣志,後取二十一史,參互書之。凡閱志書一千餘部。本行不盡,則注之旁①。旁又不盡,則别爲一集,曰備録。年來餬口四方,未遑删訂以成一家之書。……"

案:兩書皆先生少作未成者。今惟有郡國利病書有傳本,似是兩書合糅,即所謂"四十餘帙,一記輿地,一書利病"者耶?

亭林對於他的日知録,得意極了。他説:"所著日知録,平生之志與業皆在其中。"文集卷三與友人論門人書 又説:"君子之爲學,以明道也,以救世也。……日知録,上篇經術,中篇治道,下篇博聞,共三十餘卷。(注二)有王者起將以見諸行事以躋斯世於治古之隆,而未敢爲今人道也。"文集卷四與人書二十五 又説:"日知録……意在撥亂滌污,法古用夏,啓多聞於來學,待一治於後王。自信其書之必傳,而未敢以示人也。"文集卷六與楊雪臣書 這部書從表面體例看來,像和黄東發震的日

①原於"旁"後衍"行"字,據顧氏原文删。

鈔、王深寧應麟的困學紀聞差不多。但價值高下，不在體例，而在内容。亭林學識，自然非深寧、東發所能及。日知録這部書，我敢説截至今日止，讀書筆記類之書，還没有一部能比他好。而且這部書在狠遠的將來還保有相當價值，我敢確信。

（注二）四庫全書總目提要云："日知録三十二卷……不分門目，而編次先後，則略以類從。大抵前七卷皆論經義，八卷至十二卷皆論政事，十三卷論世風，十四十五卷論禮制，十六十七卷論科舉，十八至二十一卷論藝文，二十二至二十四卷雜論名義，二十五卷論古事真妄，二十六卷論史法，二十七卷論注書，二十八卷論雜事，二十九卷論兵及外國事，三十卷論天象術數，三十一卷論地理，三十二卷爲雜考證。……"

日知録内容，恕我在這狠短的講演期間内不能詳細批評。但我們讀這部書，可以看出亭林讀書著書之重要方法幾條：

第一：不肯蹈襲前人之説。他説："凡作書者，莫病乎其以前人之書改竄爲自作也。"文集卷二鈔書自序 又説："必古人之所未及就，後世之所不可無者，而後爲之，庶乎其傳也與？"日知録卷十九著書之難條 日知録所論事理，雖精粗大小，性質不齊，要之條條都出於亭林自己心得。他的自序説："或古人先我而有者，則削之。"然則凡有與前人暗合之説，他都不屑存，何況剿襲。學者須有此志氣，纔可以有所創造。

第二：尊重别人之説。問者曰：日知録什之七八，引述别人之説，何以説都是亭林心得？答曰：徵引别人而下以自己的判斷，這纔算真心得。亭林説："凡述古人之言，必當引其立言之人。古人又述古人之言，則兩引之。……程正叔傳易'未濟三陽皆失位',而曰'斯義也聞之成都隱者'。是則時人之言,而亦不敢没其人。君子之謙也,然後可以進於學。"日知録卷二十述古條 又説:"凡引前人之言,必用原文。"同引古必用原文條 只要不勦襲人説爲己説,那麽,别人之説之好者,徵引而表章之,正所謂"樂道人之善"也。亭林這兩段話,後來成爲"漢學家"公共信條。其於學者社會之道德,極有關係。

第三:慎重虚心,不護前短。亭林説:"著述之家,最不利乎以未定之書傳之於人。"文集卷四與潘次耕書 又説:"古人書如司馬温公資治通鑑、馬貴與文獻通考,皆以一生精力爲之。……後人之書,愈多而愈舛漏,愈速而愈不傳。所以然者,其視成書太易而急於求名故也。"日知録卷十九著書之難條 潘次耕請刻日知録,他説要再待十年。見與次耕書 初刻日知録自序云:"舊刻此八卷,歷今六七年,老而益進。始悔向日學之不博見之不卓。……漸次增改。……而猶未敢自以爲定。……蓋天下之理無窮,而君子之志於道也不成章不達。故昔日之所得,不足以爲矜;後日之成,不容以自限。"文集卷二 有人問他日知録又成幾卷,他答道:"某自别來一載,早夜誦讀,反復尋究,僅得十餘條。"文集卷四與人書十 其慎重如此。閻百詩若璩是亭林後輩,所作潛丘劄記駁正日知録五十餘條,亭林欣然采納他。見趙執信所作閻墓誌 音學五書經張力臣商訂,改正二百餘處。見文集卷四與潘次耕書 其虚心如此。這都是學人最好的模範。

第四:立論必憑證據。他研究音韻,用陳第之法:"列本證旁證。本證者，本書自相證也；旁證者，采之他書也。”音論卷首 他研究别種學問，也是用此法。所以這種學派，後來名曰考證，或曰考據，没有證據，所考便不成立了。然而亭林的考據，並不限於紙片上。潘次耕説他：“足迹半天下，所至交其賢豪長者，考其山川風俗、疾苦利病，如指諸掌。”日知録序 全謝山説他：“所至呼老兵退卒，詢其曲折。或與平日所聞不合，則即坊肆中發書而對勘之。”鮚埼亭集顧先生神道表 所以他的證據，有許多是從實地調查得來。細讀日知録中論制度、論風俗各條，到處可以看出。就這一點論，後來的考證家，只算學得“半箇亭林”罷了。

第五：資料蒐集之精勤與整理之綿密。這一點，亭林自己没有説明，也未曾教給我們方法。但讀他的書可以看得出來。他拿鑄錢譬喻著書，説一定要采銅於山，見與人書十 所以一年工夫纔能做成十幾條。日知録末幾卷，最能見出蒐集資料之苦心。例如卷二十八職官受杖、押字、邸報、酒禁、賭博等條，卷二十九騎驛、海師、少林僧兵、徙戎等條，卷三十古今神祠條，卷三十一長城條等。能善讀之，可以開做學問的無數法門。(注三)

(注三)今鈔海師一條爲例：“海道用師，古人蓋屢行之矣。吴徐承率舟師自海入齊，此蘇州下海至山東之路。越王勾踐命范蠡、舌庸率師沿海泝淮，以絶吴路，此浙東下海至淮上之路。唐太宗遣强偉於劍南，伐木造舟艦，自巫峽抵江揚，趨萊州，此廣陵下海至山東之路。漢武帝遣樓船將軍楊僕從齊浮渤海，擊朝鮮；魏明帝遣汝南太守田豫督青州諸軍,自海道討公孫淵;秦苻堅遣石越率騎一萬,自東萊出石逕襲和龍;唐太宗伐高麗,命張亮率舟師自東萊渡海,趨平壤,薛萬徹率甲士三萬自東萊渡海,入鴨綠水,此山東下海至遼東之路。漢武帝遣中大夫嚴助發會稽兵,浮海救東甌;横海將軍韓說自句章浮海擊東越,此浙江下海至福建之路。劉裕遣孫處、沈田子自海道襲番禺,此京口下海至廣東之路。隋伐陳,吴州刺史蕭瓛遣燕榮以舟師自東海至吴,此又淮北下海而至蘇州也。公孫度越海攻東萊諸縣,侯希逸自平盧浮海據青州,此又遼東下海而至山東也。宋李寶自江陰率舟師,敗金兵於膠西之石臼島,此又江南下海而至山東也①。此皆古人海道用師之效。"這條是考中國海軍沿革。看他第一步苦多少工夫搜集這些資料,第二步將資料排列得何等明晰。我們若能約起一群人,擬定門目,依他這方法做去,便可把全部歷史整理出來。

總而言之,顧亭林以他的偉大而峻嚴的人格,和那切實而綿密的治學方法,實在能把當時學界風氣一變。清代學術,没有那方面不受其影響。三百年來第一人,可以當之無愧。

* * * * *

漢學宋學,後來成了對待名詞,且共推亭林爲漢學之祖。其實亭林心目中並没有這種名目。若勉强分別,與其謂之漢學家,倒不如謂之宋學家。因爲稱道程朱的話,他書

① 自"吴徐承率舟師自海入齊"至"此又江南下海而至山東也",原作若干略文符,旁批:"查卷二十九第五葉,鈔原文。鈔者自加圈點。"據南開本補。又,"石逕",南開本原作"右逕",據晉書苻堅載記改。

中屢見不一見;他在陝西,特倡建朱子祠堂以充學舍。他的學風,也和朱子相近,不過把太極、理氣等玄談剗除而已。從學術變遷的綫路看來,亭林之學,也可以說是一種"反王復朱"的復古運動。所以我講完亭林之後,要順帶把當時代表朱學幾位人物講講。

反王復朱,是當時學界自然應有的運動。但這種運動裏頭,像亭林、船山諸人,最多只能説他們是朱學之修正者,不能說是朱學之傳統者。自命朱學傳統之人,不惟没有大人物,而且氣象多半有些可厭。内中極有名的,如魏環極象樞、張孝先伯行、方望溪苞之流,依我看來,不過一箇"大鄉愿"。其尤甚者,如李晉卿光地等輩,分明是忘親欺君賣友的無忌憚小人,臉上却挂着一副程朱招牌,膽敢詆毁陸子静、王陽明,想借此博取孔廟的冷猪肉喫,不獨可鄙,其實可惡。諸君須知,内中有一箇緣故,因爲清聖祖以朱學護法神自任,一般人揣摩風氣。我敢大膽說:清朝闊官講程朱的人,彀得上"庸人"徽號的已算是上等了。所以許多"名臣兼名儒"的人,我一概不敢請教,僅擇出張楊園、陸桴亭、王白田三位附於亭林之後,作爲朱學代表。

張楊園,名履祥,字考夫,浙江桐鄉人。生明萬曆三十九年(一六一一),卒清康熙十三年(一六七四),年六十四。他少時孤貧力學,三十四歲始從劉蕺山游。其後歸宿於程朱,著劉子粹言,於師說有所匡正。明亡後,棄諸生家居,作童子師,躬耕終老。他極力排斥王學,説:"讀傳習録,使人長傲文過,輕自大而卒無得。”他痛恨晚明講學樹黨之弊,謂“彼輩始於浮濫,終於潰敗”。時黄梨洲方以紹述蕺山鼓動天下,他説:“此名士,非儒者也。”同時平湖陸稼書隴其學風和楊園略相似,所居也接近,但始終未嘗識面。他的著述和語録,通名楊園全書,内中經正録、備忘録、補農書等最爲該派學者所稱道。可惜我未細讀,不敢多下批評。總之,當時所謂“朱學醇儒”,最好的做到嚴氣正性,踐履敦篤。却狠少見有闊大的規模、俊偉的氣象,結果成爲獨善其身的老學究。張楊園便是這派的代表。陸稼書和應潛齋撝謙、朱柏廬致一……等等,都是這箇路數。

陸桴亭,名世儀,字道威,江蘇太倉人。生卒年待考。他少年頗講經世之學。明亡後,嘗上書南都,又嘗參人軍事。事敗歸鄉,鑿池寬可十畝,築亭其中,不通賓客,名曰桴亭。當道屢次要薦舉他,力辭不就。所著書曰思辨録。全謝山説他:“上自周漢諸儒以迄於今,仰而象緯律曆,下而禮樂政事異同,旁及異端,其所疏證剖析蓋數百萬言,無不粹且醇。”鮚埼亭集陸桴亭先生傳 他的學術,以主敬窮理爲工夫,自然是站在程朱一路。但他批評王學,却甚公平。大指謂“致良知固可入聖,然切莫打破‘敬’字,如此便是壞良知了。”(注四) 他對於明儒各家,如陳白沙、羅整庵及陳王門下弟子都有批評,都極平允,見解也許有些高出於梨洲明儒學案以上。因爲梨洲是有門户之見的人,是辯護王學的大律師;桴亭却最不願意立門户,頗具有公斷人資格。他雖然狠不客氣，指斥王學流弊，但對於王門諸賢，總還他相當的敬禮。不像陸稼書、李晉卿等輩以"正學道統"自命，擺出那副"孟子距楊墨"面孔。所以不討厭。

（注四）思辨録論陽明學略云："陽明之學，原自窮理讀書中來。不然，龍場一悟，安得六經皆湊泊？……但陽明少時實嘗從事禪宗，而正學工夫尚寡。初官京師，雖與甘泉講道，非有深造。居南中三載，始覺有得。而才氣過高，遽爲致良知之説，自樹一幟。……致良知固可入聖，然切莫打破'敬'字，是乃壞良知也。其致之亦豈能廢窮理讀書？然陽明之意，主於簡易直捷以救支離之失，故聰明者喜從之。而一聞簡易直捷之説，則每厭窮理讀書之繁。動云：一切放下，直下承當。心粗膽大，衹爲斷送一'敬'字。不知即此簡易直捷之一念，便已放鬆脚根也。故陽明在聖門，狂者之流，門人昧其苦心以負之耳。"

王白田，名懋竑，字予中，江蘇寶應人。生康熙七年（一六六八），卒乾隆六年（一七四一），年七十四。他由進士任教官，特旨授翰林院編修，不久便告老回家。别的經歷，無甚可紀。他的人格峻潔肫誠，方正和藹，在當時程朱學派中，卓然自拔於流俗。但他還另外有他的特色：他不是空講朱學，也不僅力行朱學，他把朱子作爲學問上一箇研究對象，終身不斷的研究。他除却研究朱子之外，幾乎可以説没有别的學問。一千年來的朱子，恐怕亦只有他一箇人研究得最忠實最精到。他關於朱子的書，有許多並未刻出。其竭畢生精力以成者即朱子年譜四卷，附年譜考異四卷、朱子論學切要語二卷。這部書費了二十年工夫四易稿纔成。他把朱子所有著作、語録以及同時大師——張南軒、吕伯恭、陸象山、陳同甫諸人的學説,都研究爛熟,擷出他的精華,説明他們相互的關係。所以朱子年譜這部書,可以説是"朱子學術之科學的研究"。

以上三位,我認爲可以代表清朝朱學的三方面。内中王白田時代較晚,其餘兩位,都是和梨洲、亭林諸先生同輩的人。

我最後還要聲明一句:我並非把亭林拉入"朱學家"的範圍。我不過爲行文方便起見,把朱學家在亭林之後附帶一講。清朝的朱學家,我認爲没有多大價值。但事實上既有這箇學派,不能抹煞不講。我所講也就此爲止。

第四講　清初五大師(再續)

(三)王船山

梨洲、亭林、夏峰、二曲諸先生,在當時都聲氣狠廣,二百多年來學者社會中人人稱道。同時却有兩位大師,在那時候和學界因緣狠淺;然而人格感化力異常偉大,所産結果在異時異地。一位是王船山,一位是朱舜水。

船山,名夫之,字而農,一號薑齋,湖南衡陽人。生明萬曆四十七年(一六一九),卒清康熙三十一年(一六九二),年七十四。他生在比較偏僻的湖南,除了武昌、南昌、肇慶三箇地方曾因事一行外,未曾到過别的都會。當時名士,除劉繼莊外,没有一箇相識。又不開門講學,所以連門生也没有。張獻忠蹂躪湖南時候,他因爲不肯從賊,幾乎把命送掉。清師下湖南,他在衡山舉義反抗。失敗後走桂林,遂至肇慶,大學士瞿文忠式耜特薦於永曆帝,授行人司行人。爲王化澄所排,去職還鄉。永曆帝在雲南時,要起用他。因孫可望擅權，看着事無可爲，故不往。到晚年，吴三桂造反，又想借重他。他説："安用此不祥之人哉？"三桂恨極，要收拾他，幸而敗得快，卒無事。他從肇慶歸來以後，因爲抵死不肯薙髮，只得躲在深山中，足迹不到城市。他著書極多，二百年來，幾乎没有人知道。道光、咸豐間，鄧湘皋顯鶴纔蒐集起來，編成一張書目。同治間曾沅圃國荃纔刻成船山遺書共七十七種，二百五十卷①。此外未刻的及已佚的還不少。

船山著述，在近二三十年比較的多人知道，而且喜歡讀者有兩種，曰讀通鑑論，曰宋論。這兩部書，在舊式的歷史批評中，我認爲是最好的，且信他有永久的價值。他的眼光特别處狠多，所論斷至少有一半是翻前人的案。他生當滿洲侵入初期，所以提倡種族主義的話甚多。他自己政治上意見，亦常常借史事發表。所以這兩部書在史學界上，總算有狠大的權威和功績。還有永曆實録一書，是南明十五年

①按，王世全守遺經書屋船山遺書，刻於道光二十二年，收著作十八種，一百五十卷。曾國荃王船山先生年譜序"著述凡經類二十有三，史類四，子類十有七，集類三十有三"，是爲七十七種。王之春先船山公年譜後編"公著書凡百餘種，其著録有名者，凡經類二十四種，史類五種，子類十八種，集類四十一種"，是爲八十八種（張西堂明王船山先生夫之年表三著述考，列入船山遺書者六十二種，未入者十五種，佚失者十一種，合爲八十八種）。鄧顯鶴船山遺書目録，列船山著作五十二種，三百二十二卷。曾國藩船山遺書序"王船山先生遺書，同治四年十月刻竣，凡三百二十二卷"，實收著作五十六種，二百八十八卷（清代學術概論第六節"夫子著書極多，同治間金陵刻本二百八十八卷"云）；光緒間補刻六種，十卷，附於其後，共六十二種，二百九十八卷。

間好史料,後來治國史的人該永遠寶貴的。

他對於各經,都有稗疏。但都像是未成之作,在他的著述全部分中,價值比較的低下。

他有一部黄書,是寫他的政治理想。依我看,比不上明夷待訪録和日知録。欲知船山學術綱領,最要緊的三部書,曰思問録内篇、曰俟解、曰張子正蒙注。還有老子衍、莊子解也要參看。

船山與亭林都是王學反動所産人物,但他們不但能破壞,而且能建設。拿今日的術語來講,亭林建設方向是"科學的",船山建設方向是"哲學的"。

西方哲家,前此惟高談本體,後來漸漸覺得不辨明知識之來源,則本體論等於瞎説。於是認識論、論理學,成爲哲學之主要部分。船山的哲學,正從這方向出發。他有知性論一篇,把這種主張提出。其言曰:

> 言性者皆曰吾知性也。折之曰性弗然也,猶將曰性胡弗然也,故必正告之曰:爾所言性者,非性也。今吾勿問其性,且問其知。知實而不知名,知名而不知實,皆不知也。……目擊而遇之,有其成象,而不能爲之名。如是者,於體非芒然也,而不給於用。無以名之,斯無以用之也。習聞而識之,謂有名之必有實,而究不能得其實。如是者,執名以起用,而芒然於其體。雖有用,固異體之用,非其用也。夫二者則有辨矣。知

實而不知名,弗求名焉,則用將終絀。問以審之,學以證之,思以反求之,則實在而終得乎名,體定而終伸其用。……知名而不知實,以爲既知之矣,則終始於名而惝怳以測其影,斯問而益疑,學而益僻,思而益甚其狂惑,以其名加諸迴異之體,枝辭日興,愈離其本。……夫言性者,則皆有名之可執,有用之可見,而終不知何者之爲性。蓋不知何如之爲"知",而以知名當之……故可直折之曰:其所云性者非性,其所自謂知者非知。……薑齋文集卷一

然則他對於"知"的問題怎樣解答呢?他排斥"唯覺主義"。他説:

見聞可以證於知,已知之後,而知不因見聞而發。正蒙注卷四上

耳與聲合,目與色合,皆心所翕闢之牖也。合故相知,乃其所以合之故,則豈耳目聲色之力哉!故輿薪過前,群言雜至,而非意所屬,則見如不見,聞如不聞,其非耳目之受而即合,明矣。同上

前文所録知性篇言"知名不知實"之弊,其意謂向來學者所論爭只在名詞上,然而名詞的來源,實不過聞見上一種習氣。他説:

感於聞見,觸名思義,不得謂之知能。① ……聞見習也。習之所知者有窮。同上

又説:

見聞所得者,象也。……知象者本心也,非識心者象也。存象於心而據之以爲知,則其知者象而已。象化其心,而心唯有象,不可謂此爲吾心之知也明矣。同上

"象化其心"怎麽解呢?他説:

其所爲信諸己者,或因習氣,或守一先生之言,漸漬而據爲己心。俟解

他根據這種理論,斷言"緣見聞而生之知非真知"。同上以爲因此發生二蔽,其一"流俗之徇欲者以見聞域其所知",其二則"釋氏據見聞之所窮而遂謂無"。他因此排斥虚無主義。説道:

目所不見,非無色也;耳所不聞,非無聲也;言所不

①此句王氏原文作"非感於聞見、觸名思義、觸事求通之得謂之知能也"。

通，非無義也。故曰："知之爲知之，不知爲不知。"知其有不知者存，則既知有之矣，是知也。……思問録内篇

他又從論理方面詰虚無主義。説道：

言無者激於言有者而破除之也，就言有者之所謂有而謂無其有也，天下果何者而可謂之無哉？……言者必有所立而後其説成。今使言者立一"無"於前，博求之上下四維古今存亡而不可得窮矣。同上

他於是建設他的實有主義。説道：

"無"不可爲體，人有立人之體，百姓日用而不知爾，雖無形迹而非無實。使其無也，則生理以何爲體而得存耶？……正蒙注卷三下

他所認的實體是什麽？就是人的心。他説：

過去，吾識也；未來，吾慮也；現在，吾思也。天地古今以此而成，天下之亹亹以此而生。思問録内篇

他的本體論重要根據，大概在此。我們更看他的知識論和本體論怎樣的結合。他所謂"真知"是："誠有而自喻，

如暗中自指其口鼻,不待鏡而悉。”正蒙注卷四上 這種知,他名之曰“德性之知”。但他並不謂知限於此。他説:

> 因理而體其所以然,知以天也(超經驗的)。事物至而以所聞所見者證之,知以人也(經驗的)。通學識之知於德性之所喻而體用一源,則其明自誠而明也。正蒙注卷三下

又説:

> 雖知有其不知,而必因此(所知者)以致之(即大學致知之致),不迫於其所不知而索之。思問録内篇

又説:

> 内者心之神,外者物之法象。法象非神不立,神非法象不顯。多聞而擇,多見而識,乃以啓發其心思而令歸於一。又非徒恃存神而置格物窮理之學也。正蒙注卷四上

欲知船山哲學的全系統,非把他的著作全部子細紬繹後,不能見出。我可惜未曾用這苦功,而且這部小講義中也斷難説盡。簡單説:(一)他認“生理體”爲實有;(二)認宇宙

本體與生理體合一;(三)這箇實體即人人能思慮之心;(四)這種實體論建設在知識論之上,其所以能成立者,因爲有超出見聞習氣的"真知";(五)見聞的"知",也可以輔助"真知",與之駢進。依我狠粗淺的窺測,船山哲學要點大略如此。若所測不甚錯,那麽,我敢説他是爲宋明哲學闢一新路。因爲知識本質、知識來源的審查,宋明人是没有注意的。船山的知識論對不對,另一問題。他這種治哲學方法,不能不説比前人健實。

船山對於佛教法相宗頗曾研究,著有相宗絡索一書。(船山遺書中未收,我有鈔本。)雖然所造甚淺,但相宗已成千年絶學,自窺基、慧沼以後,直到最近,纔漸有復活的機兆。三百餘年前儒者用功到此,可謂奇特。這點,或亦影響於他的思想不少。

船山教人實踐的話,精要者狠多。恕我爲時間所限,一切不引了。總之,我認船山哲學是自成系統而狠有價值的。我狠望有專門研究船山的人,費些苦功,把他的系統和價值整理發揮出來。

船山學術,二百多年没有傳人。到咸同間,羅羅山澤南像稍爲得着一點。後來,我的畏友譚壯飛嗣同極力推服他。我讀船山書,都是壯飛教我。但船山的復活,只怕還在今日以後哩。

* * * * *

(四)朱舜水

有一位大師,在本國幾乎没有人知道,然而在外國發生莫大影響者,曰朱舜水。

日本史家通行一句話,説"德川氏二百餘年太平之治"。説到這句話,自然要聯想到朱舜水。

舜水,名之瑜,字魯璵,浙江餘姚人。生明萬曆二十八年(一六〇〇),卒清康熙二十一年(一六八二),年八十三。他是王陽明、黄梨洲的胞同鄉。他比梨洲長十一歲,比亭林長十四歲。他和亭林同一年死,僅遲三箇月。最奇怪的:我們研究他的傳記,知道他也曾和梨洲同在舟山一年,然而他們倆像未曾相識。其餘東南學者,也並没有一位和他有來往。他的"深藏若虚",可謂比船山還加幾倍了。

崇禎十七年明亡時候,他已經四十五歲了。他早年便絶意仕進,那時不過一位貢生,並無官職。福王建號南京,馬士英要羅致他,他不就,逃跑了。從南京失陷起,到永曆被害止,十五年間,他時而跑日本,跑安南,跑暹羅,時而返國内,日日奔走國事。他曾和張蒼水煌言在舟山共事,他曾入四明山助王完勳翊練寨兵,他曾和馮蹐仲京第到日本乞師(?),他曾隨鄭延平成功入長江北伐。到最後百無可爲,他因爲抵死不肯薙髮,只得亡命日本以終老。當時日本排斥外國人不許居住。有幾位民間志士敬重他爲人,設法破例留他住在長崎。住了七年,日本宰相德川光國請他到東京,待以賓師之禮。光國親受業爲弟子，其餘藩侯藩士（日本當時純爲封建制，像我國春秋時代），請業的狠多。舜水以極光明俊偉的人格，極平實淹貫的學問，極肫摯和藹的感情，給日本全國人以莫大的感化。德川二百年，日本整箇變成儒教的國民，最大的動力，實在舜水。後來德川光國著一部大日本史，專標"尊王一統"之義。五十年前，德川慶喜歸政，廢藩置縣，成明治維新之大業，光國這部書功勞最多。而光國之學，全受自舜水。所以舜水不特德川朝的恩人，也是日本維新致强最有力的導師。

舜水並没有開門講學，也没有著書。我們研究這箇人，只靠他一部文集——裏頭的信札和問答。他以羈旅窮困之身能博鄰國全國人的尊敬，全恃他人格的權威。他説："不佞生平，無有言而不能行者，無有行而不如其言者。"文集卷九答安東守約書 又説："弟性直率，毫不猶人。不論大明日本，惟獨行其是而已，不問其有非之者也。"文集卷十二答小宅生順問 又説："自流離喪亂以來，二十六七年矣。其瀕於必死，大者十餘。……是故青天皦日，隱然若有雷霆震驚於其上。至於風波險巇，傾蕩顛危，則坦然無疑，蓋自信者素耳。"文集卷十八德始堂記 又説："僕事事不如人，獨於'富貴不能淫，貧賤不能移，威武不能屈'，似可無愧於古聖先賢萬分之一。一身親歷之事，固與士子紙上空談者異也。"文集卷八答小宅生順書 他是箇德性最純粹而意志最堅强的人，常常把整箇人格毫無掩飾的表現出來與人共見。所以當時日本人對於他，"如七十子之服孔子”,殊非偶然。

他的學風,主張實踐,排斥談玄。他説:“先儒將現前道理,每每説向極微極妙處,固是精細工夫。然聖狂分於豪釐,未免使人懼。不佞舉極難重事,一概都説到明明白白平平常常來,似乎膚淺庸陋。然‘人人皆可爲堯舜’之意也。……末世已不知聖人之道,而偶有向學之機,又與之辨析精微而逆折之,使智者詆爲芻狗,而不肖者望若登天。……此豈引掖之意乎?”文集卷九答安東守約書 又説:“顔淵問仁,孔子告以非禮勿視聽言動。夫視聽言動者,耳目口體之常事,禮與非禮者,中智之衡量,而‘勿’者下學之持守,豈夫子不能説玄説妙言高言遠哉?抑顔淵之才,不能爲玄爲妙騖高騖遠哉?……故知道之至極者,在此而不在彼也。”文集卷十八勿齋記 舜水之所以教學人者,大略如此。

這種學風,自然是王學的反動。所以他論陽明,許以豪傑之士,但謂其多却講學一事。文集卷六答佐野回翁書 不惟王學爲然,他對於宋以來所謂“道學家”,皆有所不滿。他説:“有良工能於棘端刻沐猴,此天下之巧匠也。然不佞得此,必抵之爲砂礫。何也?工雖巧,無益於世用也。……宋儒辨析毫釐,終不曾做得一事,況又於其屋下架屋哉?”文集卷九與安東守約書

他論學問,以有實用爲標準。所謂實用者,一曰有益於自己身心,二曰有益於社會。他説:“爲學之道,在於近裏著己,有益天下國家。不在掉弄虚脾,捕風捉影。……勿剽竊

粉飾自號於人曰:‘我儒者也。’處之危疑而弗能決,投之艱大而弗能勝,豈儒者哉?”文集卷十答奥村庸禮書 他所謂學問如此,然則不獨宋明道學,即清儒之考證學,也非他所許,可以推見了。

總而言之,舜水之學和亭林、習齋都有點相近。博學於文工夫,不如亭林,而守約易簡或過之。摧陷廓清之功不如習齋,而氣象比習齋博大。舜水之學不行於中國,是中國的不幸;然而行於日本,也算人類之幸了。

第五講　清初五大師(三續)

(五)顔習齋 附李恕谷　王崑繩

“反王學”運動,進一步成爲“反宋學”運動。反宋學運動有兩支潮流,一支爲閻胡派之考證學,一支爲顔李派之實踐學。兩支皆盛於康熙中葉,而顔李派不久便衰。

顔習齋,名元,字渾然,直隸博野人。生明崇禎八年(一六三五),卒清康熙四十三年(一七〇四),年七十。他是京津間一箇小村落——楊村的小户人家兒子。他父親做别家養子,冒姓朱。清兵入關,被掠到遼東;母親也改嫁了。他長大之後,了知到這些情節,纔改回本姓。他五十一歲,出關尋父,北達鐵嶺,東抵撫順,南出天覆門,常獨行泥雪中,困苦不可名狀。經一年餘,卒負骨歸葬。他五十六七歲曾一度出游,到過直隸南部及河南。其餘幾十年日子,都在家鄉過活。他曾和孫夏峰、李二曲、陸桴亭通過信,但都未識面。其餘知名之士除刁蒙吉包、王介祺餘佑外,都没有來往。

他一生經歷大略如此。

習齋學術特色,在:排斥一切空談靜坐的枯寂學問和一切記誦考證的支離學問,直截了當,提倡實用。他所謂實用的是否便算實用,另一問題。但他那大膽的破壞,可以說二千年來無人能及;他的建設精神,若能不師其迹而師其意,我認爲在今日狠適用。

研究習齋學術的資料,有他自己所著存人、存性、存治、存學四篇。有李恕谷所編習齋年譜,有鍾金若鋑所輯廣習齋言行録及習齋記餘①。廣言行録是補年譜所不及的,記餘是輯録習齋雜文。有戴子高望所著顔氏學記。論理,四存是他自己手著,應該是最好資料;其實,習齋根本反對著書,四存也不過隨手湊成。欲見習齋全部精神,還是看年譜或學記最好。

習齋對於宋儒之學,爲極猛烈的攻擊。大旨謂宋人不向實務處用功,弄到箇箇不懂事,而且全變成軟弱的人。他説:

> 爲愛靜空談之學,久則必至厭事,厭事必至廢事,遇事即茫然。賢豪尚不免,况常人乎?故誤人才敗天下事者,宋人之學也。年譜卷六

他最恨:"兀坐書齋人,無一不脆弱,爲武士農夫所笑。"

①記 原作"紀",注文同,南開本同,據本講後文及原書書名改。

存學編卷三性理評而推本歸咎於宋學。他說：

宋元來儒者，却習成婦女態，甚可羞。"無事袖手談心性，臨危一死報君王"，即爲上品矣。存學編卷一學辯一

又說：

漢宋以來，徒見訓詁章句，靜敬語録，與帖括家，列朝堂，從廟庭，知郡邑，塞天下庠序里塾中。白面書生，微獨無經天緯地之略，兵農禮樂之才，率柔脆如婦人女子。求一豪爽倜儻之氣亦無之，間有稱雄卓者，則又世間粗放子。……習齋記餘卷一泣血集序

宋儒互相標榜，動輒以聖賢自命。習齋以爲不能替國家社會做實事有實效者，決不算聖賢。他說：

以唐虞三代之盛，亦數百年而後出一聖人。……何獨以偏缺微弱兄於契丹臣於金元之宋，前之居汴也，生三四堯孔六七禹顏；後之南渡也，又生三四堯孔六七禹顏！而乃前有數聖賢，上不見一扶危濟難之功，下不見一可相可將之才，兩手以二帝畀金，以汴京與豫矣。後有數十聖賢，上不見一扶危濟難之功，下不見一可相

可將之才，兩手以少帝付海，以玉璽與元矣。多聖多賢之世，乃如此乎？噫！存學編卷二評朱子作李延平行狀

習齋不惟排斥談玄靜坐，又排斥書本上學問。他說：

譬之於醫，黄帝素問，金匱玉函，所以明醫理也；而療疾救世，則必診脈、製藥、針灸、摩砭爲之力也。今有妄人者，止務覽醫書千百卷，熟讀詳説，以爲予國手矣。視診脈、製藥、針灸、摩砭以爲術家之粗不足學也。書日博，識日精，一人倡之，舉世效之，岐黄盈天下，而天下之人病相枕死相接也，可謂明醫乎？存學編卷一學辯一

又説：

譬之學琴然：書猶琴譜也，爛熟琴譜，講解分明，可謂學琴乎？故曰：以講讀爲求道之功，相隔千里也。更有一妄人，指琴譜曰：是即琴也。……譜果琴乎？故曰：以書爲道，相隔萬里也。……今手不彈，心不會，但以講讀琴譜爲學琴，是渡河而望江也。……今目不睹，耳不聞，但以譜爲琴，是指薊北而談雲南也。存學編卷三性理評

又説：

宋儒如得一路程本,觀一處,又觀一處,自喜爲通天下路程,人人亦以曉路稱之。其實一步未行,一處未到。年譜卷下

有聖賢之言,可以引路。今乃不走路,只效聖賢言,便當走路。每代引路之言,增而愈多,卒之蕩蕩周道上鮮見人也。存學編卷三

孟子說:"行之而不著焉,習矣而不察焉,終身由之而不知其道者衆也。"習齋引刁蒙吉的話,翻過來說:"著之而不行焉,察矣而不習焉,終身知之而不由其道者衆也。"存學編卷一由道篇 可謂妙語解頤。

然則他的學問怎樣做法呢? 他唯一的法門就是實習——實地練習。他的號叫做"習齋",就是這箇意思。他說:

心上想過,口上講過,書上見過,都不得力,臨事時依舊是所習者出。存學編卷一學辯二

他說:"試以'生知聖人'以一管,必不能吹。"言行録卷下 可見非實習必不能得智識。又說:"書房習數,入市便差。"同上 可見離却事實的習不算習。然則習些甚麽呢? 他要人習六藝——禮、樂、射、御、書、數。他說古代教育,並非教人讀書,乃是專教人學這些實務。他頭一件教人習動。他說:

常動則筋骨疏，氣脈舒。故曰"立於禮"，故曰"制舞而民不腫"。宋元來儒者皆習靜，今日正可言習動。言行録卷下世情篇

又説：

養身莫善於習動。夙興夜寐，振起精神，尋事去做。行之有常，並不困疲，日益精壯。但説靜息將養，便日就惰弱。故曰："君子莊敬日强，安肆日偷。"言行録卷上學人篇

又説：

五帝三王周孔，皆教天下以動之聖人也。漢唐襲其動之一二以造其世也。晉宋之苟安，佛之空，老之無，周程朱邵之靜坐，徒事口筆，總之皆不動也，而人才盡矣。吾常言：一身動則一身强，一家動則一家强，一國動則一國强，天下動則天下强。言行録卷下學須篇①

他這箇習動主義，對於身心修養和社會改良，都一貫的應用。總之，要常常活着不叫他死，常常新着不叫他舊。

①學須篇　原作"王次亭編"，南開本同，據原文出處改。

他説：

> 學者須振萎惰，破因循。每日有過可改，有善可遷，即日新之學也。改心之過，遷心之善，謂之正心；改身之過，遷身之善，謂之修身；改家國天下之過，遷家國天下之善，渭之齊、治、平。學者但不見今日有過可改，有善可遷，便是昏惰了一日。爲政者但不見今日有過可改，有善可遷，便是苟且了一日。同上

朱子教人半日靜坐，半日讀書。習齋不惟反對靜坐，並反對讀書，因爲兩者都是教人靜，不教人動。他説："讀書著書，能損人神智氣力，不能益人才德。"又説："如謂讀書便足處天下事而不必習行，是率天下而漢儒也。"俱言行録卷下 他所以反對讀書的緣故，因爲他以爲一箇人應該"習行於身者多，勞枯於心者少"。年譜卷下 以爲"人之歲月精神有限，誦説中度一日，便習行上錯一日；紙墨上多一分，便身世上少一分"。存學編卷上論講學 所以他的不讀書和明儒的不讀書截然不同，他正是要人把精力日力騰出來做書本以外的學問。

宋儒説"性"，分爲義理之性氣質之性，説義理是善的，氣質是惡的。習齋極力反對此説。他説："譬之目：眶、皰、睛，氣質也；其中光明能見物者，性也。將謂光明之理專視正色，眶、皰、睛乃視邪色乎？"存性篇卷一 他以爲這種説法："未免不使人去其本無，而使人憎其本有。蒙晦先聖盡性之

旨，而授世間無志人以一話柄。”存學編卷一上孫鍾元書 他因此大反對變化氣質之說。他說：“盡吾氣質之能，則聖賢矣。非變化其本然也。”有人問他“沉潛剛克，高明柔克”怎麽解。他說：“甚剛人亦必有柔處，甚柔人亦必有剛處，只是偏任慣了。今加學問之功，則吾本有之柔自會勝剛，本有之剛自會勝柔。正如技擊者好動脚，教師教他動手以濟脚，豈是變化其脚？”言行録卷下 這些話雖涉及理論上的爭辨，但於“發展箇性”之教，極有關係。

他的存治編，頭一件主張復井田。看去像是狠迂腐，但他有他大膽的主張。向來説井田不能復者，大率説田已歸私有，豈宜奪他。他說：“天地間田，宜天地間人共享之。若順彼富民之心，即盡萬人之産而給一人，所不厭也。”存治編井田條 這些話，有徹底的見解，與宋儒侈言復古者不同。

他又嘗著宋史評，替王安石、韓侂胄辨冤。大意説程氏之徒挾嫌攻安石，朱氏之徒挾嫌攻侂胄，“天下後世，遂以建功立業揞拄乾坤者爲小人，苟且偷安者爲君子”。這類議論，都是極大膽的翻案。

習齋生當清聖祖提倡程朱舉國從風而靡的時候，悍然倡這種議論，真可謂豪傑之士。他上陸桴亭書云：“宋儒，今之堯舜周孔也。韓愈闢佛，幾至殺身，況敢議今之堯舜周孔乎？”存學編卷一 雖然，他並不退縮。他說：

> 予昔尚有將就程朱附之聖門支派之意。自一南

游,見人人禪子,家家虚文,直與孔門敵對。必破一分程朱,始入一分孔孟。乃定以爲孔孟與程朱判然兩途,不願作道統中鄉愿矣。年譜卷下

又説:

立言但論是非,不論異同。是,則一二人之見不可易也;非,則雖千萬人所同,不隨聲也。豈惟千萬人,雖百千年同迷之局,我輩亦當以先覺覺後覺[①],竟不必附和雷同也。言行録下學問篇

這種徹底解放的精神,在二千年學者中,像罕有其比,不僅清朝一代而已。他解論語"弘毅"兩箇字,説道:"思以我易天下,不以天下易我,弘也;舉國非之而不摇,天下非之而不摇,毅也。"言行録卷下杜生篇[②]他自己真算能當得起這兩箇字了。

習齋學術,有李剛主、王崑繩在北方傳播,有程緜莊廷祚。江蘇上元人、惲皋聞鶴生。江蘇武進人在南方傳播,所以當時像是狠盛。然而不久便中絶,真是可惜。我推求他中絶的原因:頭一件,太刻苦了。像莊子批評墨子,所謂"其道太觳",所

①"後覺"之"覺"原脱,南開本同,據顔氏原文補。

②卷下　原作"下卷",據前文例乙。

以難於普及難於持久。這還不要緊。第二件,排斥智識太過分了。他要矯正知而不行的流弊,反對書本上和口頭上的學問,專提倡實習,原是對的。可惜他所謂實習,除却點檢身心以外,所注重者還是二千年前書本上的禮、樂、射、御、書、數。他説是實,别人看來,也何嘗不空。况且"智識欲"也是人類所同具,像他這樣簡陋,如何能令聰明之士得所養呢?"反宋學"兩箇潮流,到底考證派得勝,而這一派實行家失敗,原因在此。雖然,我狠相信習齋精神,適用於今日以後。我盼望有人給他修正一番,把他復活。

* * * * *

習齋之學所以能傳出來,全靠李恕谷,所以宗尚這一派的人稱"顏李學"。恕谷,名塨,字剛主,直隸蠡縣人。生順治十六年(一六五九),卒雍正十一年(一七三三),年七十五。他父親李晦夫明性爲習齋的畏友。恕谷年二十二,從習齋學,後遂終身以發揮光大其學爲己任。習齋闇然自脩,始終一箇村學究樣子。恕谷則聲氣狠廣,在京城敞開門和士大夫往來。萬季野、胡朏明都心折他。他所著大學辨業,季野曾爲作序,極相推許。説:"天下事固有前人不能知而後人反知之者,不可以後人之説異乎前人而驚疑之也。"王崑繩爲他所感動,執贄習齋門下。他又嘗到江南從毛西河學音樂;程緜莊、惲皋聞都因他知有習齋之學。他一生未嘗做官,但也曾在富平、桐鄉、郾城三縣當幕府,——知縣是他的門生或朋友——試行他的"經濟",卓著成效。他對於習齋,固然心悅誠服,但亦有不肯苟同處,例如習齋主張復封建,恕谷說"封建殘民不下於流寇"。習齋主張非力不食,恕谷說通功易事便得。其尤爲不同之點,則習齋絶對排斥讀書著書,恕谷以爲"六藝"條理,也須講究考索纔能無誤,而著書覺世,亦非得已。就這一點論,實可謂習齋學派中一有力之修正。習齋嘗告訴他:"學者勿以轉移之權委之氣數,一人行之爲學術,衆人從之爲風俗。"他一生汲汲皇皇像傳教牧師一般,就是爲此。他和方望溪狠有交情,望溪替他作墓誌,顛倒是非,說:"以剛主之篤信師傳,聞余一言而翻然而改。"可謂荒唐。當時朱學家之作僞討厭,多望溪之類也。

王崑繩,名源,一字或庵,順天府大興人。倜儻有奇氣,好談兵事。著有平書十卷,言經世之務。在京師,一時名士皆從之游,他除劉繼莊獻廷外,無所許可。早年學宗陽明,最恨當時的朱學家。說他們:"朝乞食墦間,暮殺越人於貨,而掇拾程朱緒論,狺狺焉詈陽明於五達之衢。"居業堂集與朱字綠書又說:"今之謗姚江者,謂其事功聖賢所不屑也;其學術爲異端,不若程朱之正也。其心不過欲蔑其事功以自解其庸闒無能之醜,尊程朱以見己之學問切實,而陰以飾其卑陋不可對人之生平,内以自欺,外以欺乎天下。孰知天下之人之不可欺,而祇自成其爲無忌憚之小人哉?"與李中孚先生書這些都是他未見習齋以前的話。讀起來,可以略見崑繩氣概及當時"御用宋學家"魑魅罔兩的情狀了。崑繩晚年,纔認得恕谷。他狠高興,說是劉繼莊死後又得一箇朋友。卒求恕谷介紹,執贄於習齋之門,其時他已經五十六歲了。京城裏鼎鼎大名的老名士,去從一位村學究當小學生,别的不必説,其器量實已加人數等了。崑繩向以才氣自負,每夜必置酒痛飲,論議今古,旁若無人,醉後便駡當時貴人雜以諧謔。李恕谷説這種名士習氣要不得,他自後便折節專做實踐之學。他晚年棄家爲汗漫游,見人不道姓名。康熙四十九年客死淮上,年六十三。

* * * * *

以上所舉五大師,梨洲直接由陽明學派蜕變,亭林、船山皆反對陽明學派,回復到宋儒——朱晦庵、張横渠蹊徑,而亭林别替後來考證學派開出一條大路;舜水反對陽明,對於程朱雖有所不滿,却還表相當的敬意;習齋則不惟程朱陸王一筆勾銷,連漢唐以來所有學派,都一概廓清摧陷。總而言之,晚明王學是反動的出發點,範圍越擴越大,一層一層的解放,解放到以僅僅承認孔孟爲極度。這便是距今二百五十年前學術界的形勢。五位大師所走的路,雖各各不同,但他們也有一種共同的渴仰追求,就是莊子所謂"内聖外王之學"。他們都想把箇人修養和社會改良打成一片。他們都感覺箇人"人格力"之偉大,極注意發展自己、磨鍊自己的方法。他們却不是獨善其身,眼光常常注視實際的社會狀況,力求"經世致用"。他們的政治理想,自然有一部分不免迂闊,但嶄新的見解,也就不少。他們都有極崇高的人格,能彀在他們學説的背後增加力量。所以二三百年後,還給我們狠大的感化。

第六講　其他清初學者

殘明遺獻中奇怪人物實在不少。雖不必以著書講學名家，大率都有相當的學問。如徐俟齋名枋，字昭法，江蘇長洲人。國變後足迹不入城市。畫絶工高節苦行，爲一時冠。著通鑑紀事類聚三百餘卷、讀史稗語二十餘卷，可惜已佚。如閻古古名爾梅，江蘇淮安人倜儻不羈，嘗參史可法軍事，史不用其言致敗。清初常來往緑林中圖舉事，清廷購捕之甚急，到處亡命。著有九邊通考若干卷，是一部實地勘驗的地理書，可惜也佚了。如錢飲光名澄之①六七十歲，還步行入雲南從永曆帝。八十多歲，著田間學易、田間學詩等書，多見道語。如潘力田名檉章，次耕之兄、吴赤溟名炎，俱松江人爲顧亭林畏友，想合力私著明史。後來因湖州莊廷鑨史獄，被清吏虐殺。亭林説他們的史才千秋獨步。力田遺著留存的有國史考異、松陵文獻，都是未成之作。國史考異辨别史料真僞，其方法可爲

---

①之　原脱，南開本同，據方苞田間先生墓表補。

後人模範。如方密之名以智,安徽桐城人。國變後爲僧,號藥地從永曆帝出入雲南、緬甸,百折不回。晚年著通雅五十二卷,自天文、地輿起,至樂曲、樂舞、器用、衣服、宫室、飲食、植物、動物、諺原、切韻聲原①、醫方,各自爲卷,考證明備。三百年前博物學書,像這樣就極難得了。

此外還有年輩較晚,對於明清鼎革之交政治因緣較淺,然而始終含有不肯和滿洲人合作的精神,在學術界狠有特别貢獻的幾箇人,應該稍爲詳細論列一下②:

(一)萬季野,名斯同,浙江鄞縣人。他弟兄子侄十幾位,都各有專門學問,而季野尤爲傑出。他是黄梨洲第一箇得意門生。他是史學專家,他自己獨力著成幾百卷的明史稿。這部稿後來被王鴻緒偷了去,改頭换面,着實可恨。康熙間修明史,要羅致他,他不肯受官,只允以布衣參與其事。現行的明史,大半在他指導之下做成,資料也采自他的史稿爲多。他雖是梨洲弟子,却不談王學。晚年和李恕谷訂交,頗受習齋學派的洗禮。他有一位門生邵念魯名廷采,餘姚人,篤守梨洲之學,著晚明史料之書極多。

(二)劉繼莊,名獻廷,順天府大興人。他和王崑繩爲莫逆交;他曾到湖南認識王船山,極力推服,説:"天地元氣聖賢學脈,僅此一綫。"崑繩替他做墓表,説他:"脱身遍歷九

①原 原作"病",南開本同,據通雅原文改。

②一 南開本作"於"。

州，覽其山川形勢，訪遺佚，交其豪傑，觀其土俗，博采軼事以益廣其聞見而質證其所學。……討論天地陰陽之變，霸王大略，兵法、文章、典制、方域要害。……於禮、樂、象緯、醫藥、書數、法律、農桑、火攻器具，旁通博考，浩浩無涯涘。"居業堂集劉處士墓表 全謝山說："凡繼莊所撰著，其運量皆非一人一時所能成。故雖言之甚殷，而難於畢業。"鮚埼亭集劉繼莊傳 大抵繼莊是一位氣魄極大眼光極遠的人，對於各種學問都有他的新見解，可惜没有一項做成功。他最得意的著述是新韻譜，他對於梵文、拉丁文、阿剌伯文、蒙古文、女真文的發音，綜合研究，創造一種中國字母，填以四方土音而皆可適用。廣陽雜記卷二 可惜原書不傳。他的著作現存的，只有一部廣陽雜記，不過隨手記録之作。他晚年棄家，到處游歷，客死於外。

（三）顧景范，名祖禹，江蘇常熟人。他生平著書僅一部，曰讀史方輿紀要。尚有方輿書目二卷，所采千有餘家，今不傳。但彼書可認爲方輿紀要之附庸。這部書體裁頗奇。全部一百三十卷，一氣呵成，像一篇文章。他從二十九歲始屬稿，五十歲纔成書，中間無一日中輟。自言："集百代之成言，考諸家之緒論。舟車所經，必覽城郭，按山川，稽里道，問關津。以及商旅之子，征戍之夫，或與從容談論，考覈異同。"本書總敘二 魏冰叔禧批評這書道："職方廣輿之書，襲謬踵謬，名實乖錯，悉據正史考訂折衷之。此數千百年所絶無僅有之書也。……貫穿諸史，出以己所獨見，其深思遠識，在語言文字之外。”本書魏序 他引葛文康的話：“記問之博，當如陶隱居恥一事不知。記問之審，又當如謝安石不誤一事。”又引儲瓘的話：“知古非難，知今爲難。”俱本書凡例 他雖自己謙虚説學不到這樣，然而他的志趣可見了。他這部書，總算中國政治地理、軍事地理空前之作，而且直至今日，像還没有别部比他更好。他雖然没有像梨洲、亭林他們參加政治運動，但他對於明清之際，含狠深的隱痛。他有哭張蒼水詩，極沉痛。他説：“凡吾所爲著此書者，亦欲人之先知之也。不先知之，而惘然任天下之事，舉宗廟社稷之重，一旦束手而畀諸他人。此先君子所爲憤痛呼號扼腕以至於死也。”本書總敘三 讀此，可知道他著書的心事了。

康熙末年有陳資齋，名倫炯，福建同安人。著海國聞見録，記全國沿海形勢，旁及南洋日本，有圖六張。所記皆親自游歷得來，言海防政策極有見地。亦二百年前一奇書也。

（四）費此度，名密，號燕峰，四川成都人①。少遭張獻忠之亂，曾佐楊展軍辦屯田率鄉民自衛。清兵入川，奉父避地東下，僑寓江淮間以老。曾從孫夏峰問業，但宗旨不甚從同。著有弘道書三卷，大駁宋儒道統之説，自周程張朱以下，一無所假借。一方面指斥他們學術的偏詖，一方面説他們的學説並非自創，不過勦襲兩晉南北朝隋唐人緒餘，改頭换面，逐條考證其出處。他排斥宋學，義正詞嚴，和顔習齋

①成都　學術史作“新繁”。

差不多。但習齋根本不勸人讀書,連所謂漢學也在排斥之列。此度則推崇漢唐注疏之學,和後來考證家路數相近。此度和當時學者——除夏峰外,絶無往來,所以他的學説狠少人知道。弘道書也是最近幾年間纔刻出。

同時四川尚有一位唐甄萬,名鑄,夔縣人。著有潛書四卷。摹仿周秦諸子體裁。但語多膚廓,價值遠在弘道書之下。

以上諸人,其規模之博大,不如顧黄王顔;其研究之專精,不如閻胡梅惠。但都各有其獨到之處,在清初學術界中,可算幾枝有力的游擊隊。

此外還有幾箇人,應該附帶一論。原來晚明學界,本有"文士"一派,對於道學家常采挑戰的態度。如王弇州世貞、楊升庵慎便是這派領袖。這派頗好讀書,又有文采,對於空談性命的人,確能自樹一幟。他們的毛病,在雜博而無系統,又好武斷,有時還佐以作僞。這一派,在清初也衍爲幾箇支流。

其一,錢牧齋謙益。這箇人,少年本在東林黨中,錚錚有聲;清師下南京,他以禮部尚書首先迎降,任原職;後來做官做得不得意,回頭又充"遺老",人格是極卑污不足道了。他的學問却狠博,明朝掌故狠熟,文章也好。所以在當時學界,還有一部分勢力。他的初學集、有學集裏頭,關於考證史料的文章,狠有幾篇有價值的。他的楞嚴蒙鈔,也是佛學界有數的著作。

其二，毛西河奇齡。這箇人，在當時狠負盛名。李恕谷除習齋外不佩服一人，却在他門下執贄學樂。他的著作，收入四庫全書的狠多。後來學者如阮芸臺元輩，往往將他和亭林並稱。但這箇人人格像不狠高，其私德姑且不説，即以學者的道德而論，可議的地方也狠多。全謝山説："其所著書，有造爲典故以欺人者，有造爲師承以示人有本者，有前人之誤已經辨正尚襲其誤而不知者，有信口臆説者，有不考古而妄言者，有前人之言本有出而妄斥爲無稽者，有改古書以就己者。"謝山於此諸項，每項舉一條爲例。鮚埼亭集毛西河别傳大抵西河學術，和楊升庵同一路數，其最大毛病在不忠實，好夸多，好立異，與人辨論，盛氣相陵，全不是學者態度。他狠猛烈的攻擊宋學，然而不足以服宋儒之心。他講古音駁顧亭林，講尚書駁閻百詩，但駁得都没有道理。雖然，在明清學術嬗代的時候，他的衝鋒陷陣功勞，也不可盡没。有好幾部分學問，如音樂、如西南民族等，他狠有些新穎的著作，他研究的結果雖不見得便對，然而總算把幾條路打開了。

其三，順治、康熙間，有所謂"易堂九子"一派，其領袖人物爲魏冰叔禧、彭恥躬士望，他們都是文士，却喜歡談談經濟，談談理學。他們所標榜者曰"因文見道"，然而發明狠少，不過拿學問做文章的裝飾品。後來桐城派古文家，便是這派變相。

其四，朱竹垞彝尊。他本是一位文學家，而極喜歡讀書。文學天才也不甚高，讀書也没有什麽新發明。但涉獵甚博，搜輯甚勤。所著經義考三百多卷，把歷代説經之書的序跋和別人對於各書的批評都輯録起來，總算清代目録學一部重要参考書。這一派"以文人而兼學者"的人，在當時狠不少，如姜西溟宸英、汪苕文琬之類皆是。

第七講　考證學之創建者

清朝最初三四十年間的學術，好像百花齊放，萬壑爭流，内中五位大師，都是大刀闊斧把局面打開，至於細針密縷工夫，却未遑多及。如萬季野、顧景范等輩，便已從事於專門的研究了。以後研究的事項，越剖分越細，研究的方法，越應用越密。乾隆以後，遂成爲考證學一派，把學術界幾乎全部占領。但這派之大成，雖在雍乾以後，其創建實在順康之交。第一位開創元勳，自然推顧亭林；然而建設基礎最有力者，則靠幾位專門大師，曰：閻百詩、胡東樵、梅定九、惠定宇。

閻百詩，名若璩，一號潛丘，山西太原人，寄居江蘇之山陽①。生明崇禎九年（一六三六），卒清康熙四十三年（一七〇四），年六十九。杭大宗説他："長於考證、辨覈，自言有志之士，務在盡己所受於天之分，而力學以盡其才，固自有

①居　學術史作"籍"。

可傳之道與可比擬之人，而無取乎過高之學。”道古堂集 戴東原説他：“最善讀書，讀一句書能識其正面背面。”段茂堂著戴氏年譜 他的兒子説他：“讀書每於無字句處精思獨得。”又説他：“手一書至檢數十書相證。一義未析，反復窮思廢飲食。”閻詠左汾近稿府君行述 所著書最重要者，曰尚書古文疏證①，曰四書釋地，曰潛丘劄記，曰困學紀聞注。而其在學界最有關係者，尤在尚書疏證一書。這部書專辨東晉晚出古文尚書十六篇及同時所出孔安國傳之僞。這十六篇書，自宋元以來，朱晦庵、吴草廬諸人，對他已發生問題。但不過微微的懷疑，並没有人敢下判斷。自百詩這部書出來，竟自把人人共讀的尚書裏頭三分之一宣告死刑了。

胡東樵，名渭，字朏明，浙江德清人。生明崇禎六年（一六三三）②，卒清康熙五十三年（一七一四），年八十二。他生平著述，曰禹貢錐指，曰易圖明辨，曰洪範正論，曰大學翼真。禹貢錐指專解尚書中禹貢一篇，分疏其地理水道；洪範正論駁漢儒五行災異之説；大學翼真説大學並無錯簡脱簡，辨朱子補格致傳之不當。這三部書對於後來學界都有影響，而關係最大者莫如易圖明辨。“易圖”指宋儒治易學者

①尚書古文疏證　原作“古文尚書疏證”，南開本同，據原書書名乙。

②崇禎六年（一六三三）　稿本始作“天啓元年（一六二一）”，後改作“崇禎三年（一六三一）”。按，杭世駿胡先生渭墓誌銘：“太歲在甲午正月九日，考終牖下，春秋八十有二。”甲午即康熙五十三年（一七一四），則胡氏當生於崇禎六年（一六三三），玆據改。

所傳河圖、洛書——伏羲、文王先天易、後天易各圖。這些圖，幾百年間，學者認爲聖賢傳授心法，不知費多少精神去瞎猜他，費多少口舌去爭論他。到黄梨洲、毛西河纔漸漸對於他提出抗議，但還未能從根柢上駁倒他。東樵這部易圖明辨，把這些圖的娘家找出來了。我們讀這書，纔知道那些鬼話都是五代末年幾箇道士造出來，和易經絲毫無涉。

尚書古文疏證①、易圖明辨所辨論的都不過學術界之局部問題，爲什麽我們對於這兩部書如此其重視呢？百詩、東樵，各人只做得那麽一部書，爲什麽清朝儒者都公認他們爲一代大師呢？我在舊著清代學術概論裏頭，曾有兩段解答這箇疑問。説道：

> 夫辨十數篇之僞書，則何關輕重；殊不知此僞書者，千餘年來，舉國學子人人習之，七八歲便都上口，心目中恒視爲神聖不可侵犯；歷代帝王，經筵日講，臨軒發策，咸所依據尊尚；毅然悍然辭而闢之，非天下之大勇固不能矣。自漢武帝表章六藝罷黜百家以來，國人之對於六經，只許徵引，只許解釋，不許批評研究，韓愈所謂"曾經聖人手，議論安敢到"；若對於經文之一字一句稍涉擬議，便自覺陷於"非聖無法"，蹙然不自安於其良心；非特畏法網憚清議而已。凡事物之含有宗教性

①尚書古文疏證　原作"古文尚書疏證"，南開本同，據原書書名乙。

者，例不許作爲學問上研究之問題；一作爲問題，其神聖之地位固已摇動矣。今不唯成爲問題而已，而研究之結果，乃知疇昔所共奉爲神聖者，其中一部分實糞土也；則人心之受刺激起驚愕而生變化，宜何如者。蓋自兹以往，而一切經文，皆可以成爲研究之問題矣；再進一步，而一切經義，皆可以成爲研究之問題矣。以舊學家眼光觀之，直可指爲人心世道之憂，——當時毛奇齡著古文尚書冤詞以難閻，自比於抑洪水驅猛獸，光緒間有洪良品者，猶著書數十萬言，欲翻閻案，意亦同此。——以吾儕今日之眼光觀之，則誠思想界之一大解放；後此今古文經對待研究，成爲問題；六經諸子對待研究，成爲問題；中國經典與外國宗教哲學諸書對待研究，成爲問題①；其最初之動機，實發於此。

又説：

胡渭之易圖明辨，大旨辨宋以來所謂河圖、洛書者，傳自邵雍，雍受諸李之才，之才受諸道士陳摶；非羲文周孔所有，與易義無關。此似更屬一局部之小問題，吾輩何故認爲與閻書有同等之價值耶？須知所謂"無

① 自"此僞書者"至"成爲問題"，原作若干略文符，旁批："查原書廿四、廿五葉，照鈔。"據南開本補。

極""太極",所謂河圖、洛書,實組織"宋學"之主要根核;宋儒言理言氣言數言命言心言性,無不從此衍出。周敦頤自謂"得不傳之學於遺經",程朱輩祖述之,謂爲道統所攸寄;於是占領思想界五六百年,其權威幾與經典相埒。渭之此書,以易還諸羲文周孔,以圖還諸陳邵,並不爲過情之抨擊,而宋學已受"致命傷"。自此,學者乃知宋學自宋學,孔學自孔學,離之雙美,合之兩傷(此胡氏自序中語);自此,學者乃知欲求孔子所謂真理,舍宋人所用方法外,尚別有其途。不寧唯是,我國人好以"陰陽五行"説經説理,不自宋始,蓋漢以來已然;一切惑世誣民汩靈窒智之邪説邪術,皆緣附而起。胡氏此書,乃將此等異説之來歷,和盤托出,使其不復能依附經訓以自重①,此實思想之一大革命也。

總之,閻胡這兩部書,所研究者雖屬局部問題,而結果的影響則涉及全部。亦正惟研究限於局部,故能把問題之内容,審查得十分精密,解剖得十分犀利。後此乾嘉學者,都相率爲"窄而深"的研究,各人有各人的成就,其學風實自閻胡兩先生開之。

*　*　*　*　*

① 自"大旨辨宋以來"至"依據經訓以自重",原作若干略文符,批語見前一條,據南開本補。

本講義第一回，曾説過西洋曆算學之輸入，影響於近代思潮極大。其最初從這方面努力工作者，曰梅定九，次則王寅旭。

定九，名文鼎，號勿庵，安徽宣城人。生明崇禎五年（一六三二）①，卒清康熙六十年（一七二一），年八十九。他所著曆算書，多至八十，爲向來言曆者所不能及。杭大宗説他："值書之難讀者，必欲求得其説，往往廢寢食。或讀他書無意中砉然有觸，而積疑冰釋，乘夜秉燭亟起書之，或一夕枕上所得，累數日書之不盡。"又説："自明萬曆中利瑪竇入中國，製器作圖頗精密。……學者張皇太過，無暇深考中算源流，輒以世傳淺術，謂古九章盡此，於是薄古法爲不足觀。而或者株守舊聞，遽斥西人爲異學，兩家遂成隔閡。鼎集其書而爲之説，稍變從我法。若三角比例等，原非中法可該，特爲表出。古法方程，亦非西法所有，則專著論以明古人精意。"道古堂集梅徵君傳 定九著書精神，大率如是。蓋新學輸入，與古學復興每相緣。而忠實的學者，雖常常觸類引申，但決不肯互相蒙混其面目。定九這種治學方法，可永爲法了。他創獲的算理算術甚多。常説："吾爲此學，皆歷最艱苦之後而後得簡易。……推求此理大顯，絶學不致無傳，則死且不憾。"同上 時清聖祖亦酷嗜此學，嘗把他所著曆學疑問圈點

①任公旁批："查算。"按，梅氏生年，據其積學堂詩鈔卷二二月七日誕辰偶作自注："先王父生於隆慶己巳，越六十有五載至崇禎癸酉而余小子生焉。"癸酉爲崇禎六年，即一六三三年。

塗抹簽貼批語多條。

同時有王寅旭，名錫闡，號曉庵，江蘇吴江人。少與張楊園爲友，講程朱之學。酷好曆算，每夜輒登屋卧鴟尾間，仰觀星象，竟夕不寐。所著有曉庵新法六卷。阮芸臺説他：“正古法之誤而存其是，取西法之長而去其短。”疇人傳本傳 梅定九勿庵書目亦説：推驗日食，惟寅旭之法最爲密合云。清朝經師，大抵兼通算學，而開其先路者，共推梅王。

* * * * *

反王復朱運動，到康熙末年一進而爲反宋復漢運動。從前並没有“漢學”之名，有之自惠定宇之易漢學始。後此江藩定宇再傳弟子著漢學師承記，把閻胡以來考證經學之一派著作通名漢學，以示别於宋學，於是漢學幾成爲清學之代名。

定宇，名棟，號松崖，江蘇元和人。生康熙三十六年（一六九七），卒乾隆二十三年（一七五八），年六十二。祖父元龍周惕、父半農士奇，以經學世其家，都有著述。他們的家學，以博聞强記爲入門，以尊古守家法爲究竟。半農於九經、四史、國語、國策、楚辭之文，皆能闇誦。嘗對座客誦史記封禪書終篇，不失一字。錢竹汀潛揅堂集惠天牧先生傳 他嘗説：

> 康成三禮、何休公羊，多引漢法。以其去古未遠。……賈公彦於鄭注……之類，皆不能疏。……夫

> 漢遠於周，而唐又遠於漢，宜其説之不能盡通也。況宋以後乎？禮説

據此可見惠家學風，專以“古今”爲“是非”之標準。定宇之學，即專守這種精神。他説：

> 漢人通經有家法，故有經師。訓詁之學，皆師所口授，其後乃著竹帛。所以漢經師之説，立於學官，與經並行。……古字古言，非經師不能辨。……是故古訓不可改也，經師不可廢也。……余家四世傳經，咸通古義。因述家學，作九經古義一書。……九經古義首述

定宇所著書，除九經古義外，最善者：有周易述及易漢學，專祖述漢儒説易之言；有明堂大道録及禘説，專祖述漢儒説禮之言；有古文尚書考，引申閻百詩而補其所未備；有後漢書補注，仿裴松之注三國志之例，采集華嶠、謝承……諸家後漢書逸文以補范曄書。他的門生最著名者，有余蕭客著古經解鉤沉、江聲著尚書集注音疏、沈彤著果堂集，其餘吴中學者如李惇、賈田祖、顧九苞輩，皆汲其流。

王伯申引之嘗批評他道：“惠定宇先生考古雖勤，而識不高，心不細，見異於今者則從之，大都不論是非。”焦氏叢書卷首王伯申手札 大抵“好異好古”、“尊漢絀宋”的學風，毛西河發其

源,到惠定宇而極盛。定宇學派,我可以拿八箇字概括他:"凡古必真,凡漢皆好。"和前此顧黄王顏之提倡"致用",後此戴段二王之提倡"求是",都有點不同。

*　*　*　*　*①

①按,稿本此後原有"清初'致用'派之學術,爲什麽一轉而變成'漢學'呢?第一件:因爲從康熙以來,文字獄屢興,經世之談,多觸時諱。學者漸漸不敢多講,只得把聰明才力用到考古方面。第二件:因爲這種經世談,大半專爲救一時之弊,過時便不適用。當時俗吏既不肯尊重學者的意見,'明夷待訪'等於空談。空談既多,漸令人厭。於是轉而向書本上求實。第三件:"一段文字,亦未寫盡,即爲墨筆畫去。録此,以察任公當時之思緒。

附録

清代學術流別綱目①

清代學術開創之祖

顧亭林　炎武　江蘇崑山

黄梨洲　宗羲　浙江餘姚

王船山　夫之　湖南衡陽

清代理學

程朱派

張楊園　履祥　浙江桐鄉

張蒿庵　爾岐　山東濟陽

①此稿爲册頁裝，載南長街54號梁氏檔案（中華書局二〇一二年），原無題名。按，據梁啓勳跋："此册共二十七紙，前廿六篇乃七年戊午之夏，伯兄在天津家居與兒曹講學之備忘録。由今觀之，實清代學術概論之胚胎矣。"任公一九一八年七月十八日與弟啓勳函："一月來爲兒曹講'學術流别'。"觀其分類列目，確爲後作概論之嚆矢，兹代擬題作清代學術流别綱目。凡條目間旁書之文字，皆以括注形式置後。又，二十七紙之後五紙，前四紙爲歷代文學條目，末一紙爲計算稼軒詞丁集詞作數，與清代學術固無涉，不具録。

陸桴亭 世儀(頗兼陸王) 江蘇太倉

陸稼書 隴其

李文貞(晉卿) 光地 福建安溪

張清恪 伯行 江蘇儀封

楊文定 名時 江蘇江陰

朱文端 軾 山東高安

陳文恭 弘謀 廣西臨桂

方望溪 苞 安徽桐城

曾滌生 國藩 湖南湘鄉 〔以上第一紙〕

陸王派

李二曲 中孚 陝西盩厔①

孫夏峰 奇逢 直隸容城

湯文正 斌 河南睢州

魏敏果 象樞 山西蔚州

黄梨洲 見前

李穆堂 紱 江西臨川

新派 實學派

顔習齋 元 直隸博野

李剛主 塨 直隸蠡縣

王崑繩 源 直隸大興

別派 禪悦派

①陝西 原作"山西"。

羅臺山　有高　江西瑞金

彭尺木　紹升　江蘇長洲

佛學

楊仁山　文會　〔以上第二紙〕

清代經學

顧亭林　見前

毛大可　浙江蕭山①

閻百詩　若璩（尚書）　山西太原

胡朏明　渭（尚書）　浙江德清

惠定宇　棟（易）　江蘇吴縣

錢竹汀　大昕　江蘇嘉定②

戴東原　震　江蘇休寧

段茂堂　玉裁（説文）　江蘇金壇

阮芸臺（文達）　元　江蘇儀徵

孔羿軒　廣森（公羊）　山東曲阜

王懷祖　念孫　江蘇高郵

王伯申（文簡）　引之　念孫子

孫淵如　星衍　江蘇陽湖

凌次仲　廷堪（儀禮）　安徽歙縣

張皋文　惠言（易）　江蘇武進

---

①浙江　原作"江蘇"。

②江蘇　原作"浙江"。

焦里堂 循(易) 江蘇甘泉 〔以上第三紙〕

胡竹村 培翬 安徽績溪①

莊方耕 存與(公羊) 江蘇武進

劉申受 逢禄(公羊) 江蘇陽湖

陳卓人 立(公羊) 江蘇句容

桂未谷 馥 山東曲阜

陳石甫 奂(毛詩) 江蘇長洲

俞蔭甫 樾 浙江德清②

孫仲容 詒讓 浙江瑞安

陳樸園 喬樅 福建侯官

王箓友 筠 山東安丘

鄭子尹 珍 貴州遵義

經學别派

王船山 見前

萬充宗 斯大 浙江鄞縣

徐健庵 乾學 江蘇崑山

顧震滄 棟高 江蘇無錫

朱竹垞 彝尊 浙江秀水

全謝山 祖望

朱子襄(九江先生) 次琦 廣東南海

---

①安徽 原作"江西"。

②德清 原作"仁和"。

陳蘭甫（東塾）　澧　廣東番禺

魏默深　源　湖南邵陽　〔以上第四紙〕

清代史學

黃梨洲　見前

顧亭林　見前

王船山　見前

萬季野　斯同　浙江鄞縣

馬宛斯　驌　山東鄒平

顧景范　祖禹　江蘇無錫

全謝山　見前

趙甌北　翼　江蘇陽湖

錢竹汀　大昕　見前

王西莊　鳴盛　江蘇嘉定

畢秋帆　沅　江蘇鎮洋

章實齋　學誠　浙江會稽

魏默深　源　湖南邵陽　〔以上第五紙〕

地理學

顧景范　祖禹　江蘇無錫

顧亭林　見前

洪稚存　亮吉　江蘇陽湖

齊次風　召南　浙江天台

李申耆　兆洛　江蘇武進

何願船　秋濤

張石洲　穆
鄒叔績　漢勛　湖南善化
徐星伯　松　直隸大興
楊星垣　守敬　湖北宜都
陳蘭甫　見前
丁益甫　謙　浙江仁和

天算學

梅定九　文鼎　安徽宣城
焦里堂　見前
阮芸臺　見前
鄒特夫　伯奇　廣東南海
李壬叔　善蘭　浙江海寧①　〔以上第六紙〕

目録及校勘學

紀曉嵐　昀　直隸獻縣
阮芸臺
何義門　焯
盧雅雨　見曾　山東德州
黄蕘圃　丕烈　江蘇吴縣
顧千里　廣圻
楊星垣　見前
羅叔藴　振玉　浙江上虞

①浙江　原作“江蘇”。

金石學

顧亭林 見前

朱竹垞 見前

翁覃溪 方綱 直隸大興

王蘭泉 昶 江蘇青浦

黄小松 易 浙江錢塘

吴荷屋 榮光 廣東南海

陳壽卿 介祺 山東濰縣 〔以上第七紙〕

潘伯寅 祖蔭 江蘇吴縣

吴清卿 大澂 江蘇吴縣

張叔未 廷濟 浙江嘉興

王蓮生 懿榮 山東福山

楊星垣 見前

羅叔藴 見前 〔以上第八紙〕

清代文學家

古文家

侯朝宗 方域 河南商丘

魏叔子 禧

方望溪 見前

劉海峰 大櫆(桐城初祖) 安徽桐城

姚姬傳 鼐(桐城) 安徽桐城

惲子居 敬 江蘇陽湖

張皋文 見前

李申耆　見前
包慎伯　世臣　安徽涇縣
龔定庵　自珍　浙江仁和
曾滌生　國藩　湖南湘鄉

駢體文家

胡稚威　天游　浙江山陰
汪容甫　中　江蘇甘泉
孔顨軒　見前　〔以上第九紙〕
孫淵如　見前
洪稚存　見前

詩家

錢牧齋　謙益
吴梅村　偉業　江蘇太倉
王漁洋　士禛　山東新城
趙秋谷　執信　山東益都
嶺南三家
袁 蔣 趙
王仲瞿　曇
龔定庵　自珍
黎二樵　簡　廣東順德
鄭子尹　珍　貴州遵義
黄公度　遵憲　廣東嘉應
康南海　〔以上第十紙〕

詞家

陳其年 維崧

顧梁汾 貞觀

納蘭容若 性德

郭頻伽 麐

張皋文 惠言

鄭叔問 文焯

王幼霞 鵬運

朱古微 祖謀 〔以上第十一紙〕

新思想之開發者

黄梨洲

王船山

顧亭林

戴東原

羅臺山

龔定庵

康南海

譚壯飛 〔以上第十二紙〕

廣東先輩

黎二樵 簡

林月亭 伯桐

曾勉士 釗

張南山 維屏

吴荷屋 榮光

朱子襄 次琦

陳蘭甫 澧

馮魚山 敏昌

梁章冉 廷枏

譚玉生 瑩

李若農 文田

葉南雪 衍蘭

潘孺初 存

陳慶笙 樹鏞

康長素 有爲

簡竹居 朝亮 〔以上第十三紙〕

清代編纂諸書

明史

續三通 皇朝三通

御纂七經

數理精藴 曆象考成 儀象考成

圖書集成

全唐詩 全唐文

大清一統志 大清會典 大清通禮

佩文齋書畫譜 大清律例

歷代詩餘 歷代賦彙

四庫全書提要

西清古鑑　續鑑

皇朝文類

以上官纂

五禮通考　秦蕙田

讀禮通考　徐乾學

經義考三百卷　朱彝尊

玉函山房輯佚書　馬國翰

全上古三代漢魏六朝文　嚴可均

國朝耆獻類徵

皇朝經世文編　賀長齡

天下郡國利病書　顧炎武

以上私纂　〔以上第十四紙〕

清代最有價值之著述

顧炎武日知録

黄宗羲明儒學案

顧祖禹讀史方輿紀要

顧棟高春秋大事表

胡渭禹貢錐指

閻若璩尚書古文疏證①

孫星衍尚書今古文注疏

簡朝亮尚書集注述疏

①尚書古文疏證　原作"古文尚書疏證"，據原書書名乙。

陳奐詩毛氏傳疏
胡承珙儀禮正義
孫詒讓周禮正義
陳立公羊義疏
郝懿行爾雅義疏 〔以上第十五紙〕
段玉裁説文解字注
桂馥説文義證
王念孫廣雅疏證
孫詒讓墨子閒詁
王念孫經傳釋詞 讀書雜志
王引之經義述聞
俞樾古書疑義舉例
阮元經籍籑詁
章學誠文史通義
陳澧東塾讀書記
趙翼廿二史劄記 〔以上第十六紙〕
凌廷堪禮經釋例
劉逢禄公羊釋例
王筠説文釋例
黄宗羲金石例 〔以上第十七紙〕
荀子 王先謙校注
孫子 吴子 司馬法 孫星衍校
管子 洪頤煊校注

慎子　嚴可均校輯
商子　嚴可均校輯
韓非子　顧廣圻、吴鼒校
尹文子　嚴可均校
墨子　畢沅校　孫詒讓校注
鬼谷子　秦恩復校
尸子　章宗源輯　任兆麟輯
燕丹子　章宗源輯
公孫龍子　馬國翰輯校
吕氏春秋　畢沅校　梁玉繩校
老子　畢沅校
列子　汪繼培校　任大椿校　秦恩復校　〔以上第十八紙〕
素問　錢熙祚校　張琦注
周髀算經　戴震校
九章算術　戴震校
逸周書　盧文弨校　朱右曾校注　陳逢衡注
國語　顧廣圻校　汪遠孫校注　洪亮吉疏
戰國策　顧廣圻校　盧見曾校
山海經　畢沅校　郝懿行疏
竹書紀年　洪頤煊校　陳逢衡注
穆天子傳　洪頤煊校　丁謙校注
世本　孫馮翼輯　雷學淇輯　張澍輯　秦嘉謨輯補
孔子家語　盧文弨校

晏子春秋 孫星衍校注 〔以上第十九紙〕

列女傳① 王照圓校注 梁端校注

新序 陳壽祺校注

説苑 陳壽祺校注

水經注 戴震校釋 趙一清校釋 楊守敬校釋

〔以上第二十紙〕

金石

石刻文

銅器款識文

瓦當及塼文

錢文

印文

龜甲文

竹簡文

目録 叢書

四庫未收書

紀 顧千里 黄蕘圃

范氏天一閣

錢氏絳雲樓

史學

趙 錢 王

①女 原作"子",據王氏列女傳補注、梁氏列女傳校注改。

考據　校勘

補表志

事類

義例 章

私著元史 魏 龔

地理

大清一統志

省志

考古　西北

漢志

水經

洪北江

李申耆

天算

梨洲

東原

王錫闡

梅定九 〔以上第二十一紙〕

徐曰仁 愛

錢緒山 德洪

王龍溪 畿

羅近溪 汝芳

王心齋 艮

李卓吾

何心隱

羅念庵　洪先

顧憲成　涇陽

高攀龍　景逸

劉宗周

吕新吾　坤

李見羅　材

聶雙江　豹

朱之瑜

黄宗羲

孫鍾元　奇逢

智旭　藕益

德清　憨山

徐光啓

李之藻

楊光先

王弇州

楊升庵

張天如

毛晉　〔以上第二十二紙〕

此册共二十七紙，前廿六篇乃七年戊午之夏，伯兄在天津家居與兒曹講學之備忘録。由今觀之,實清代學術概論之胚胎矣。紙上塗鴉,乃當日兒曹之手筆。最後一紙,則爲十七年戊辰初秋著稼軒年譜時,計算詞集總數之稿紙。彊村本之稼軒詞補遺中有伯兄一跋,謂戊辰立秋後二日得見明吴訥本之稼軒詞丁集云。紙上硃筆,乃計算丁集詞,以知爲初秋手筆。

十八年己巳十二月十八日,啓勳記。

清初五大師學術梗概[①]

諸君,我今天講的題目是"清初五大師學術梗概"。所謂五大師者:一是黄梨洲,二是顧亭林,三是王船山,四是朱舜水,五是顏習齋。這箇題目狠大,若是認真講他們的學術,便在五大師中任擇一位,拿到大學本科去講,恐怕一年也講不完。不過我要講這箇題目的原因有兩種:

第一:這五位先生人格感化力狠偉大,我自己的思想受他們的影響狠深;所以願意把我自己所受用的,貢獻給大家。

①本文原爲任公一九二三年秋冬時在北京平民中學演講之内容,經張泰階、張述祖、富德俊、王福筆記,題作清初五大師黄梨洲顧亭林王船山朱舜水顏習齋學術梗概,載一九二三年十一月二十七、二十八日學燈,又載一九二四年三月山東教育月刊第三卷第三號;題作清初五大師(黄梨洲顧亭林王船山朱舜水顏習齋)學術梗概,載那志良編輯平中學術演講集第一集(一九二五年);題作清初五大師學術梗概,載一九二三年十二月二至四日晨報副鐫,又載許嘯天整理、胡翼雲校閲王陽明集卷首(上海群學社,一九二六年,簡稱許校本)。兹據平中學術演講集本收入,題作清初五大師學術梗概。

第二：將纔陳校長所説："今天的講演[1]，是以清末的大師，講清初的大師。"這句話，我雖然愧不敢當，但是這五位大師所處的時代情形，的確有許多和現代相同的地方。他們都是生於亂世，自己造成一派學説，想來引導當世的人。那末[2]，就狠像現在的中國，一方面國事紊亂到極點，一方面有一般人講這箇主義，談那箇學説，都是"異代同符"的。所以要想源源本本述他們的學術，非一年的工夫不可；以今天這樣短促的時間，便梗概也講不完。不過我今天所要講的是他們五位先生的人格、學術方法，和對於近三百年來的影響，給諸君引起一點研究的興味。一方面從五大師的立身行事上講，使大家注意我們歷史上這幾位模範人物；一方面從他們爲學方法上講，好來培植我們做學問的精神。

五大師中黄顧王朱四位，時代不甚相遠；顏習齋稍後一點。前四位先生嚴格講來，不能叫他們"清初大師"，應當叫他們"明末大師"。因爲他們都不承認是清人，而自認爲明遺民。明亡的時候，他們四位最大的四十幾歲，小的二十歲左右，實際都是明朝人；不過學問事業，都在滿洲入關以後。顏習齋在明亡剛剛七歲，勉强可以算清朝人。現在就講説便利起見，姑且統稱爲"清初大師"。

我們研究一家學説，第一要曉得他的時代背景，這是研

①的　原脱，據學燈本、許校本補。

②那末　原作"那們"，學燈本同，據許校本改。

究歷史的人所當知道的，所以我們先從此講起。

前四位先生背景一樣，當明嘉靖年間，有一位大師出世，便是王陽明先生。陽明才氣極高，不但學問，便是事功也狠偉大。當時國内各處流寇大熾，陽明討平之；寧王宸濠造反，不到四十天，也被陽明平定了。至於王學的大概，大家都知道的，無須介紹。簡單説來，可以説王學是中國儒教、印度佛教的結合體。也可以説是中國文化和印度文化結婚所生的兒子①。其實這種結合，自宋之周程張朱已經成立，不過到王學始集大成。明室之亡，在陽明死後一百十幾年。實在説來，明末的一百年内，王學支配了全中國，勢極偉大。

我自己狠得力於王學，所以極推尊他，但是"末流之弊"無可爲諱。王學末流的毛病，太偏於形而上的、玄學的、主觀的、冥想的一方面，結果至於"束書不觀，游談無根"。所以其時學者，高談身心性命，忽於當世之務，比比皆是。由是國勢政局，大受影響。明末數十年中，政治敗壞，人所共知。在魏忠賢一般人，貪財黷貨，惟利是圖，固不必論；但是一般智識階級，喜唱高調，發空論，遇有問題，群起起鬨，鬨過再談，也是致亡的一種原因。拿現在作比：魏忠賢一般人，即如今之軍閥；王學末流一般人，即如今之學者。軍閥禍國固不足責，而一般學者徒知起鬨，亦屬無濟於事。並且

①婚　原作"婿"，據學燈本、許校本改。

學者不一:好的呢,逞一時意氣,聊且快意;壞的呢,便要藉此謀利,無所不爲。古今人情不甚相遠,所以在晚明時代居上位的是一般烏七八糟的下等人,在下位的又是一般講空話出風頭的學者,結果越弄越糟。

道學先生正在那裏高坐横經,談心説性;那殺人不眨眼的張獻忠、李自成,已經磨刀霍霍,在那裏預備殺人。一方面現在深居宫禁的關東外國人,就乘隙跑來喫現成飯。結果明亡,學者束手,無法補救。所以講到這裏,不能不怨王學末流之弊,病在太重主觀,輕視實際社會及自身問題,以致國破家亡,空言莫補。但是在明亡的時候,許多軍人官僚,固然望風降賊;而一般清流士大夫,狠能潔身自愛,寧死不辱。這種氣節,在中國歷史上看來,是狠難得的。所以我箇人狠佩服陽明,就在他能造成這一般骨鯁不屈的人;及至明亡以後,一般有志學者,覺悟前此之非計,痛加懺悔,對於明室之亡,不委過於人,而引咎自責,知道從前王學一派有缺點,想重新改正學風。今天所講的五大師,即是抱此種目的而成功的人。

當時此種風氣,可分數種,派雖不同,目的則一。第一派的人,想就王學加以改良修正,即是黄梨洲一派。第二派的人,覺得王學太靠主觀,想恢復程朱學風,再加一番客觀的態度,這派便是顧亭林。第三派想自己在程朱陸王之外,創造一派新哲學,此派即是王船山。第四派的人,覺得什麽宇宙問題,人生問題,都是空談,專從實行一方面用力,這派便是朱舜水和顏習齋。五大師的學説，導源於四大潮流，其派别大概如此。

五大師時代背景，及學術潮流既如上述。今天所講便從他們的人格上講，少講學術；因爲爲學之道，人格在第一層，學問在第二層。只要人格偉大，便學術差一點也不相干；反是，則學問雖佳，終於無用。我對於五大師，佩服在這一點，我自己受用也在這一點。

先講黄梨洲。梨洲名宗羲，字太沖，浙江餘姚人，和陽明同縣。其父黄尊素是東林黨裏面的第二等領袖，當時東林、復社以學術團體而作政治運動，大遭魏閹之忌，尊素被誣下獄死。當時梨洲先生不過十幾歲，少年倜儻，有奇氣。痛父無故被冤，便仿照張良對待秦始皇帝的辦法，袖裏藏了鐵錐，想報父仇，這時正在明天啓末年。及至明崇禎二年(據漢學師承記，二年當作元年)，知魏閹之奸，詔礫其黨於市。先生家仇已報，錐無所用，便在刑部對簿時，錐了仇人幾錐，那時先生十九歲。及至二十歲以後，從尊素先生遺命，治史學，注意明代文獻；又從遺命，師事劉蕺山，乃專心肆力於學問。

大概先生少年氣概豪邁，而學問不足。二十歲以後，從蕺山學，狠能做修養工夫，能發揮自己長處，減少短處。從崇禎二年到十七年，十五年的工夫，都從蕺山游，所以王學精神完全得到。一方面注意明史，能做搜集排比的工夫。明亡以後，先生在家讀書。順治元年五月初十那一天，滿洲入關，福王即位於南京，用魏閹餘黨馬士英、阮大鋮。馬阮深恨東林，設法傾陷。那時先生三十餘歲，學重名高，所以馬阮藉着留都防亂公揭一事，下多人於獄。梨洲先生逃到日本，得免於禍，中國人到日本作逋逃客，要推先生爲第一了。馬阮在南京不到一年，滿兵南下，先生遂回浙東。那時先生無拳無勇，聯合鄉里子弟，編爲"世忠營"，反抗滿洲。其後失敗，收合餘人千餘，入四明山，結寨自守。當時寨主狠多，但是先生最賞識王翊。一年以後，先生讓兵權於王，自己到定海、舟山去輔助魯王，一方面勾結内地義民，謀復明室。奔走海嶠前後六年，滿洲捕之十一次，皆免於難。先生這種活動，從順治元年至十四五年，備嘗艱苦。及至順治十五年，永曆帝由雲南逃到緬甸，緬甸執之，獻於吴三桂，遂被害。先生的政治生涯，即在是時停止。

其後在家著書講學，弟子益進。康熙十年，先生年約六十，清廷徵博學鴻詞，謝絶不就。其後清廷修明史，網羅遺逸，先生之子百家和弟子萬季野都在史館，徐元文徵先生修史。先生復書答道："昔首陽山二老託孤於尚父，遂得三年食薇，顔色不壞。今吾遺子從公，可以置我矣。"清廷知道不可强致，便詔浙江巡撫到先生家，鈔關於史事的書。先生死時八十多歲，講起來狠有趣：他在七十多歲的時候，自己做了一箇生壙，安了一張石床，遺命死後不用棺槨，只要殮以常服，作了一篇葬制答問留給弟子，後來弟子便依命葬了先生。

綜計梨洲學術，在十四五歲以後，遵父命研究史學，所以熟於明朝掌故。據他的弟子説，先生治史學精神狠好，至老做學問不輟。至於理學方面，狠推崇蕺山人譜，不空談理氣性命，以刻己慎獨爲主，求本身真實受用。所以黄學鞭辟入裏，其影響最大，史學一方面的影響更大。我們知道浙東學派是以史爲主的，如萬季野、全謝山①，及後來的章實齋，都是浙東人。而萬季野爲先生弟子，所以浙東史學，先生實是開山始祖。

先生著書狠多，都未整理，現在傳世的有明儒學案、宋元學案，以極忠實的態度，介紹先代學説，爲中國學術史之開創者。不過宋元學案成了十七卷，先生便死了；其子黄百家續一次，全謝山又續一次，纔成現在一百卷的書。此外又有一本不到一萬字的小書，叫做明夷待訪録，是先生發揮政見的書。此書雖然脱稿在二百六七十年以前，但是其中如原君、原臣兩篇，排斥君主專制最爲嚴厲。我們以現在眼光看來，固然不算一回事；要知道那箇時候，還在盧騷做民約論以前九十多年。所以此書不但在中國，就是在世界政治史上，也占一箇重要位置。我少年時代，受這本書的刺激狠深。當我二十幾歲的時候，在長沙時務學堂教書，同事諸人差不多每天要談到這本書。其時這書是禁書，外間無從得

①謝　原作"榭"，下一段同，學燈本、許校本同，據任公清代學術流別綱目改。

到，便集合了許多人，秘密印了幾千部，到處送人。大家輾轉翻刻，散布了不曉得幾萬本。中國的革命，與這本書實在大有關係。梨洲旁的學問固然狠好，而精華在此三書，明夷待訪録爲尤甚。在先生當日著書的時節，決料不到二百多年以後影響這麽大①，然而中國所以能有今日之民主政治，——現狀如何，是另一問題。——可以説梨洲先生早已造下遠因了。

第二講到顧炎武。他是江蘇崑山人，本爲世家。父親同吉，原是先生的叔父，十七歲未婚而死；嬸母王氏望門守節，同吉死後二年，炎武出世，便承繼給嬸母爲嗣。顧氏本精史學，先生的祖父尤好掌故，手鈔明代掌故六百餘册；母親王氏也狠有學問，從小教先生讀書，直至成人。先生幼年的學問，得之於母教者爲多。明亡的時候，其母六十餘歲，誓受明代旌表，嚴諭先生勿事二姓，絶食二十七日，便算以身殉國了。先生的人格，受母教的感化狠大，故念母最深。亭林文集内有一篇王孺人行狀，紀述狠詳。這篇文章，在清代因忌諱未刻，後來纔補刻入集的。據説亭林狀貌甚怪，眼睛内白外黑，和歸莊有"歸奇顧怪"之目。歸莊便是那箇做萬古愁曲的歸玄恭。據説歸莊晚年，與其妻避居祖塋，自撰一聯曰："安樂之窩，妻太聰明夫太怪；□□□□，人語寥落鬼

①這麽　原作"這們"，學燈本同，據許校本改。

語多!”①可見其怪之一斑了。亭林母死不葬,以爲崇禎陵寢未安,不應先葬母,便暫時藁葬起來。其後力圖恢復明室,三年無功,纔把母親葬了,集中那一篇行狀便是葬時做的。

此後先生在崑山、浙江一帶,起義抗清,死者多人,卒未成功。唐王在福建的時候,曾授先生以兵部職方郎中,那時因母未葬没有去。這時先生家有箇老下人,與里中土豪勾串,告先生與唐王私通。先生聽見這事,星夜趕回,把這位下人從家裏挾出來,投到吴淞江裏淹死了。這時葉方靄的老兄正在崑山,便捕住先生,禁在下人家裏。歸玄恭聽見這事,趕忙跑到錢牧齋那裏去求救。牧齋在明爲禮部尚書,降清仍爲禮部尚書,人品之卑,先生素來看不上的,這時見先生的事要求救於他,便要求非先生具帖拜門不可。歸玄恭無法,只得私自替寫了一張門生帖送給錢牧齋。及至先生獄解,聽見這事,非常憤恨,就寫了許多張廣告,黏在街上,表白其誣。

此後先生覺得南方不足有爲,即至黄河一帶盤桓,昌平、玉田一帶停留最久;最末到了山西,即死在那裏。先生最善理財,本是富家,明亡後把田賣了,出來遍游北土,結納豪傑。並且到處開墾,淮河南北及直隸、山、陜一帶,都有先

①按,鈕琇觚賸續編卷二:“崑山歸莊字玄恭,依隱作達,結廬於虚墓之間,蕭然數椽,與孺人相酬對。嘗自題其草堂曰:‘兩口寄安樂之窩,妻太聰明夫太怪;四鄰接幽冥之宅,人何寥落鬼何多。’”

生經營的事業,所以在外飄流五十年之久,得以不貧。相傳山西票號的章程便是先生定的,事雖未可盡信,然足見先生的經濟手腕了。

此後謁孝陵四次①,謁思陵六次,並手繪十三陵圖,示不忘明室之意。先生從三十歲以後,天天跑路,僅攜一弟子及一馬兩驘②。兩驘馱書,先生和弟子倒换着騎這一匹馬。所過圖其地理,聚退伍老兵和茶坊酒肆的店夥,談本地掌故。三十多年③,手未釋書。

先生的學問,開清代各派學問之先河。先生第一反對空談心性,嘗説:"經學即理學。"而其畢生精力在日知録一書。日知録所記都是屢經審定之説,價值最大。曾有友人問他:"日知録又成幾卷?"先生答道:"别來二年,僅得二條!"可見其審慎了。故欲知亭林學術,日知録非看不可。

此外欲作未成者,有天下郡國利病書一書④。係長編體裁,後人就稿本付刊。又有肇域志一種,也是記地方利弊之書,可惜不是定本。餘如音學五書,開清代音韻學之先河;金石文字記,開清代金石學之先河;此外樂律、算學,皆有論列。在五大師之中,亭林可算是最博大的一人。不過都未

①顧氏謁孝陵共計七次,説見前中國近三百年學術概略第三講。

②驘　原作"羸",下一句同,學燈本同,據許校本改。

③三十多年　學燈本作"七十多年",許校本作"七十多歲"。按,顧氏生於明萬曆四十一年,卒於清康熙二十一年,享年七十。

④原於"下"後衍"群"字,據學燈本、許校本删。

臻精到，這是創始難盡善的一種當然的現像①，不足爲怪的。

第三講到王船山。船山名夫之，湖南衡陽人。湖南地域僻左，文化發達較遲，所以船山之名在當時不甚顯著，直到曾國荃在兩江總督任内刻其遺書，世上始知二百年前有一位王船山先生。船山與黄顧的生活不相同，始終未曾遠出；最北只到過武昌一次，往南到桂林，從桂王不久，所以歷史狠簡單。先生本一諸生，永曆在廣西時，瞿文忠保薦先生到桂林從永曆一年多。後永曆遷梧州，先生受人排擠，便辭去隱居。滿洲剃髮令下，船山不肯改服，便晝伏夜行，藏在衡山者幾十年。康熙十二年，吴三桂在雲南造反，徵先生。先生道："安得此不祥之人哉？"卒不出。吴欲害之，未能得手。後來先生八十餘歲，便死在衡山。

船山遺書共二百餘册，實數尚不止此，因爲先生山居著書無紙，所以著作都寫在破書殘帖的背面，收集甚難。先生之學，大半具要創造箇人一派的哲學，而關於心理學部分的話尤多。其宇宙觀、人生觀，與宋明諸儒異點狠多。據我箇人觀察，先生是要創新哲學而未成。若用船山遺書作底本，組織起來，可以作成一種新書。此外，先生又是一箇歷史批評家，著有讀通鑑論、宋論等書。此種書在科舉廢後大興，人都視爲平常，其實先生具有特別眼光，翻案文字狠多，最有影響的是排滿論調。所以同治年間，印出此書，便造成光

①盡　原作"畫"，據學燈本、許校本改。

宣之際一般的種族革命論,這是不可磨滅的。

第四講到朱舜水先生。先生名之瑜,與陽明同縣,且同時同里,而根本反對王學。與黄梨洲同時在舟山,而從未見面,這是狠可怪的事。因爲舜水最不愛出風頭,且生在梨洲之前,明亡時舜水四十五歲,而梨洲纔二十幾歲,頗不以黄爲然。梨洲集中有一篇文章題是記兩異人,似是記的舜水。

舜水排滿的思想,在他人之上。滿洲人入關,便亡命日本,流連在安南、暹羅、南洋一帶十幾年。後因無家可歸,始終未回中國。魯王在舟山的時候,舜水也在那裏一年多,正值黄梨洲交兵與王翊;而舜水與王又是莫逆,所以留得較久,中間來往於舟山、四明。順治十五年,鄭成功大舉北伐,直入長江,舜水在軍中數月。在永曆帝未死以前,舜水到處奔走,頗想用日本、安南華僑組織軍隊。有一次安南王找中國學者,舜水到了安南,安南王强迫他執臣禮,舜水不肯跪。便拿許多人來在他面前殺了示威,但舜水終不屈。到順治十七年纔停止了他的政治生活,但是未曾剃髮,不能回國,便流寓在日本。但當時日人極端排外,只有長崎是商港,暫可託身。

舜水飄流海上,達十餘年,日人漸知敬重,遂留他住,且受業於其門。舜水住在長崎,種菜爲生,日人從化者甚多。其時德川大將方纔六歲,其叔德川光國正在攝政①,慕舜水

①國 原作"伯",學燈本、許校本同,據前中國近三百年學術概略第四講改。

名，邀來敬以賓師之禮，舜水便住在東京。德川每過其門必下，有疾則必問之，其見重如此。舜水學術在中國無影響，然以中國學問傳到日本，以舜水爲第一。現在我們可以説，日人所以有二百年太平之治，實由舜水教化而成，即中國儒學化能爲日本社會道德基礎，也可以説由舜水造其端。

舜水是箇實行家，未曾著書。德川氏集其書札，編成舜水遺書一部。我們現在能知舜水，僅恃此書。舜水人格，極高尚嚴峻，所以日本智識階級受其感化最深。後來死在日本，便葬在東京德川氏給他造的房子内，題其墓曰："明徵君朱文公之墓。"即是現在東京第一高等學校的校址。這次日本地震，我生怕舜水的墓也隨之湮没，後來友人來告説未被震毁，算是幸而保全了。前幾年日本人開舜水三百年紀念，非常熱鬧。可見其感化力之深，歷久如一。蓋先生之學，專以人格堅强高尚爲主。在最近三百年内，能把中國、日本打成一片，實在是先生的功績。

以上四位均晚明人，生涯大半消磨於政治運動，過極悲慘壯烈的生活，但是終於失敗。然其學術，則直至今日，吾輩受用不盡。

顔習齋時代稍遲，在康熙末年方纔著名。其時清朝入關已久，所以習齋與政治無關，專從學術一方面做工夫。當時理學有兩派，均反對王學者。

一派尊程朱以抵制陽明。不過當時講程朱學者，大半是混飯喫的人，所謂以名臣兼名儒者，實在一無可取。

一派是顧黄派提倡經史考據。經史考據固然比較可靠，但是便謂此爲爲學極致，亦是不對。

所以習齋對此二派，皆所唾棄，謂“宋學太空疏，而漢學太瑣碎”，所以專從實行做去。先生從未做過政治生活，家境極窮，先代都不業儒。其父從小賣給人做養子，習齋隨着改了姓，後來纔知自己姓顔。滿洲入關，父被執爲奴，母再醮①。無所師友，孤窮孑立，堅苦卓絶，卒成大師。五十餘歲的時候，出關尋取父屍，勉强尋得，便從此家居在楊柳青。一生除三省河南而外，未嘗出楊柳青一步。其學專務實際，如宋學之静坐，漢學之考據，皆所不取。其教育方法，極合於現代教育原理，講“禮、樂、射、御、書、數”，故不流於空疏。在康熙末年，習齋實在是一箇反動派的大師。

今天所講的非常簡略，實際上也不能多講。不過尋端抽緒，給大家引起一點研究的興趣罷了。但是有一層，要請大家注意的，就是爲學之道，以培養人格爲第一要義，讀書次之。只要人格偉大，縱然著述無多，也有足傳的價值。反是，縱然讀書萬卷，而人格無可觀采，其學終歸無用。我們試看五大師當時的境遇，有非常人所能堪者，而堅苦卓絶，數百年以後的人，都受狠大的影響。誠如孟子所説的：“奮乎百世之上，百世之下聞者莫不興起。”這是什麽緣故呢？不過因其立身行事，有以使人拜服的地方而已。所以我今

①醮　原作“蘸”，學燈本同，據許校本改。

天所講,對於五大師的人格方面多些,學術方面少些,就是這箇意思。我狠盼望今天來聽講的諸位,聽了五位大師的歷史以後,自己能切實從修養人格方面作工夫。那末[①],將來便還有大師出來也未可知。我狠相信五大師的人格感化力,足使"頑夫廉,懦夫有立志"。假使今天的聽衆中,有一位能奮然興起,便不枉了我今天的介紹。我十分誠懇的拭目以待之!

①那末　原作"那們",學燈本同,據許校本改。

明清之交中國思想界及其代表人物①

一

本講所敘述②,是以一六四四年清朝興起的時候爲中心③,上溯二十年,下衍八十年,約自一六二四至一七二四凡百年間中國思想界大概形勢及其重要人物。

爲欲令諸君明瞭思想來源起見④,先將二千餘年來思想界歷史分六期簡單説説:

第一期——紀前五五一至二二二:自孔子生年起至秦始皇統一天下止。這箇期内,中國内部民族統一完成,各地

①據一九二四年二月十日東方雜誌第二十一卷第三號收入,校以稿本、乙丑重編飲冰室文集(簡稱文集本)、高中國文(杜天縻、韓楚原編輯,收入第二、第三兩節,世界書局,一九三四年,簡稱世界本)、飲冰室合集本(文集之四十一,簡稱合集本)。

②講　原作"文",據稿本、文集本、合集本改。

③是　原脱,稿本同,據文集本、合集本補。

④諸君　原作"讀者",據稿本、文集本、合集本改。

方分化發展[①]，而以黄河流域爲中心。其時思想極自由活潑，孔子、老子、墨子、莊子、孟子、荀子、韓非子等大思想家相繼出生，實爲古代思想界最有光輝的時代。

第二期——紀前二二一至紀後二一九：這箇期包含秦漢兩朝。那時政治的統一完全告成，中央政府的勢力，東至高麗，南至安南，西至新疆。政治上有許多新建設，思想界則經過怒湍壯瀾之後回復到平流的樣子，專對於從前學者的發明做整理工夫。又因政治的統一延到思想的統一，全學界殆爲儒家思想所獨占。

第三期——二二〇至五八九：這箇期内，名爲三國南北朝期。政治勢力分裂，民族移轉大混亂。西北方蠻族入到中原文化最高的地方，漸漸同化。中原文化最高的人遷到南方去，把大江以南文化較低的地方加工開發。那時的思想界，因爲政治擾攘的影響，全部帶厭世色彩。初期，道家言盛行，佛教則前期之末已經輸入，到本期發展極猛速而極溥遍，故思想界亦呈分裂混雜的狀態。

第四期——五九〇至九五九：這箇期包含隋唐及五代，而以唐爲中心。那時，第二次民族統一告成，政治勢力偉大[②]，北至内外蒙古及西伯利亞之一部，西至西土耳其斯坦，南至北中印度，都以"半藩屬"的狀態受長安政府之支配或

①分　合集本作"文"。
②治　文集本、合集本作"府"。

監督。思想界則一方面因南北統一政象安寧，得迅速的進步；一方面因和西方交通頻繁，中亞細亞及印度之精神物質的文化次第輸入①，所以文學、美術、音樂、工藝都發達得極其燦爛。哲學界則佛學各宗派都在這時候完成，儒學亦繼續漢代的整理事業。到期末的百餘年間，因文化爛熟的結果，發生毛病，延及社會之腐濁、政治之混亂。至五代時，這一期的文明遂陷於破産狀態。

第五期——九六〇至一六四三②　這箇期包含宋元明三朝。那時東北方新興的野蠻民族——契丹、女真、蒙古、滿洲接二連三侵入，給我們的文化以狠多的脅迫和蹂躪。内中蒙古人尤與别的蠻族不同，"拒同化"的力量頗不小。他們統治中國九十多年，我們的文化受不少的損失。那時候的思想界，全部分精力耗費在新哲學之建設上頭。這一派的新哲學，是努力將印度思想和中國固有思想相調和，他們自己標一箇名叫做"理學"——專從"形而上"方面探求宇宙和人生的原理，所以叫做理學。理學發生的動機，一方面因爲前期物質文明，末流發生了毛病，惹起反動，所以走到收斂内觀那條路去。一方面因爲佛教的潛勢力狠大，儒者都受他影響，不知不覺便鎔化成一箇新派③。理學界最重要

①細　原作"西"，據稿本、文集本、合集本改。

②〇　原作"一"，稿本、文集本、合集本同。按，宋太祖改元建隆爲九六〇年。據改。

③便　原作"使"，據稿本、文集本、合集本改。

的人物①,前有程頤、朱熹、陸九淵,後有王守仁。因此又分程朱和陸王兩支派:程朱派帶中國固有思想的成分還較多,陸王派便更和印度思想接近了。自理學興後,唐以前許多文化事業都狠受打擊。再加以那種八股考試制度②,把學界的活氣越發腐蝕了。

第六期——一六四四至今日　自清朝建號那年起。這箇期内,滿洲人統治中國二百七十多年③。但滿洲人不久便完全同化了,所以和蒙古時代有點不同,文化不惟没有受蹂躪,而且因政治統一社會比較安寧的緣故,各種事業都狠有進步。思想界方面,因前期理學末流發生毛病,惹起反動,於是一反前期向内的學風,專從事於客觀的研究考察,把第一期到第四期許多學問都復活轉來。又因爲和歐洲交通大開的緣故,陸續受外來思想影響,造成一種新學風,和歐洲"文藝復興"時代有許多地方相像。

二

本講所要講的是最後那一期——第六期④。

這一期的思想界,情形狠複雜——方面狠多,不能全講,專講他"黎明時代"的運動。

---

①文集本、合集本無"最""的"二字,稿本無"的"字。

②原於"種"後衍"以"字,據稿本、文集本、合集本删。

③統　稿本、文集本、合集本作"僅"。

④講　原作"文",據稿本、文集本、合集本改。

這一期,若依政治的區劃,是應該從一六四四年起的。但文化史的年代①,照例要比政治史先走一步。所以本講所講的黎明時代提前二三十年②,大約和歐洲的十七世紀相當。

想知道這箇黎明時代思想界變遷之動機,要注意那時候的"時代背景"如下四點③:

第一點:就是前段所講的"理學反動"。因爲在前期末年,理學中之陸王學派幾乎獨占了全學界。依我看,這一派的好處本來狠多,但是到了末流講得太玄妙了,隨聲附和的人也太放縱了,當然要引起一般人的厭倦和攻擊。所以反動的結果,學風全趨向客觀的或實踐的。

第二點:那時候有外界的一樁重大事件,是耶穌會教士之東來。利瑪竇(Ricci Matteo)、艾儒略(Aleni Giulio)、湯若望(Schall von Bell)、南懷仁(Verbiest)等輩先後入中國④,他們除傳教之外,翻譯了許多數學、幾何、天文、地理、心理、論理各科書籍。所以那時候思想界狠受刺激,和佛學初進來時有點相像。

第三點:中國的學者,向來什有九都和政治有關係。這種關係,每每妨礙思想之獨立,最少也分減了研究的歲月和

①年　原作"時",據稿本、世界本、合集本改。

②講　原作"文",據稿本、世界本、合集本改。

③世界本、合集本無"的"字。

④外文括注,原脱,文集本、世界本、合集本同,據稿本補。

精神。清初因爲滿洲人初進來，統治者非我族類。第一流學者對於他們，或采積極的反抗態度，或采消極的“不合作”態度。這些學者①，都對於當時的政治不肯插手，全部精力都注在改良學風作將來預備，所以有許多新穎思想自由發揮，而且因積久研究的結果，有許多新發明。

第四點：那時候的康熙帝，真算得不世出的英主②。他在位六十一年，一六六二至一七二二。和法國的路易十四、俄國的大彼得同時，性質和他們大略相類，所成就的事業像還在他們之上③。他即位初年，雖國内有點兵亂，後頭四十多年，却是歷史上少見的太平時代。因爲社會安謐，學者得有從容爲學之餘裕。康熙帝雖是滿洲人，但他同化於中國最早，人又極聰明，對於中國固有的文化和歐洲新輸入的文化都有相當的瞭解④，而且極力提倡。有這樣一箇人做一國的主權者，自然能令思想界發生好影響。

三

在這種時代背景之下，自然會産生出有特色有價值的學問。今將這期内各派學術的代表人物列舉如下：

一、黄道周和劉宗周。道周，福建人；宗周，浙江人。兩

①些　原作“種”，據稿本、文集本、世界本、合集本改。
②的　文集本、世界本、合集本作“之”。
③文集本、世界本、合集本無“像”字。
④和　原脱，文集本、世界本、合集本同，據稿本補。

位都是理學大師,都是一六四五年在南方舉兵反抗滿洲死的。他們雖然尊崇理學,却都帶點修正色彩。道周提倡象數之學,用他自己的特別論理學推論事物。宗周對於實踐道德學,最爲切實謹嚴。這兩位都是在前期的理學家中有他的新立場,人格的壯烈,尤令人敬仰。宗周門生最多①,江浙間學者大半出其門,影響到後來尤大。

二、孫奇逢和李顒。奇逢,直隸人。一五八四生,一六七五卒。② 顒,陝西人。一六二七生,一七〇五卒。兩位都是陸王派的理學家。但他們都注重實踐,少談玄理,可以説是儒家的"清教徒"。奇逢是一位有俠氣能任事的人,明末滿洲兵進關,殘破了許多州縣,他以一書生糾合人守城,竟把滿洲兵打退。後來他避亂跑到山裏頭,許多人跟著他去,他便給這些人立了許多組織,成一箇小政府樣子。又用學問來教訓他們,成就許多人才。李顒的學風,最爲"平民的",他常説不識字也可以做聖賢。兩位都是北方講學大師,孫奇逢年壽最高,九十二歲。影響尤大。

以上四箇人,都是前期學派的結束③。

三、顧炎武和王夫之。炎武,江蘇人。一六一三生,一六八二卒。夫之,湖南人。一六一九生,一六九二卒。兩位

---

①生　文集本、世界本、合集本作"人"。

②生卒年字號,惟孫奇逢、李顒、顧炎武、王夫之四人采雙行小字夾注,此後皆作正文排,蓋稿本如此也。今皆統一作正文字號。

③原於"前"後衍"學"字,據稿本、文集本、世界本、合集本删。

當少年時候，都做過反抗滿洲的政治運動，到事無可爲，纔做一箇純粹的學者。炎武公認爲清學開山第一大師，各門學問都由他提倡出來。他説除却經學没有理學。他説做學問的目的全在經世致用。他對於經學、史學、地理學、音韻學、金石學都有極精審的著作。他的著作，都用客觀的歸納研究，給後人留下許多方法。夫之學問之博，和炎武不相上下，但他對於哲學有獨創的見解。向來哲學家，大抵都是專憑冥想，高談宇宙原理。夫之所注重的問題是："我們爲什麽能知有宇宙？""知識的來源在那裏？""知識怎麽樣纔算正確？"他以爲這些問題不解決，别的話都是空的。這種講哲學法①，歐洲是康德以後纔有的。夫之生在康德前一百年，却在東方已倡此論了。

四、黄宗羲和朱之瑜。兩位都是浙江人，和明朝大儒王守仁同縣。宗羲一六一〇生，一六九五卒。之瑜一六〇〇生，一六八二卒。兩位早年都是反抗滿洲最激烈的人。宗羲被政府畫起相片，指名捕拿②，前後十一次。之瑜亡命到日本、安南、暹羅等處，仍常常秘密入内地，到處運動。前後經過十七八年，他們的政治活動纔停止。宗羲是劉宗周第一位門生，講陸王派理學。但他最長於歷史，著了一部宋元學案，一部明儒學案，把七百年理學家的人物和學説狠詳慎

①種　原作"樣"，據稿本、文集本、世界本、合集本改。
②名　原作"文"，據稿本、文集本、世界本、合集本改。

的來敘述，狠公正的來批評。兩書合共一百六十二卷。宋元學案有一部分是後人續的。在全世界著作界中，關於哲學史的著述，恐怕没有比他更早比他更詳贍的了。他還有一部怪書叫做明夷待訪録。這部書是説他的政治理想，極力排斥君主專制政體，提倡民權。這部書一六六二年出版，比法國盧騷(Rousseau)的民約論(*Contract Social*)早一百年①。這種眼光，在十七世紀時候真是不容易得了。朱之瑜學風，和黄宗羲不同，他是排斥陸王派理學的。他不喜談玄，專求實踐。他政治運動失敗之後，亡命日本，發誓非到滿洲推翻之後斷不回國。他的偉大人格，漸漸爲日本人所認識。那時候日本宰相——事實上全國主權者德川光國(Tokugawa)十分敬禮他②，尊他爲國師。他狠熱心教導日本人，日本近二百年的文化，最少有一半由他造成，這是日本史家人人公認的事實。

五、顔元和李塨。他們兩位是師弟，都是直隸人。顔元一六三五生，一七〇四卒。李塨一六五九生，一七三三卒。他們是思想界的大炸彈，對於漢以後二千年所有學問一切否認。他們排斥注釋古書，排斥讀書，排斥静坐冥想，排斥開堂講説。他們以爲學問不是從書本能得的，不是空想能得的，不是聽人講演能得的。比方你想認得北京的路，憑你把北京指南念得爛熟也不中用，日日聽人説路程方向也不

①②外文括注，原脱，文集本、世界本、合集本同，據稿本補。

中用，除非你親自跑一趟街[①]，而且天天跑。總而言之，他們以爲凡有智識都從經驗得來，所以除却實地練習外，没有法兒得著學問。他們對於學問的評價，專以有無效率爲標準。凡無益於國家社會或箇人身心修養的，一概不認爲學問。他們的教育，專主張發展箇性，説："斷没有一箇藥方能醫好各種病，斷没有一箇教法能教好各種人。"説："一箇人想兼備衆長是絶對不可能的，要想把全社會的人在同一箇模型裏鑄出來[②]，這種教育政策是狠有害的。"總括起來，他們的學説，和現代詹姆士、杜威等所倡之"唯用主義"十二分相像，不過他們所説早二百多年罷了。

六、徐光啓和宋長庚。兩位都是三百年前的科學大家[③]。光啓，江蘇人。一六三三年卒。他是頭一位翻譯歐文書籍的人，他譯的幾何原本在古今翻譯界中總算第一流作品。他對於數學、天文學、論理學都有狠深的修養，自己著書不少。上海徐家匯的天主堂和圖書館，是他把自己住宅及藏書捐出來創辦的，到今日還是繼續他的事業，越發鞏固光大。長庚，江西人。生卒年無考，大概一六五〇年還生存。[④] 他是一位工業科學家。著有天工開物一書，用科學方

①趟　原作"躺"，稿本、文集本、合集本同，據世界本改。

②文集本、世界本、合集本無"裏"字。

③文集本、世界本、合集本無"的"字。

④按，據潘吉星宋應星評傳，宋氏生於明萬曆十五年（一五八七），約卒於清康熙四年（一六六六）。

法研究食物、衣服、器用以及冶金、制械、丹青、珠玉之原料工作，繪圖貼説，詳確明備。三百年前講工業天産的著作如此詳明者，全世界中怕没有第二部。

七、王錫闡和梅文鼎。兩位都是初期數學家。錫闡，江蘇人。一六八二年卒。文鼎，江西人。一七二一年卒。他們都是把那時歐洲新輸入的天文學、數學研究得十分透徹，自己更發明許多新法，補西法所不及，或訂正他的錯誤。錫闡年壽短，著述較少，但他的曉庵新法在天文學上實有千古不磨的價值。文鼎壽八十九歲[①]，著書八十餘種，中外著作家如此精勤博大者，實在少見。

八、徐弘祖和顧祖禹。兩位是大地理學家[②]，都是江蘇人。弘祖一五八五年生，一六四〇年卒。[③] 祖禹一六八〇年卒[④]。弘祖是一位探險大家，單身步行，把全箇中國都走遍了。雲南、四川的邊界，向來是一箇“祕密窟”，没有人走過，舊地理書所講純是捕風捉影。弘祖每游一地，先審視山脈如何去來，水道如何分合，既得大勢，然後支節搜討。瀾滄江、金沙江、南北盤江的發源，向來没有人到過，經弘祖實地踏勘，然後南部各水的源流始行清晰。他所著徐霞客游記，

①文集本、世界本、合集本無“歲”字。

②文集本、世界本、合集本無“學”字。

③徐氏生卒年不確，詳參前中國近三百年學術概略第一講校記。

④按，據夏定域顧祖禹年譜，顧氏生於明崇禎四年（一六三一），卒於清康熙三十一年（一六九二）。

實一部破天荒的地理書。祖禹的地理學,是把地理和歷史合攏起來研究的,他一生也只著有一部書,曰讀史方輿紀要。這部書却是從二十九歲起到五十歲没有一天停工纔始做成。這部書把全國山川形勢説得瞭如指掌,對於軍事地理方面尤爲詳盡。

九、萬斯同和戴名世。兩位都是大史學家。斯同,浙江人。一七〇二年卒。名世,安徽人。一七一三年卒。斯同是黄宗羲的門生,著有明史稿五百卷;現在二十四史裏頭的明史,就是用他的底稿①。其他關於史學的著作還狠多。名世也是要獨力私著一部明史,因爲著作裏頭犯了滿洲朝廷的忌諱②,政府把他殺死,連許多史稿也燒了。但他所論作史方法的文章,還流傳下來③,是永遠有價值的。

十、方以智和劉獻廷。兩位都是創造新字母的人。以智,安徽人。大概一六七〇年還生存④。他反抗滿洲,跟著明朝最末的一位皇帝在雲南地方十幾年。他是近代研究中國文字學的頭一箇人,專從發音上研究,把歷代話語的變遷和各地方方音之變遷,都研究出許多原則來。他主張仿歐洲的拼音文字造出一種新字母來替代漢字。獻廷,北京人。

①用 原脱,文集本、世界本、合集本同,據稿本補。

②文集本、世界本、合集本無"的"字。

③傳 原作"得",文集本、世界本、合集本同,據稿本改。

④按,清史稿本傳:"康熙十年,赴吉安,拜文信國墓,道卒。"十年即一六七一年。

一六四八年生,一六九五年卒。他没有看見以智的書,却是和他一樣見解,也造有一副新字母。他的學問方面狠多,歷史、地理尤其專長。

十一、德清和智旭。兩位都是浙江的和尚。德清一六二三年卒。智旭一六五五年卒。前一期的佛教徒,純屬“禪宗”一派,什麼經典都不研究,專講頓悟。有些假託的人連一切戒律都破掉了,弄得佛教狠腐敗。他兩位提倡“淨土宗”①,算是佛門下的“清教徒”。又注重研究經典,把許多部重要佛書都注釋一番,替本期佛教開一新局面。

十二、孔尚任和曹雪芹。兩位都是大文學家。尚任,山東人,孔子後裔。他著有一部歷史劇,名曰桃花扇,通共四十幕。專敘明末南京情事,極悲壯,極哀豔。雪芹,北京人。著有一部空前絶後的好小説,名曰紅樓夢,通共一百二十回。寫一對青年男女因爲婚姻不自由而犧牲性命的,帶著描寫滿洲闊人社會生活狀況,曲折盡致。因爲他文章太好了,二百餘年,成了人人共讀的作品。

以上所講十二類二十四箇人,大概可以代表那時候思想界的全部了。其餘各方面人物尚多,不能全述。依我看,這一百年是我們學術史最有價值時代,除却第一期——孔孟生時,像是没有别箇時代比得上他。

---

①原於“他”後衍“們”字,據稿本、文集本、世界本、合集本删。

四

以上所講,是第六期三百年間第一箇一百年的思想界狀況。後二百年,都是從此演生出來。

第二箇一百年,因爲滿洲政府壓制思想自由,把許多學派都壓住了,學者專向考證古典方面做工作。但都是應用先輩的研究方法,把中國舊文獻整理出來的不少。這種工作的價值是永遠存在的。

第三箇一百年的末期——即最近三十年間,把第一箇一百年的思想全部復活。頭一件,他們消極的和滿洲人不合作的態度,到這時候變爲積極的,卒至推翻清朝,建設民國。第二件,他們的學問種類和做學問方法,因爲歐洲文化輸入,重新發出光彩[1],越發向上進。

現在又是第七期的黎明時代了。我希望我們黎明運動的成績,比先輩更勝一籌。

癸亥除夕屬稿,甲子元旦成。[2]

---

①出 文集本、合集本作"生"。

②撰作時間,據稿本補。按,癸亥除夕當一九二四年二月四日。

近代學風之地理的分布①

自序②

吾於三年前作清代學術概論，篇末述對於將來學界之希望，有“分地發展”一語，朋輩多疑其所謂。彼書既極簡陋，未能發吾旨趣，久思爲一文以暢之，顧卒卒未有暇。癸甲冬春之交，校課休沐③，偶與兒曹談皖南北、浙東西學風之異同，乘興蒐資料作斯篇，閱十日而成，亦屠蘇酒中一絶好點綴也。

本篇專以研究學者産地爲主，於各家學術内容不能多論列，文體宜爾也。欲知其概，則有拙著近三百年學術史在。

①據一九二四年清華學報第一卷第一期收入，校以稿本、乙丑重編飲冰室文集（簡稱文集本）、飲冰室合集本（文集之四十一，簡稱合集本），並據稿本補字下圈符。

②文集本、合集本無“自”字。

③校　文集本、合集本作“夜”。

本篇以行政區域分節，理論上本極不適當，貪便而已。抑舍此而别求一科學的區分法，亦非易易也。今以十八行省附以奉天及在京之滿洲、蒙古人爲二十節；吉林、黑龍江、新疆無可紀者，只得闕焉。就中江蘇、安徽、浙江三省情形太複雜，更分區論次。

本篇純采"案而不斷"的態度，臚列事實，略爲比次而已。其所以産生此事實之原因，蓋未遑及。今略摘應注意研究之各問題如下：

1①.何故一代學術，幾爲江浙皖三省所獨占？

2.何故考證學盛於江南，理學盛於河北？

3.何故直隷、河南、陝西清初學者極多，中葉以後則闃如？

4.何故湖南、廣東清初學者極少，中葉以後乃大盛？

5.何故山西介在直隷、陝西之間，當彼兩省學風極盛時，此乃無可紀述？

6.何故湖北爲交通最便之區，而學者無聞？

7.何故江西與皖浙比鄰，而學風乃絶異？

8.何故文化愈盛之省分，其分化愈複雜——如江南之與江北，皖南之與皖北，浙東之與浙西，學風劃然不同？

---

①阿數序號，文集本、合集本作漢字，後十一處同。

9①. 何故同一省中，文樸截然殊致——如江蘇之徐海一帶、安徽之淮泗一帶，可述者遠遜他郡？

10. 何故同一郡縣，而文化或數百年賡續不替，如皖之桐歙、蘇之常揚……等；或極盛而驟衰，如直之博蠡、浙之姚鄞……等？

11. 何故……？

12. 何故……？

精讀吾文者，憑藉所臚列事實，可以發生大大小小問題如此類者，蓋不下數十。能一一求其故而解答之，則我國近代文化一部分之性質及其來歷，可以明瞭，此史家之責也。吾於全部精細的解答，病未能焉。雖然，請以感想偶觸所及陳其一二。

昔人恒言："山西出將，山東出相。"晉王武子與孫子荆各言其土地人物之美，王云："其地坦而平，其水淡而清，其人廉且貞。"孫云："其山嶵巍以嵯峨，其水泙渫而揚波，其人磊落而英多。"斯言雖小，可以喻大也。以我國幅員之廣漠，民族之複雜，氣候兼寒、温、熱三帶，地形兼山谷、平原、海濱三界，任舉一省，皆足當歐洲一國或二三國。一省之中，而自然界之形與氣之區以别者且無量也。氣候山川之特徵，影響於住民之性質，性質累代之蓄積發揮，衍爲遺傳。此特徵又影響於對外交通及其他一切物質上生活，物質上生活

①9 原脱，據上下條序號並稿本、文集本、合集本補。

還直接間接影響於習慣及思想。故同在一國、同在一時而文化之度相去懸絶，或其度不甚相遠，而其質及其類不相蒙①，則環境之分限使然也。環境對於"當時此地"之支配力，其偉大乃不可思議。且如惟江右爲能産陸子靜、李穆堂，惟皖南爲能産朱晦翁、戴東原，惟冀北爲能産孫夏峰、顔習齋，惟浙東爲能産王陽明、黄梨洲。乃至阮文達之在粤與在滇，其努力傳播文化之工作相等②，而粤之收穫至豐，滇之收穫至嗇也。類此之例，悉數之累百十而不能盡。吾因是則信唯物史觀派所主張，謂物質的環境具萬能力，吾儕一切活動，隨其所引以爲進展，聽其所制以爲適應，其含有一部分真理，無少疑也。

雖然，專從此方面觀察，遂可以解答一切問題耶？又大不然。使物質上環境果爲文化唯一之原動力，則吾儕良可以委心任運，聽其自然變化，而在環境狀態無大變異之際，其所産穫者亦宜一成而不變，然而事實上決不爾爾。有一陸子，而江右承其風者數百年；有一朱子，而皖南承其風者數百年。雖在風流歇絶之後，而其精爽之薰鑄於社會意識中③，不可磨滅，遇機緣而輒復活。倘其時不有朱陸其人，或有之，而其所努力者或稍怠，則全部學術史，恐非復如今所云云也。乃至同是一冀北，而顔習齋、李恕谷之當時與其前

①而　原脱，文集本、合集本同，據稿本補。

②之　原脱，文集本、合集本同，據稿本補。

③鑄　原作"鏤"，稿本同，據文集本、合集本改。

後何以大異？同是一甬上，而黄梨洲、萬季野、全謝山之當時與其後何以大異①？同是一嶺南，假使無阮文達爲之師，則道咸之後，與其前或不相遠，未可知也。類此之例，悉數之亦累百十而不能盡。夫環境之遷嬗，豈其於數年十數年間而劇變遽爾？所以然者，則范蔚宗所謂“仁人君子心力之爲”。人類之所以秀於萬物，能以心力改造環境，而非儞然悉聽環境所宰制。而“一夫善射，百夫決拾”②，心力偉大者一二人先登焉，而其浡興遂不可禦也。

吾爲此文，欲舉國青年讀之而知所興焉，各自按其籍貫以尋其鄉先輩之遺風。其在文物郁郁之鄉，則思如何而後可以無慚於先達，續其緒勿使墜也。又深察乎一時之盛不可以恃，各鄉邦固有昔盛而今衰者矣，引以爲鑑而日兢兢也③。其在昔盛今衰之鄉，則夙夜圖所以振之，使先輩心力薰鑄於吾之潛意識者迅奮復活也。其在夙未展拓之鄉，則知恥知懼，愈加努力，毋使長爲國中文化落伍之區域；而又思夫他鄉之所以先進，亦不過一二仁人君子心力之爲，誦“彼丈夫我亦丈夫”之言而自壯自力也。夫自然界之力所能限制吾人者蓋可睹耳，今者全世界學風且刹那刹那交相簸盪，而更何一省一郡一邑之所能私？即以近三百年間所演觀之，其末流固已交光互影而地域的色彩日益淡矣，其普及

①原於“其”後衍“前”字，據稿本、文集本、合集本删。

②文集本、合集本無“而”字。

③兢兢　原作“競競”，據稿本、文集本、合集本改。

之均度，亦月異而歲不同。吾祝十年後有賡續吾文者，其所述學術之種類及内容有以異於今所云，而平均發展之度亦日益進，不復如今之偏枯而可憎也。

吾爲此文，雖費十日之力搜集資料，然終憑記憶所及爲多，遺漏自當不少，蓋嘗有極著名之數人一時失憶而嗣乃補入者矣。籍貫誤記，倘亦不免①。海内君子，摭其所遺以相匡示，俾稍完備，感且不朽。

此種研究方法，吾以爲今之治史者所宜有事。踵而擴之，追溯宋明以前各時代學風之地理的分布，乃至遍及文學家、政治家……等等之地理的分布，則皆治人文科學極有趣味極有功用之業也。國之俊髦，其有樂於是耶？吾願褰裳從之。

十三年二月十一日即甲子人日，啓超記。

一、直隸及京兆

直隸、京兆，今之畿輔而古燕趙也。自昔稱多慷慨悲歌之士，其賢者任俠、尚氣節、抗高志、刻苦、重實行，不好理論，不尚考證。明清之交多奇士，乾嘉以降，漸陵夷衰微矣。

近代初期直隸最著名之大師二：曰孫，曰刁。

明季，定興鹿伯順善繼與容城孫夏峰奇逢同講學於江村，兩家子弟交相師，郡中好學之士多就請業，是爲近代北學之

①亦　原作“倘”，文集本同，合集本作“當”，據稿本改。

祖。崇禎末，滿洲兵入關，掠畿輔，伯順以紳士守城殉焉。其弟子最著者曰定興杜紫峰越。夏峰則力保危城，繼乃率其族黨門生入山保聚，部勒而教化之，如三國時田子泰之所爲①，教澤日以弘遠。夏峰最老壽，入清已六十三，卒年蓋九十二矣。明清兩朝凡十一徵皆不起，晚因家鄉田里被政府圈占，乃遷寓河南。順康之交，海内稱三大師：西有李二曲，南有黄梨洲，北則夏峰②。夏峰少時，以任俠志節聞於鄉邦，爲范陽三義士之一。其學術得力在陽明，然不好玄談。晚年務調和朱陸。蓋以實行家眼光看之，本不見兩派有大異同也。清初北方學者，殆無一不被夏峰之澤，著籍弟子千數，直隸、河南尤衆。其在直隸最著者，則新城張于度果中、新安魏蓮陸一鼇、新城王介祺餘佑、定興耿保汝極、清苑高薦馨鐈、灤州趙寬夫御衆③、永平申凫盟涵光，皆抗志節，篤踐履。而介祺又自成一家言④，凫盟則兼以文學顯。柏鄉魏石生裔介、蔚州魏環極象樞皆立朝有風骨，稱名臣。而夏峰子君建立雅、君僑博雅，孫擔峰洤，皆能世其學。

祁州今安國縣刁蒙吉包⑤，年輩稍亞夏峰，而最服膺東林開派之高忠憲攀龍。北方言程朱學者自蒙吉，與夏峰之陸王

①泰　原作“春”，稿本、文集本、合集本同，據三國志魏書本傳改。

②則　原作“有”，文集本、合集本同，據稿本改。

③州　原作“洲”，合集本同，據稿本、文集本改。

④合集本無“成”字。

⑤今安國縣　原脱，文集本、合集本同，據稿本補。

學隱若對峙焉。然蒙吉與夏峰交相敬，夏峰之南遷也，過祁，蒙吉留主其家講學二年。蒙吉卒，夏峰銘其墓曰："先生孤標猛力，大河南北一人而已。"兩君器識，於斯可見。其後大興張武承烈，著王學質疑，痛詆陽明，則學蒙吉而過焉者也。

同時復有清苑張石卿羅喆。其學與孫包皆小異其撰①，持論頗矯宋儒。吾名之爲北學第三派，蓋後此顏李學之先導云。

新城王介祺，即所謂五公山人也。嘗受業夏峰，而學風稍區以别。五公，俠士之有道者也。其父以起義抗清遇害；其長兄自投獄與父同殉②；其次兄手刃告密之仇家三十餘口，亡命隱淇縣以終。五公日講經世之略，精技擊，善談兵，著書十卷，名曰此書，吾謂此"革命軍教科書"也。五公不講學，而好宏獎後進，顏習齋、李恕谷皆禮事之。其最契之友，曰蠡縣彭九如通。往往被酒游孫刁兩先生之門，議論蠭起，兩先生輒爲印可。其後輩中氣象逼肖五公者，則大興劉繼莊獻廷、大興王崑繩源。繼莊蓋古之振奇人，生當康熙之盛，負時譽，而抑塞磊落，終身躑躅風塵中，乃類避人亡命者之所爲。其於史學、地理學皆有特識，有創造。崑繩善兵法，能文章，氣概不可一世，晚乃折節學於習齋。劉王性行志事

①按，"包"爲刁蒙吉名，前"孫"指孫奇逢，則此處"包"字當作"刁"字。
②原於"獄"後衍"以"字，文集本、合集本同，據稿本删。

學術，一一相同，交相愛若膠漆，要其得力處皆私淑五公。故吾欲名五公之學爲北學第四派。治此派者，其爲人皆倜儻嶔異，不拘拘繩墨，慷慨多感，常自任以天下之重，此其大較也。

初期北學之一大結束，爲博野顏習齋元及其弟子蠡縣李恕谷塨。習齋不及見夏峰，惟嘗上書質以所學。其於蒙吉、石卿、五公則以後進之禮見，而得力於五公者較多。其共學友最著者則蠡縣王法乾養粹及恕谷之父李晦夫明性。習齋生平學凡四變：少年嘗治道家言，稍進學陸王，再進學程朱，皆用淬厲刻苦工夫有所得。中年以後，乃自創一派，專標唯用主義，排斥冥想講誦箋注之學[①]，實爲二千年學術界一大革命，其短處則在太蔑視智識也。恕谷受家學而歸宿於習齋，對於習齋主義，爲宗教式之猛烈宣傳。習齋蹤迹不出里閈，而恕谷周歷南北，屢適京師，廣交天下士。其學亦自受多方面之影響，故能以淹博之識、綜析之辨爲習齋益張其軍[②]。王崑繩以老名士，晚交恕谷，而俯首受學習齋，蓋在習齋卒之前一年，崑繩年既五十六矣。故數北方顏門魁桀，恕谷之外，首推崑繩，次則博野鍾金若錂。恕谷弟子最著者，有清苑馮樞天辰、威縣劉用可調贊。其餘兩家共學之友及著籍弟子有言行可徵者尚百數。蓋康熙末葉，顏李學爲北學唯一重

①注　原作“釋”，文集本、合集本同，據稿本改。

②辨　文集本、合集本作“辯”。

鎮矣。

考證學非北人所長，抑非其所嗜。故乾嘉以降，兹學盛行，而北學聲光鋭減。其間負時名者多屬大興人。大興，京師所在，各省寄籍甚多，其人固非必北産也。當乾隆中葉漢學最盛時，則有大興朱石君珪、竹君筠兄弟，有大興翁覃溪方綱，有獻縣紀曉嵐昀，並以達官屢掌文衡，名下士多出其門者，故譽望特盛。竹君首建議設四庫館，而曉嵐始終董其事。然其於學，無專門，無獨到，擬諸東漢汝南黨論，則"廚及"之倫耳①。覃溪爲藝術的賞鑑家，亦頗好爲金石考證，然其在金石學界中，僅爲别子而已。

乾隆末葉，直隸有一闇然自修之學者，曰大名崔東壁述。其學專治古史，而善懷疑，善裁斷，剪落枝葉，與東南考證學家大異其撰。著書甚多，其最著者曰考信録。

其後學者，則嘉慶間有大興章逢之宗源，著隋書經籍志考證，論者謂其價值在王深寧漢志考證上。有通州雷瞻叔學淇，治經史有心得，其最有功學界者尤在考訂竹書紀年及輯世本。道光間，有大興徐星伯松，熟於掌故，尤精擘西北地理，其著述最有價值者曰西域水道記，曰新斠注地理志集釋。有肅寧苗先簏夔，治訓詁音韻之學，爲大儒王懷祖所推服。

同治光緒間，則豐潤張幼樵佩綸、南皮張孝達之洞，皆喜

① 倫　原作"論"，文集本、合集本同，據稿本改。

談經濟①,負時名。孝達尤通顯老壽,在晚清以主持學風自命,然文士達官耳,不足語於學者之林。

見存者有新城王晉卿樹枏②,熟於鄉邦文獻,徐菊人世昌所著書多出其手。

二、陝西

秦中自古帝都。唐末之亂,文物蕩焉。昔人所謂"地絶其脈,水化其味"者也③。然張横渠崛起北宋,究極天人,遂建立關中學派,世共傳之曰"關學"。明清之交,大師顧亭林習游其地,終乃僑寓以老。其言曰:"秦人慕經學,重處士,持清議,實他邦所少。"其重之若此,烏睹所謂絶脈而化味者耶④?

清初有"關中三李"之稱,謂二曲、子德、雪木也。而二曲尤爲關學復興之重鎮。

盩厔李中孚顒,學者稱二曲先生。崛起孤微,無師友,卓然成就,與孫夏峰、黄梨洲齊名。其學大段宗陽明,規模稍隘,不如東南王學家之踸踔,而謹敕堅苦過之。中年以還,講學富平,秦士從之如歸市。弟子最著者鄠縣王豐川心敬、

①喜　合集本作"善"。

②見　原作"現",據稿本、文集本、合集本改。

③絶　稿本作"斷"。按,此句見鄭樵通志卷四十一:"高城深池,塹山堙谷,斷土既多,地絶其脈,積污復久,水化其味。"

④絶　稿本作"斷"。　化　稿本作"變"。

同州李文伯土瓖、淳化黎長舉宗淳。

富平李子德因篤、鄠縣李雪木柏與二曲並名。子德最服膺亭林之學，治經史有根柢。雪木之學，未知其所至，志稱其"貫穿百家勃窣理窟"云。三李學風，互有出入。二曲狷介刻苦，其學問蓋從齩牙嚼舌鍾鍊出來，而自得處頗逼肖禪宗。雪木殆以禮自律，於程朱爲近。據顔習齋與李復元處士書，推度其學風如此。復元即雪木也。子德則嶔崎磊落人①，亦以文辭顯，蓋王崑繩一流人物。然三李相互間交誼蓋甚肫篤云。

同時有華陰王山史弘撰，治經學，熟於掌故。有三原孫豹人枝蔚，亦博學能文。而豹人流寓淮揚以終，於關學關係較少。

其時關中學者雖克自樹立，然受賜於外來學者之獎勸實多：其最重要者，前有顧亭林，後有李恕谷。亭林三十五歲以後即屢游秦，晚歲家華陰以終，秦人士咸樂從之游。李子德敬事之，誼兼師友，王山史則其東道主也。李二曲以死拒徵後，反扃土室，妻子門人皆莫得見，惟亭林至則啓關晤對。秦士之敬禮亭林如此。亭林亦愛重秦士，其集中論學書作於秦中者蓋半云。

恕谷門人楊慎修勷爲富平宰，聘恕谷於幕，政無大小皆待決焉。於是恕谷居陝將兩歲，其志固欲小試經濟，抑亦將

①崎　原作"畸"，據稿本、文集本、合集本改。

以傳習齋學於關中也。初，王崑繩與二曲、雪木皆交舊①，常有書札論學。恕谷入關，三李皆前卒，而秦士皆樂從恕谷游。鄠縣魯聖居登闕、西安張潛士中、富平張少文景蔚、西安蔡瑞生麟②、盩厔陳尚孚光陛及黎長舉，皆以後學禮見，心折所學，除張少文外皆二曲門下也。二曲首座弟子王豐川亦有論學書與恕谷往復。習齋昔嘗上書二曲以所學請益，至是則兩家門下不惟"晉楚之從交相見"，二曲之徒，殆皆北面習齋矣。

順康雍之際，三李主之於内，亭林、恕谷輔之於外，關學之光大，幾埒江南、河朔。乾嘉以後，戛然不復有聞焉。清季乃有咸陽劉古愚光蕡，以宋明理學自律，治經通大義，明天算，以當時所謂新學者倡於其鄉。其門人同縣李孟符岳瑞，以之比習齋。關學稍稍復蘇矣。

三、山西

山西介直隸、陝西之間，而學風寥闃特甚。清初可述者，僅一陽曲傅青主山，以氣節文章名於時，蓋古之振奇人也，不得目以學者。太原閻百詩若璩，在清代經師中首屈一二指，然生長山陽，畢生僅一度回原籍應試而已。其於晉學，直可謂無關係。康熙末葉，有絳州辛復元全、洪洞范彪西

①交舊　文集本、合集本作"舊交"。
②麟　原作"璘"，合集本同，據稿本、文集本改。

鄗鼎，俱以陸王學教於鄉里，然所就似尚淺狹。至嘉慶間乃有壽陽祁鶴皋韻士，初在史館研究蒙古諸部之離合封襲，中間又以事譴戍伊犁，遂益究心邊事，著藩部要略、西域釋地等書，爲西北地理專門學之創始者①。道光間則平定張石洲穆繼之，所著蒙古游牧記、北魏地形志等益精核，又撰顧閻年譜，有理法。晉士始爲天下重②。清季有聞喜楊漪邨深秀，爲戊戌殉難六君子之一。行誼學問皆具有本末③，中道摧折④，其學遂無傳者。

四、甘肅

甘肅與中原窵隔，文化自昔樸僿。然乾嘉間亦有一第二流之學者，曰武威張介侯澍。善考證，勤輯佚，尤嫻熟河西掌故，與段茂堂、王伯申、錢衎石諸人皆友契。

五、河南

河南，中州也，實全國文化最初發源地。至宋，康節、二程生焉，於是有"洛學"之目。元則許魯齋，明初則薛敬軒，咸以鄉人衍其緒，故中州稱理學之府焉。姚江、白沙學興，學界重心移於東南矣。及晚明則有寧陵吕新吾坤，復興洛

①者 原作"也"，據稿本、文集本、合集本改。

②始 原脱，據稿本、文集本、合集本補。

③學問 稿本作"問學"。

④道 合集本作"遇"。

學。寧陵，古沙隨，即二程故里，故明道、伊川與新吾亦稱“先後沙隨先生”云。新吾之學，持養綿密，而專向平實處致力。善察物情，而勇於任事，妙於因應，與當時王學末流之好爲高談大言者異撰。然亦受時代影響①，持論不如二程之迂。新吾之洛學，蓋新洛學也。然門下寡能負荷者，莫或光大之。②

孫夏峰避地南遷，老於輝縣之蘇門，其晚歲大弟子多中州籍。清初洛學之昌，實自夏峰也。睢州湯潛庵斌，清代以名臣兼名儒者共推以爲巨擘。潛庵宦達後假歸，乃折節學於蘇門。而夏峰弟子中最能傳其學者，在燕則魏蓮陸，在豫則潛庵。時盈廷以程朱學相夸附，詆陸王爲詖邪。潛庵獄然守其師調和朱陸之旨，而宗陸王爲多。居官以忤權相明珠去位，幾陷於戮，是真能不以所學媚世者。登封耿逸庵介事夏峰最久，篤志傳其學，與潛庵同謫官。主嵩陽書院數十年，學者多出其門。柘城竇靜庵克勤、中牟冉永光覲祖，皆不逮事夏峰，而私淑於潛庵與逸庵，稍染程朱派習氣矣。

初期中州學者，無一不淵源於夏峰。其崛起與之抗顔行者，則上蔡張仲誠沐也。仲誠似與夏峰未相見，潛庵見之，歸而述其學於夏峰，夏峰印可焉。其學宗陸王，著有道一

---

①時　合集本作“世”。

②然門下寡能負荷者莫或光大之　原脱，文集本、合集本同，據稿本補。

録，帶和會朱陸色彩，蓋與夏峰酷相類也。夏峰既前卒，而仲誠以老宿講學於上蔡，故康熙之末，仲誠稱洛學中心。

夏峰、仲誠，雖各自設教，而學脈則一。其與仲誠同時而爲洛學開一新趨向者，曰安陽許西山三禮。西山著聖學直指，謂講靜坐觀空之學者爲"戴儒巾之禪和子"，謂注經諸賢不離曲學局面。其學雖植本於存養，而必徵效於事功，蓋與顏李一派頗相近。西山立朝爲顯官，官至副都御史，以劾徐乾學元文兄弟及高士奇去職。講學之日淺，故弟子無聞焉。顏習齋嘗一游中州訪張仲誠，與其師弟往復論學者兩月。李恕谷亦嘗佐幕郾城，多接中州人士，自是梁豫之間有顏李學：其顯者曰安陽徐仲容适、原武張天章爕然、鄢陵王次亭篤周①、湯陰朱主一敬。天章，夏峰弟子；次亭，仲誠弟子也。竇靜庵在京師晚交恕谷，論學亦甚契云。

洛中稍後起之學者，曰儀封張孝先伯行，承李厚庵之風，專標程朱爲學鵠。孝先宦達，雍乾官至巡撫，與厚庵齊名，稱理學名臣。品格雖高於厚庵，然亦巽懦少風骨。洛之有程朱學派由孝先，而洛學亦自此衰矣。

乾嘉以降，考證學掩襲一世，而中州闃無人焉。其稍著者惟偃師武虛谷億，操行峻整，有强項縣令之目。其學頗博涉，而於金石最深。

---

①鄢　原作"鄥"，文集本、合集本同，據稿本改。

六、山東

山東鄒魯，孔孟實生；齊稷下，方術之士聚焉。自昔爲文明淵叢，兩漢經師，什九爲齊魯產，盛矣！魏晉以降，漸以式微。宋南渡後，陵替遂極。及清稍振，然以校他省，尚瞠乎其後也。

清初，濟陽張稷若爾岐首倡儀禮之學，顧亭林謂其"獨精三禮，卓然經師"。論近世經學創始之功，稷若實足與顧閻胡比武。其於理學亦有心得，嘗有與亭林往復論學書，在兩家集中皆爲有價值之文。鄒平馬宛斯驌爲清代最初研究古史者。所著繹史，搜羅極富，雖別擇未能精審，要不失爲一大著作。而同時曲阜顏修來光敏亦頗治經史，明算術樂律，有著書。三人皆與顧亭林交厚，亭林屢游山左，此邦人士挹其風，慕學者漸衆。康熙末，有安丘劉崑石源渌治程朱學，教授於鄉。

同時有淄川薛儀甫鳳祚，學於孫夏峰，而精治曆算，與王寅旭齊名，時稱"南王北薛"。

乾隆中則曲阜孔洪谷繼涵與戴東原爲至交，頗薰染於其學。先是衍聖公毓圻、傳鐸，兩世皆篤行嗜學，有著作。洪谷則毓圻孫也，究心天算、地志、訓詁、典章之學，學風大類東原。東原著述稿悉藏其家，以次校刻焉。其從子㢲軒廣森受學東原，首治春秋公羊學。又著少廣正負術，於數學有新發明。惜蚤卒，未能竟所學。歷城周書昌永年學極博，與東原同被特徵入四庫館，蓋異數也。嘉道間則歷城馬竹吾國翰輯佚書頗勤。

山左學者，於小學多所貢獻。曲阜桂未谷馥著説文義證，在斯學中稱最博。安丘王菉友筠著説文釋例、説文句讀，在斯學中稱最通。而日照許印林瀚與菉友共學，於其著作多所參與，又頗治佛學云。棲霞郝蘭皋懿行著爾雅義疏，與浙中邵二雲齊名。

山左金石最富。自顧亭林來游，力爲提倡。厥後黄小松易宦斯土，搜剔日廣，斯土學者亦篤嗜之。有以名其家者，海豐今無棣縣吴子苾式芬①、諸城劉燕庭喜海、濰縣陳簠齋介祺、黄縣丁彦臣彦臣②、福山王蓮生懿榮皆收藏甚富，而考證亦日益精審。故咸同光間金石學度越前古，而山東學者爲之魁。

最晚出者膠州柯鳳孫劭忞③，著新元史，或曰遠過昔之作

---

①今無棣縣　原脱，文集本、合集本同，據稿本補。

②黄縣丁彦臣彦臣　稿本“黄縣”作“濰縣”。按，趙國華署山東督糧道丁君家傳：“君姓丁，名彦臣，字筱農，浙江歸安人。”則丁彦臣不當列入山東。濰縣丁氏雖是地方大族，至有“丁半城”之説，惜未有致力於金石之名家。而黄縣有丁樹楨，字幹圃，號陶齋，家有海隅山館，柯昌泗語石異同評卷二記潘祖蔭卒後，家人以所藏磚石“就京中斥賣之”，“石刻大半爲幹圃購得”。丁氏後又得魏正始石經尚書君奭篇殘石，羅振玉爲拓本作跋，謂“三體石經之傳入人間者，僅此片耳”，並收入吉石庵叢書。故此處似當作“黄縣丁樹楨幹圃”。

③劭　原作“邵”，據稿本、文集本、合集本改。

者，或曰非也。吾不治此學，無以判其然否。

七、江蘇

大江下游南北岸及夾浙水之東西，實近代人文淵藪，無論何派之學術藝術，殆皆以兹域爲光焰發射之中樞焉。然其學風所衍，又自有分野：大抵自江以南之蘇常松太，自浙以西之杭嘉湖①，合爲一區域；江寧淮揚爲一區域；皖南徽寧廣池爲一區域；皖北安廬爲一區域；浙東寧紹温處爲一區域②。此數域者，東南精華所攸聚也。語其大較，則合諸域成一風氣，與大河南北及關西截然殊撰。細爲剖判，則此諸域者，各因其山川之所孕毓，與夫一時大師之偶然的倡導，又各自發揮其特色而分別有所貢獻。今兹所述，不能具析，讀者宜按圖稽索，心知其意也。

江蘇近代學風，發軔於東南瀕海之蘇常松太一帶，以次漸擴而北。其初期學界形勢大略如下：

當晚明心學末流猖披之時，而東林學派興於其間。創之者爲無錫高景逸攀龍、顧涇陽憲成，以省身克己砥厲名節爲教，而最留意於當世之務。學派之得名，則以無錫東林書院爲二公講學地也。其後閹孽以此名陷正人，"東林黨"遂遍天下。其後繼者曰復社，主之者則太倉張天如溥。雖流品漸

---

①西　原作"東"，稿本同，據文集本、合集本改。

②處　原作"台"，文集本、合集本同，據稿本改。

雜，要不失爲歷史上有價值之講學團體。江左學術之光芒，濫觴此時矣。

崑山顧亭林炎武，嶽然三百年來第一大師。其制行剛介拔俗，其才氣横溢而斂之於範，其學博極群書而馭之在我。標"經學即理學"與"經世致用"之兩大徽幟，號召學者以從事於新學派之建設。清代諸科之學，殆無一不宗禰亭林者。亭林中年以後，北游不歸，故當時吴士奉手受教者少。然厥後學者，什九皆聞其風而興也，故亭林應認爲吴學之總發起人。

清師渡江，江浙間仗節死義者踵相接。而吴下逸民，則多以程朱學自檢束，長洲徐俟齋枋、崑山朱柏廬致一①、崑山歸玄恭莊其尤矯矯者也。並以耿介絶俗之姿②，茹荼嚼雪，不求聞達，而士自潛受其化。其以程朱學爲教，聲光爛然者，亭林之外，莫如太倉陸桴亭世儀、太倉陳確庵瑚。桴亭切實博大，不持門户，其思辨録包羅萬象。顔習齋論清初學者推爲第一，謂在夏峰、二曲上也。確庵教人分政、事、人、文四類讀史，常注意社會利病實際問題，亦一反明季理學家清談之習。蓋吴下程朱派大師，多注重研究事物條理，與北學、關學、洛學稍異。吾假名之曰吴學第一派。

吴中治陸王者頗少。惟長洲彭南畇定求嗜焉，著陽明釋

①柏　原作"伯"，據稿本、文集本、合集本改。

②並　原作"蓋"，文集本、合集本同，據稿本改。

毁録，傳至其曾孫尺木紹升，遂爲佛學宗師。武進惲遜庵日初，即大美術家南田壽平之父，學風亦近陸王。其族孫皋聞鶴生親炙恕谷，私淑習齋，傳顔李學於江南。後此常州學派亦間接受其影響。吾假名之曰吴學第二派。

亭林所倡經世致用之學，其基礎當求諸歷史，而尤重者則現代掌故也。故其學友中多治史，且專嗜明史，吴江吴赤溟炎、吴江潘力田檉章、吴江戴耘野笠其最著者也①。赤溟、力田皆死於"湖州史獄"，著作燼焉；耘野書亦爲禁品。自兹以往，史學家始偏重考古矣。吾假名之曰吴學第三派②。

亭林倡"經學即理學"之論，其治經則祧宋儒傳注而求諸漢唐注疏。元和惠元龍周惕受經於徐俟齋，究治古義，其子半農士奇。半農子定宇棟，累世傳之，惟古是信，惟漢是崇。自是"漢學"之目掩襲天下，而共宗惠氏。吾假名之曰吴學第四派。

明季，利瑪竇輩挾其曆算學東來，而上海徐玄扈光啓最能傳受而光大之，與其徒先後譯書垂百種。"西學"之名肇焉，思想界爲之一變。吴江王寅旭錫闡以理學家而好爲深沉之思，與亭林、力田交契，共致力斯學。江都孫滋九蘭學於湯若望，尤能見其大，著理氣象數辨疑糾繆及格理、推事、外

①者　原脱，稿本同，據文集本、合集本補。
②稿本無"之"字。後第四、五、六派同。

方、考證四論①，雖大遭俗目之所咤斥，而學者視綫亦漸集注焉，實爲科學之由梼。吾假名之曰吴學第五派。

明清之交，江浙學者以藏書相夸尚。其在江南，則常熟毛氏之汲古閣爲稱首，且精擇校刻以公於世。繼之者常熟錢氏之絳雲樓、述古堂，崑山徐氏之傳是樓，昭文瞿氏之鐵琴銅劍樓，以至太倉顧氏、泰興季氏等，咸蓄善本②，事讐校，自此校書刻書之風盛於江左。吾假名之曰吴學第六派。

以上六派，雖非皆吴人所專有，亦未必足以盡吴學，然大較蓋可睹矣。斯邦人物蔚起，更當分區論之。

舊蘇州府學風大略從同，然亦可細析爲二：其一，府治

---

①著理氣象數辨疑糾繆及格理推事外方考證四論　標點原作"著理氣衆數辨疑糾繆及格理推事外方考證四論"，稿本、文集本同；"象"，原作"衆"，稿本、文集本、合集本亦同。按，王心湛送孫柳庭歸湖中序："先生自棄諸生後，於書無不窺，而尤精於天文、輿地、字書之學。順治初，大西洋人湯若望以太常少卿爲欽天監監正，先生從之，授曆法。遂得精通利瑪竇幾何原本之説，而著書八卷，曰理氣象數辨疑糾謬，援古證今，蓋其學有師承，星官曆翁不能與校得失。中國土地在大地中纔八十一分之一，不推極之，則紐於習聞習見，而無以盡其變，於是作格理、推事、外方、考證四論。"（揚州足徵録卷十八）孫蘭輿地隅説自序："且吾中國土地在大地中止東南一隅，合華裔而統計之，纔八十一分之一耳。其間或異或同者，不合觀之，何以見宇宙之大乎？……作格理論卷上，推事論卷中，外方論卷下，每卷八條，共二十四條，更爲考證論八條，共四卷三十二條。合古今中外統爲一書，而更以推詳備載，昔人所未爲也。"據改。

②蓄　原作"畜"，據稿本、文集本、合集本改。

附郭之長元吴;其二,則崑山、常熟附以吴江也。長元吴人之特長在淹博,其短處在裁斷力稍薄。順康間最初以箋釋校勘之學名於時者,曰長洲何義門焯,其學頗雜博而破碎。次則惠氏祖孫父子,而定宇最有名於乾隆間,以記誦浩博爲學,其易漢學、九經古義、後漢書補注等最有名於時。“漢學”之名,蓋於是創始焉。而定宇亦頗事雜述,如注漁洋詩之類,學風蓋甚近義門。定宇弟子最著者,長洲余仲林蕭客、吴縣江艮庭聲。仲林著古經解鉤沈,艮庭著尚書集注音疏,皆徵引甚博。而乾隆末葉,則有元和李尚之鋭精孿數理,能引申古義。元和顧千里廣圻實艮庭弟子,好校書,然頗破碎。長洲黄蕘圃丕烈治目録學,極精審。嘉道間則有長洲宋于庭翔鳳治今文學。有長洲陳碩甫奂著詩毛氏傳疏①,極謹嚴,學風稍異於其先輩。有元和朱允倩駿聲著説文通訓定聲②,純以音釋訓。吴縣沈文起欽韓爲諸史補注,且疏水經。咸同間,則吴縣馮林一桂芬喜談經世之務,著校邠廬抗議。同光間,則吴縣吴清卿大澂以金石學聞。元和洪文卿鈞覃精蒙古史,著元史譯文證補,稱絶學。吴縣潘伯寅祖蔭以達官宏獎風流,能刻書。元和江建霞標善爲目録之學。别有長洲彭尺木紹升、吴縣汪大紳縉專治佛學,倡淨土宗,在乾嘉間爲學界之别動隊云。

---

①奂 原作“涣”,據稿本、文集本、合集本改。
②倩 合集本作“俏”。

崑山、常熟、吴江，吴下才士所聚也，其氣象視閶門爲博大。常熟錢牧齋謙益以前明老名士爲江南祭酒，雖晚節猖披已甚，其掌故學有不能抹殺者。大儒顧亭林實崑山産，無勞更誦述。其兩甥崑山徐健庵乾學、徐立齋元文，雖頗以巧宦叢譏議，然宏獎之功至偉。康熙初葉，舉國以學相淬厲，二徐與有力焉。健庵治禮學亦頗勤①，其讀禮通考，雖出萬季野，然主倡之功不可誣也。通志堂九經解嫁名成容若德，實出健庵，治唐宋經説者有考焉。常熟陳亮工芳績、常熟黄子鴻儀、崑山顧景范祖禹皆以地理學名：亮工爲亭林友人子，著歷代地理沿革表；子鴻、景范俱參徐健庵之大清一統志；而景范之讀史方輿紀要實稱絶學。常熟陳亦韓祖范之經學②，則汲惠氏之流者也。吴江産史家，前所述吴赤溟、潘力田之外尚有張文通雋，亦死湖州史獄。而力田之弟次耕耒，兼受亭林、俟齋、寅旭三大師之學，卓然能不愧其傳。吴江之治經學者，有陳長發啓源、朱長孺鶴齡，頗爲後此何義門學風所自出。而沈果堂彤以三禮學名於乾隆間。蓋此方學者，順康間極盛，乾嘉以後驟衰。至道光末③，乃有常熟龐子方大堃治音韻學，所剖析視江戴段王尤密。晚有常熟翁松禪同龢，善宏獎而已，於學無所名。

松太之間，學風大類蘇州。太倉有陸桴亭、陳確庵兩大

①學　原脱，文集本、合集本同，據稿本補。
②祖　文集本、合集本作“景”。按，稿本原作“景”，墨筆點去，旁寫“祖”。
③至　合集本作“於”。

理學家，而其學皆至博，既如前述。尚有著名文學家太倉吴梅村偉業，其史學的著作，亦有相當價值。乾嘉盛時，則有嘉定錢竹汀大昕及其弟晦之大昭，其從子溉亭塘、獻之坫。有嘉定王西莊鳴盛，有青浦王述庵昶，有鎮洋畢秋帆沅，而竹汀最博大精核。同時學者，戴東原外未或能過之。西莊、述庵以贍博見長，其拙於裁斷，頗類閶門諸儒也。秋帆宦達爲疆吏，所學不至，其續資治通鑑稱良著，大率出幕府手。上海爲商賈之地，自徐玄扈後蓋鮮聞人。惟陸耳山錫熊總纂四庫全書，提要多出其手，與紀曉嵐齊名。

舊常州府與蘇接境，而學風又分二支。迤東無錫、江陰一帶，其學大類崑熟；迤西陽湖、武進，自爲風氣，卒乃别産所謂"常州學派"者。無錫爲吴學發源地。東林高顧二公後，代有傳人。顧庸庵樞實涇陽孫。高彙旃世泰則景逸猶子，狎主東林講席，學者宗焉。荆溪湯世調之錡亦以陽明學教授。而江陰徐霞客弘祖在晚明爲近代唯一之探險的地理學家。雍乾間，則顧震滄棟高治經與時流稍殊其塗，而自有理法。荆溪任翼聖啓運則以禮學聞。乾隆中葉以降，寖式微矣，江陰是仲明鏡，治程朱學，然不能光大。金匱秦味經蕙田以著五禮通考得名，然書非己出。晚光緒間，乃有金匱華若汀蘅芳數學獨出冠時。有無錫薛叔耘福成學問雖無專門，但有世界眼光，頗類郭筠仙。而江陰繆藝風荃孫則以板本之學聞。最近則無錫吴稚暉敬恒，提倡極端的歐化。

常州東部，清初百年間無大學者，惟武進惲遜庵稱第二流之理學家①。康熙末則其族人惲皋聞傳顔李學②，卓然人師，惜著述無可稽。武進臧玉林琳與閻百詩同時，善考證，著經義雜記。惟在當時無聞者，其玄孫鏞堂於嘉慶間始述之。逮乾隆中葉以後，常之學乃驟盛。陽湖孫淵如星衍善治經，其尚書今古文注疏稱絶善，又校注周秦古子。陽湖洪稚存亮吉善治史，爲諸史補表及疆域志。陽湖趙甌北翼亦善治史，所著廿二史劄記③，善於屬辭比事。陽湖陸祁生繼輅、武進惲子居敬善屬文，號"陽湖派"，亦頗能以文談學。武進張皋文惠言、陽湖李申耆兆洛、陽湖董方立祐誠皆陽湖派文家之雄。而皋文長於經，善言易，又能訓釋墨子經説於千年闇曶之後。申耆長於史，善言地理，能繪圖製器。方立長於算，能發明數理，卒年僅三十五，在清儒中最短折，成就乃卓然可傳。武進臧鏞堂庸在漢學家中亦足稱第二流人物④。而常州一域尤爲一代學術轉捩之樞者，則在"今文經學"之産生。自武進莊方耕存與治春秋公羊學，著春秋正辭，以授其從子葆琛述祖及其孫卿珊綬甲⑤、其外孫武進劉申受逢禄，而申受著

①②惲　原作"憚"，據稿本、文集本、合集本改。

③廿　原作"二十"，文集本、合集本同，據稿本改。

④庸　原作"墉"，稿本、文集本、合集本同，據宋翔鳳樸學齋文録卷四亡友臧君誄改。

⑤卿珊　原作"珊卿"，稿本、文集本、合集本同，據李兆洛養一齋文集卷十四附監生考取州吏目莊君行狀乙。　綬　原作"受"，據稿本、文集本、合集本改。

公羊釋例、左氏春秋考證諸書，大張其軍。自是"公羊學"與許鄭之學代興，間接引起思想界革命。蓋嘉道以降，常州學派幾天驕矣。及最近則有武進屠敬山寄，著蒙兀兒史記，識者謂其價值遠在邵陽魏氏①、膠州柯氏之上。

舊江寧、鎮江二府，清初百年間亦無大師。自乾隆中葉，金壇段茂堂玉裁學於戴東原，傳其音韻訓詁之學，創注説文，爲小學總匯。而江寧談階平泰以明算聞。道咸間②，則句容陳卓人立著公羊義疏，爲斯學絶作。上元汪梅村士鐸治水經注。丹徒柳賓叔興恩治穀梁傳，皆能名其家③。最近則丹徒馬眉叔建忠著文通，應用高郵王氏之訓詁學創造中國文法書。

渡江而北爲淮揚。舊淮安府爲顧亭林屢游之地，其門人山陽張力臣弨能傳其訓詁音韻之學。亭林著作之刻布，實自力臣始。而大儒閻百詩若璩本籍雖隸太原④，生長釣游皆山陽也，故斯地學風開發獨早。乾嘉以降，惟山陽丁儉卿晏，其學頗博贍精審。道咸間，則山陽魯通甫一同以古文名，頗能發砭時之論。

徐泗之間，自昔爲豪俠産地，學者鮮聞，清代亦不違斯例。吾所記憶者，清初惟銅山萬年少壽祺，然亦任俠尚氣之

①遠　原脱，文集本、合集本同，據稿本補。
②原於"道"前衍"嘉"字，文集本、合集本同，據稿本删。
③文集本、合集本無"皆"字。
④雖隸　原脱，文集本、合集本同，據稿本補。

文學家，非純粹學者也。繼此則更無述焉。

揚州爲前清全盛時代學術淵藪，人物輩出，其學風蓋甚類皖南。但此地開發，視江南略遲。清初，惟江都孫滋九蘭研究當時新輸入之西學，能爲深沉之思，然其學不傳。康熙、雍正間則有寶應王白田懋竑，用考證家精神治程朱學，制行亦極嚴峻。乾隆初葉，則興化顧文子九苞、高郵李孝臣惇、高郵賈稻孫田祖皆用元和惠氏治學法以從事經學，揚州學風自兹日盛。到乾隆末葉，江都汪容甫中以絶倫之資，著述雖不多，而備極精核。高郵王石臞念孫受經於戴東原，以傳其子伯申引之。其於聲音訓詁，深探本原，精鋭無兩，世稱此學爲高郵父子之學。興化任幼植大椿亦師事東原，傳其典章制度之學。寶應劉端臨台拱學風頗類李賈，善治論語，以傳其子楚楨寶楠，著論語正義，一部分未成而卒。其子叔俛恭冕更續成之，爲新經疏佳著之一。稍晚出而名於嘉慶間者，則江都焦里堂循最通易與論語，能由訓詁以探名理①；其於史學、數學、醫學、劇曲，無一不博涉而精通。儀徵阮芸臺元任封疆數十年，到處提倡學問，浙江、廣東、雲南學風皆受其影響。其於學亦實有心得，爲達官中之真學者，朱笥河、紀曉嵐、畢秋帆輩皆非其比也。更稍晚，則江都凌曉樓曙與常州學派始交通，以今文學名家。甘泉江子屏藩著漢學師承記、宋學淵源記，實爲極有價值之學術史。晚治佛學，所得蓋未可量。

①訓詁　稿本作“詁訓”。

甘泉薛子韻傳均則以音韻學名。而儀徵劉孟瞻文淇與劉端臨同時齊名,號揚州二劉。其子伯山毓崧、孫恭甫壽曾、曾孫申叔光漢累代傳其家學,迄清末不衰。自孟瞻迄恭甫,三世而成左傳新疏。伯山又好爲局部掌故的考證,最稱翔洽①。而興化劉融齋熙載治雙聲疊韻之學有妙解,亦精於算,又提倡陸王理學,在當時稱佼佼焉。蓋揚之學者,世家最多,江都汪氏、儀徵阮氏、寶應劉氏咸有令子。而綿歷四代不殞嘉問者,前則高郵王氏,後則儀徵劉氏也。

八、安徽

安徽與江蘇合稱江南,在前清鄉科,同試一闈,事實上蓋爲不可分之一文化區域也。而皖北與皖南,風氣固殊焉。

皖北沿淮一帶——今淮泗道,舊鳳陽壽潁亳滁諸州府,自昔惟産英雄,不産學者,故無得而稱焉。皖北沿江一帶——今安慶道,舊安慶、廬、和、六安諸州府,交通四達,多才華之士,其學以文史鳴。皖南——今蕪湖道,舊徽、池、寧國、廣德、太平諸州府,群山所環,民風樸悖而廉勁,其學風堅實條理而長於斷制,此其大較也。

皖北名都,推合肥與桐城。合肥近代多顯宦,學界無傑出之士。故言皖北學風,可以桐城爲代表。桐城之學,自晚明方密之以智、錢飲光澄之開發之後,三百年間,未嘗中斷,學

①洽　原作"治",據稿本、文集本、合集本改。

界上一名譽之都邑也。密之、飲光，皆間關憂患，從永曆於滇南，氣節凛然，爲後進式。密之之學，堅樸綜覈，大類皖南。其通雅一書，實導後此聲音訓詁學先路。晚歲乃逃於禪，喜談名理。其子田伯中德著古事比；位伯中通事梅定九，以善數學聞，又著物理小識；素伯中履著古今釋疑①。皆能傳其父學者。飲光學風則稍異密之，彼蓋才氣橫溢之人，以詩文豪，而治經史則其餘事也。逮康熙末葉，則方望溪苞與戴南山名世並起，兩人皆以能文章名。"桐城派古文"，固當祖飲光而禰方戴也。南山善治史，其史識史才皆絶倫。卒以作史蒙大戮，後輩懲焉而諱其學。望溪顯宦高壽，又治程朱學，合於一時風尚，故其學獨顯。桐城派"因文見道"之徽幟，自望溪始也。然望溪才力實弱，不足振其文。繼起者則乾嘉間有劉海峰大櫆、姚姬傳鼐，學益儉觳矣，而桐城文之軍乃愈張。同時有方植之東樹著漢學商兑，力詆閻胡惠戴無恕辭；著南雷文定書後，掊擊梨洲。蓋以"程朱派之衛道人"自命，桐城學風然也。咸同間有馬元伯瑞辰治漢學家言，著毛詩傳箋通釋②，蓋矯然自異於其鄉先輩者。自曾文正篤嗜桐城文，列姚姬傳於聖哲畫像中與孔子齒，後此承風者益衆。最近猶有吴摯甫汝綸、姚叔節概、馬通伯其昶咸有撰述，爲桐城守殘壘焉。此外皖北學者無甚可記。無已，則與望溪、南山

①履　原作"素"，據稿本、文集本、合集本改。

②詩　文集本、合集本作"書"。

同時之宿松朱字緑書①,其佼佼矣。

皖南,故朱子産地也,自昔多學者。清初有歙縣黄扶孟生治文字學,專從發音上研究訓詁。是爲皖南學第一派。有當塗徐位山文靖治史學及地理學,雖稍病蕪雜,然頗有新見。是爲第二派。雍正間則休寧程綿莊廷祚(綿莊後寄籍江蘇之上元,然據彼上李恕谷書,自稱"新安程某",則本休寧人矣)、歙縣黄宗夏曰瑚皆學於李恕谷,而宗夏兼師王崑繩、劉繼莊。顔李學派之入皖自此始,綿莊又斯派圖南之第一驍將也。是爲第三派。同時有休寧汪雙池紱以極寒苦出身②,少年乞丐傭工自活,而遍治諸經,以程朱學爲制行之鵠,又通音樂、醫方諸學。是爲第四派。宣城梅勿庵文鼎崛起康熙中葉,爲曆算學第一大師。其弟和仲文鼐、爾素文鼏,其孫循齋瑴成③,並能世其學。是爲第五派。五派各自次第發展,而集其成者爲江慎修,蜕變而光大之者則戴東原。

婺源江慎修永,乾隆間以經學教授於鄉者數十年。其治經之法,從典章制度、名物地理、聲音訓詁分途爬梳,而歸本於義理。其於音韻、律吕、曆算皆有精悟,其修養則以程朱爲鵠。其弟子最顯者,則歙縣程易疇瑶田、歙縣金檠齋榜、歙縣汪叔辰龍,而休寧戴東原震爲之魁。叔辰長於詩,檠齋長

①同時　文集本、合集本作"並時齊名之"。

②寒苦　文集本、合集本作"苦寒"。

③瑴　原作"瑴",據稿本、文集本、合集本改。

於禮，易疇則名物度數剖析極微而核，而亦有志於探求道術本原。東原以贍博之學，綜核之識，深湛之思①，每治一學，必期於深造自得。蓋自東原出，然後清代考證學之壁壘始確立焉。其所著孟子字義疏證，尤爲八百年來思想界之一大革命。當時學界惠戴齊名，實則惠非戴匹也。

東原不以師自居，故弟子甚稀②。最著者段茂堂、王石臞，皆非皖人。其同郡後學能得其一體者，則歙縣洪初堂榜、歙縣凌次仲廷堪。初堂壽最短，未見其止。次仲治禮學，精絶冠時。

歙縣汪衡齋萊在嘉慶間，與焦里堂、李尚之同治算，最能析繁難之算理，廉悍深刻，純然皖南學風也。道光間則歙縣程春海恩澤治史學，頗綜核。

績溪胡樸齋匡衷生雍乾之交，其學大端與雙池、慎修相近。以傳其孫竹村培翬、子繼培系③。竹村與涇縣胡墨莊承珙同時齊名。墨莊亦自績遷涇也，時稱“績溪三胡”。竹村善治儀禮，集慎修、東原、易疇、檠齋、次仲之成作新疏，曰儀禮正義。墨莊亦治禮，有儀禮古今文疏義④，其最有名者則毛

①深　文集本、合集本作“清”。

②稀　稿本作“希”。

③按，胡培系爲胡匡衷之從孫。胡培翬研六室文鈔卷九贈奉直大夫叔祖繩軒公行狀：“孫六：……培系，業儒。……受業從孫培翬謹狀。”清儒學案卷九四樸齋學案下：“胡培系，字子繼，繩軒之孫，於竹村爲從昆弟。”

④古今　原作“今古”，稿本同，據文集本、合集本改。

詩後箋。績溪諸胡多才,最近更有胡適之適云。

清季,皖南學寖衰矣。道咸間尚有涇縣包慎伯世臣、黟縣俞理初正燮①,兩家學皆雜博。慎伯好談經世之務,而理初長於局部的考證。

最近則石埭楊仁山文會,爲佛學復興之大師。其在佛學界之地位,不減清初宣城梅氏之於算也。

九、浙江

浙江與江南——江蘇、安徽同爲近代文化中心點,然而浙西與浙東又各自有其特色②。

浙西——杭嘉湖之學風,與江蘇之蘇松太如出一型,事實上應認爲一箇區域。故章實齋浙東學術篇以黄梨洲代表浙東,而以籍隸江蘇之顧亭林代表浙西,蓋知言也。語其大較:則理學方面,浙西宗程朱,而浙東宗陸王;考證學方面,則浙西多經學家,而浙東多史學家。但此亦其大略,且在初期爲然耳。中葉以降,則交光互影,有不能一概論者。大抵兩浙學者多集於沿海及錢塘江、甌江之左右岸,愈近腹地——如嚴衢處等州③——則愈少。杭嘉湖間與皖南及吴下毗連,學術爲多方面的發展,而學風亦日爲混合的趨向。浙東之寧紹爲一區,而温州又自爲一區,此其大較也。

---

①黟　原作"黟",據稿本、文集本、合集本改。
②有　原作"爲",文集本、合集本同,據稿本改。
③嚴　原脱,據稿本、文集本、合集本補。

浙西，理學方面，爲程朱派之根據地。明清之交，桐鄉張楊園履祥、錢塘應潛齋撝謙、仁和沈甸華昀皆踐履敦篤，爲士林宗。康熙中葉，則平湖陸稼書隴其、石門吕晚村留良咸以排斥陸王自任，比之距楊墨。雖稼書爲時主所尊尚，配饗孔廟。晚村攖怒，剖棺戮屍。身後榮戮殊科。語其學風，蓋一致也。雍正間，則錢塘桑弢甫調元亦以程朱學聞。就中惟清初海寧陳乾初確雖師事蕺山，而根本排斥宋明理學家言，其學與顔李一派頗相類云。

浙西之考證學，最初著聞者當推秀水朱竹垞彝尊。竹垞以文人而貳於學者，其學博贍而不謹嚴。康熙中葉，則德清胡東樵渭以善地理及明易稱大師，與閻百詩並名。

浙之省治——仁錢，治考證學者清初鮮聞人。惟仁和柴虎臣紹炳篤行能文章，而又善言音韻，嘗有書規亭林之誤。至雍乾之交，則仁和趙東潛一清以善治水經注名。錢塘馮山公景始治經學，學風頗類毛西河。乾隆中葉，則仁和盧抱經文弨最善校勘，爲高郵王氏學之前驅。仁和杭大宗世駿博學負時譽，與全謝山齊名。仁和孫頤谷志祖善辨僞書①，著家語疏證。錢塘厲太鴻鶚著遼史拾遺及宋詩紀事②，極贍核。錢塘梁曜北玉繩、處素履繩兄弟，以貴介公子淬厲於學，而曜北治史，有史記志疑，能成一家言。仁和翟晴江灝能治經③。

①辨　文集本、合集本作“辯”。

②鶚　原作“鴞”，據稿本、文集本、合集本改。

③晴　原作“睛”，據稿本、文集本、合集本改。

嘉道間則仁和龔定庵自珍,實段茂堂外孫,而治今文家言,又治佛學,能發奇論,與魏默深同爲晚清思想之先驅者。最近則錢塘夏穗卿曾佑學風大類定庵。仁和丁益甫謙治邊徼地理極勤。錢塘張孟劬采田治史學,綜覈有通識。

杭屬諸縣,自陳乾初而後,康熙間有海寧陳蓮宇世倌師事梨洲①,亦頗提倡顏李學。道咸間則海寧張叔未廷濟、海寧蔣生沐光煦頗以校勘名②。光緒間有海寧李壬叔善蘭精算學,譯西籍,徐文定後一人也。最近則餘杭章太炎炳麟治聲音訓詁之學,精核突過前人,學佛典亦有所發明。而海寧王靜安國維亦善能以新法治舊學。

嘉屬諸縣,自竹垞、稼書而後,乾隆間則有嘉興王宋賢元啓專治曆算,最明句股。嘉道間則有嘉善錢衎石儀吉、警石泰吉兄弟,衎石諳掌故,警石長校勘。最近有嘉興沈子培曾植,學極博而不事著述。

湖屬諸縣,自胡東樵而後,康雍間有歸安鄭芷畦元慶著行水金鑑,善言水利,且博通諸學。有歸安沈東甫炳震著廿一史四譜③,且删合新舊唐書。乾隆中則歸安丁升衢杰精校勘,爲戴東原、盧抱經所推。嘉道間則有德清徐新田養原善治典章及樂律。有歸安嚴九能元照善爾雅、説文。有德清許

①倌　文集本、合集本作"琯"。

②間　原作"同",稿本、文集本、合集本同。按,稿本此字左側未標專名綫,且張氏卒於道光二十八年,蔣氏卒於咸豐十年,皆未入同治。據改。

③廿　原作"二十",文集本、合集本同,據稿本改。

周生宗彦善禮學。有烏程嚴鐵橋可均善小學①，勤於輯書。有歸安姚秋農文田通音韻學。咸同間，有烏程周鄭堂中孚仿郡齋讀書志、直齋書録解題之例，著鄭堂讀書記，價值足與四庫提要埒。其外孫德清戴子高望，經學宗莊劉，理學宗顔李，與東原有"前後戴"之目。而烏程程善夫慶餘實子高師，治金石及數學。有烏程徐鈞卿有壬以疆吏殉難，邃於算學。有歸安陸存齋心源善鑑别板本。同光間則德清俞蔭甫樾善治訓詁，能讀故書，學風宗高郵王氏，稱清末大師焉。而歸安沈子惇家本久官刑曹②，律學冠時。

嚴衢諸屬鮮聞人。惟光緒間桐廬袁重黎昶治西北地理，通知時務，義和團之役以直諫死。

以上説浙西竟。

浙東之餘姚，實王陽明産地，其山陰則劉蕺山産地也。故此地陸王學派，根幹最茂實焉。蕺山晚而講學山陰，門生弟子遍江浙。入清後，其子伯繩汋，尚能振其緒。而餘姚區區一邑，更篤生黄梨洲宗羲、朱舜水之瑜兩大師，噫！盛矣！舜水雖餘姚産，論學顧祧陽明。在明季闇然避時譽，入清則亡命老死於日本。其弟子皆在彼都，故故國無稱焉③。故清初之浙東，殆爲王學獨占。其在餘姚，則同是王學而分二

①學　合集本作"書"。

②惇　原作"敦"，稿本同，據文集本、合集本改。

③原脱一"故"字，文集本、合集本同，據稿本補。

派：其一爲姚江書院派，主之者則沈求如國模、史孝咸子虛、韓遺韓孔當、邵魯公曾可，承晚明末流之敝，頗近狂禪。其一爲證人學會派，主之者則梨洲也。梨洲以忠端之子，蕺山高弟，氣節嶽嶽，而於學無所不窺，又老壽講學不倦，故巋然爲東南靈光，與孫夏峰、李二曲稱海内三大師焉。浙東學術全部出自梨洲，語其梗概，則陸王之理學爲體，而史學爲用也。梨洲之弟晦木宗炎，倜儻不讓乃兄，尤善言易，所疏證在胡朏明上。其子耒史百家，亦能世其學，續其未成之書。而邵魯公之孫念魯廷采，先受業韓孔當，繼乃歸宿於梨洲，自是餘姚兩派始合一。念魯亦勤於治史，述晚明遺事甚詳。及乾隆間則邵二雲晉涵，念魯族孫也，於小學最精核，爲爾雅新疏，又擬重撰宋史，未成。其孫邵位西懿辰顯於咸同間①，治今文經學有名。言學脈於餘姚，邵氏流澤最長矣。

梨洲講學甬上寧波最久②，其大弟子多出是邦。初，鄞縣范氏天一閣、山陰祁氏澹生堂③，以藏書之富聞於晚明，甬上人士之慕學自茲始。鄞縣萬履安泰學於蕺山而友梨洲。有子八人④，皆就梨洲學，各名一藝。而公擇斯選傳其理學，充宗斯大傳其經學，季野斯同傳其史學。而季野以布衣參明史館事數十年，主持京師學風，康熙末稱祭酒焉。其兄子九沙

①邵　原脱，據稿本、文集本、合集本補。

②寧波　原脱，文集本、合集本同，據稿本補。

③陰　合集本作“東”。

④有　原作“其”，文集本、合集本同，據稿本改。

經、貞一言咸能傳家學，尤邃於史。九沙最老壽，在乾隆間爲鄞學宗。此外鄞士之顯者，有陳介眉錫嘏，其子悔廬汝咸[①]、從子南皋汝登皆學於梨洲，南皋又學於季野。悔廬宦於閩，時閩人李晉卿方以僞程朱學號召天下，悔廬侃侃與辨不爲屈焉。復有仇滄柱兆鰲亦事梨洲，以博贍聞。其晚出者則全謝山祖望，嘗問業於萬九沙，而大衍梨洲之緒。續成宋元學案百卷，又最諳達南明掌故[②]，卓然爲乾隆間史學大師。謝山云歿，鄞學衰矣。咸同間有董覺軒沛、徐柳泉時棟，稍振其緒云。

慈溪鄭寒村梁學於梨洲，晚年逃於禪。其子義門性能傳其學，更篤實，與全謝山友善。

與梨洲同時講學而宗風殊異者，有慈溪潘用微平格[③]，其學以求仁爲宗，謂"朱子道，陸子禪"。因爲梨洲所訶斥，故不顯於世，然萬季野、鄭義門皆頗稱之。而餘姚勞餘山史則以陽明同里而服膺程朱，頗似朱舜水矣。

清初浙東以考證學鳴者則蕭山毛西河奇齡。蕭山與仁和夾錢塘江而峙，學風乃大類浙西也。西河之學，雜博而缺忠實，但其創見時亦不可没。其同縣後學有汪龍莊輝祖[④]，治

①咸　原作"成"，據稿本、文集本、合集本改。
②達　原脱，文集本、合集本同，據稿本補。
③微　文集本、合集本作"徵"。
④稿本於"學"後有"道光間"三字。按，阮元循吏汪輝祖傳："嘉慶十二年，年七十有八，卒。"

元史，能輯類書。

乾嘉間，浙東産一大師，曰會稽章實齋學誠①。創“六經皆史”之論②，爲思想界起一大變化，其史學蓋一種歷史哲學也。同時有天台齊次風召南之地理學，臨海洪筠軒頤煊、百里震煊兄弟之經學，臨海金誠齋鶚之禮學，則台州一時之俊也。

其在晚清，則定海黄薇香式三、儆季以周父子崛起孤島中，治三禮最通博，能名其家。最近則上虞羅叔蘊振玉善金石學，能讀殷虚書契文字，熟於掌故，考證有别裁。而山陰蔡孑民元培治哲學，亦有心得。

甌海一隅，自宋以來别爲永嘉學派，實齋論浙東學術，於兹託始焉，顧近代無能張大之者。晚乃有瑞安孫仲容詒讓治周禮，治墨子，治金文契文，備極精核。遂爲清末第一大師，結二百餘年來考證古典學之局。

十、江西

江西與皖浙錯壤，而學風夐然殊撰。最可詫者，則清代考證學掩襲一世，而此邦殆無一人以此名其家也。

江西在北宋，爲歐陽永叔、曾子固、王介甫産地；在南宋，爲陸子静産地。其士之秀者，咸以“蓄道德能文章”相厲，故學風亦循此方嚮發展。清初則寧都魏善伯祥、冰叔禧、和公禮

①合集本無“曰”字。

②創　合集本作“受”。

號寧都三魏，與同縣邱邦士維屏、南昌彭躬庵士望等九人，同隱於翠微山之易堂，號易堂九子，而冰叔爲之魁。易堂學風，以砥礪廉節講求世務爲標幟[①]，豪俠任事，而最喜爲文，與王崑繩、劉繼莊一派頗相類。其後輩有南豐梁質人份[②]，學於李恕谷，自此與顔李學攜手矣。

同時與易堂對峙者曰程山學舍。主之者爲南豐謝約齋文洊及其友同縣邵睿明等六人[③]，號程山七子，其後六人者皆北面約齋爲弟子云。約齋之學，早歲宗姚江，四十以後，乃返求諸宋儒，而皈宿於横渠，堅苦力行，類北方學者焉。

雍乾之交有一大師，曰臨川李穆堂紱。穆堂日私淑其鄉先正歐曾王陸之事業道德文章，常欲以一身肩其緒。居官嶽嶽然厲風節，奮身任艱鉅，爲文滂沛而淵懿。其學則專宗陸王。當時陸王學爲世詬病，其屹然作干城者，穆堂與全謝山而已。

漢學家言，不爲江右人所嗜，吾竟不能舉其一人。無已，則南康謝蘊山啓昆以著西魏書名，他尚有所撰述，斯界二三流人物也。咸同間，湖口高陶堂心夔學頗雜博，小學有著書。其人負才氣，談幹濟，與湘之王壬秋並在時相肅順之門。

乾隆中葉，瑞金羅臺山有高善爲古文，而嗜佛學，修淨

①礪　原作“厲”，文集本、合集本同，據稿本改。

②份　原作“盼”，稿本、文集本、合集本同，據魏禧魏叔子文集外篇卷十一門人梁份吴正名四十序改。

③其　原作“者”，據稿本、文集本、合集本改。

宗，與彭尺木、汪大紳稱同調。自是贛士有學佛者。最近則德化桂伯華念祖篤嗜焉①，初治華嚴，後修密宗。而宜黄歐陽竟無漸治法相唯識，精博絶倫，稱海内第一導師。

十一、湖南

湖南自衡陽王船山夫之以孤介拔俗之姿、沉博多聞之學，注經論史，評騭百家，著作等身，巍然爲一代大師。雖然，壤地窵僻，與東南文物之區不相聞問。門下復無能負荷而光大之者，是以其學不傳。自兹以往，百餘年間，湖湘學者無述焉。逮嘉慶中，然後邵陽魏默深源崛起。默深之學，方面極多，與龔定庵同爲常州派今文經學之驍將；又善治史，著聖武記及新元史；又好談時務，著海國圖志，述域外地理及海防政策；晚乃治佛學，修淨業。清季思想界，默深篳路藍縷之功高也。繼此，則善化賀耦庚長齡②、安化陶雲汀澍皆以名督撫而好學有述作。新化鄧湘皋顯鶴搜羅鄉邦文獻最勤，裒輯船山遺著於散佚之餘，編校刻布，力事宏獎。新化鄒叔績漢勛精孳算學及地理，亦通經學、小學。益陽湯海秋鵬善爲文，著一書曰浮丘子。長沙周荇農壽昌爲諸史補注。而善化唐鏡海鑑治程朱學，著國朝學案小識，自是湘學彬彬矣。

①德化　原脱，據稿本、文集本、合集本補。
②庚　原作“耕”，文集本、合集本同，據稿本改。

道咸之間，湘鄉羅羅山澤南與其同縣友劉霞仙蓉共講程朱學①，以教授於鄉曲。而同縣王璞山鑫②、李迪庵續賓、希庵續宜皆羅山弟子。師弟絃歌講誦③，若將終身焉。及大亂起，羅山提一旅衛桑梓，已而出境討賊，死綏焉。璞山、迪庵先後殉。霞仙贊軍幕，希庵獨將，並立功名。自是一雪理學迂腐之誚，而湘學之名隨湘軍而大振。

先是，巴陵吴南屏敏樹爲桐城派古文，湘鄉曾滌生國藩嗜而學焉。滌生早達，官京師，遍交當時賢士大夫，治義理、訓詁、詞章皆粗有得，思爲和合漢宋之學。亂起，滌生治軍，建大功，爲元臣。雖後半生盡瘁政治，不盡所學，然學風固影響一世矣。同時並名者益陽胡潤之林翼、湘陰左季高宗棠並才氣過人，學問根柢亦不淺。

湘陰郭筠仙嵩燾少與劉霞仙④、曾滌生同學，學風略相類。亂起，參諸軍，常密勿運籌。晚乃持節使英法⑤，周知西國之爲⑥。國人知歐洲有文化道術治法，蓋自筠仙始。其於舊學亦邃，經部、史部著作頗多。同時有平江李次青元度諳熟掌故，善爲文。

---

①湘鄉　稿本作“新寧”，左側小字寫“湘鄉”。　同縣友　文集本、合集本作“友同縣”。

②鑫　原作“鑫”，稿本、文集本、合集本同，據羅正鈞王壯武公年譜改。

③講誦　文集本、合集本作“誦講”。

④霞　原作“蓉”，稿本同，據文集本、合集本改。

⑤使　原脱，文集本、合集本同，據稿本補。

⑥西　稿本、文集本、合集本作“四”。

湘潭王壬秋闓運本文士，治今文經學，有盛名於同光間，然晚節猖披，殆等錢牧齋矣。其著述亦浮薄鮮心得。善化皮鹿門錫瑞晚出，亦治今文學，博洽翔實，非壬秋敢望也。而長沙王益吾先謙雅善鈔纂，淹博而能別擇，撰述甚富，咸便學者。

瀏陽譚復生嗣同與其友同縣唐紱丞才常共學。復生少治龔魏之學，好今文家言；又研究船山學，能爲深沉之思；晚學於楊仁山，探佛理。所著仁學，能發奇論。與紱丞先後死國難，年並不逾四十，所學未竟什一也。

十二、湖北

湖北爲四戰之區，商旅之所輻集，學者希焉。清初惟有天門胡石莊承諾著繹志六十卷，成一家言①。康熙間則孝感熊青岳賜履以治程朱學躋顯宦②，好詆諆陸王，其學無自得也。咸同間則有監利王子壽柏心著樞言，當時曾胡輩頗重之。光緒間有黄岡洪右臣良品頗治經，欲繼毛西河之業爲古文尚書平反。有宜都楊星吾守敬頗治金石校勘目録之學。

十三、福建

福建，朱晦翁僑寓地也，宋以來稱閩學焉。明季，漳浦

①言　合集本作“書”。

②賜履　原脱，據稿本、文集本、合集本補。

黄石齋道周爲理學大師，與劉蕺山齊名。其學精研象數，博綜掌故，一矯空疏之病。清初有莆田吴任臣志伊善史學，爲顧亭林所稱。有閩縣方子向邁能辨易圖，與毛西河往復，史部著述亦富。康熙間，則安溪李晉卿光地善伺人主意，以程朱道統自任，亦治禮學、曆算等，以此躋高位，而世亦以大儒稱之。同時有同安陳資齋倫炯善言海防，能繪圖，終於武職，世莫知爲學者也。晉卿弟耜卿光坡則亦學晉卿之學而自得似較多，其子姓中亦多傳禮學云。雍正間，則漳浦蔡聞之世遠亦以程朱學聞於時。乾隆間，則建寧朱斐瞻仕琇能爲古文①，朱笥河亟稱之。而汀州雷翠庭鋐則繼李蔡治理學。嘉道間，有侯官陳左海壽祺治經贍博而精審，卓然一大師。並時江浙諸賢，未或能先也。其子樸園喬樅治今文家言，偏輯西漢佚説②，用力最勤。而光澤何願船秋濤治西北地理，著朔方備乘，其學力與張石洲、魏默深相頡頏焉。嘉道間③，閩縣林鑑塘春溥治古史，極博洽而缺別擇，蓋馬宛斯之亞也。

十四、廣東

吾粤自明之中葉，陳白沙、湛甘泉以理學倡，時稱新會學派，與姚江並名，厥後寖衰矣。明清之交，士多仗節死國，其遺逸則半遁空門，或以詩文顯，而學者無聞焉。惟新會胡

①斐瞻　原作“斐贍”，文集本、合集本作“裴贍”，據稿本改。

②偏　合集本作“編”。

③嘉道間　原脱，據稿本、文集本、合集本補。

金竹大靈力學自得①,時以比白沙。康熙末,惠半農督廣東學政②,始以樸學厲士,其秀者有惠門四君子之目,然仍皆文士,於學無足述者。粤中第一學者,推嘉慶間之海康陳觀樓昌齊。觀樓學甚博,於大戴記、老子、荀子、吕覽、淮南皆有校注,又善算學,今著述存者甚稀③。然大儒王石臞爲其文集序,稱其考證爲能發前人所未發。石臞不輕譽人,則觀樓之學可想也。

時則阮芸臺先生督兩廣,設學海堂課士。道咸以降,粤學乃驟盛。番禺侯君謨康、子琴度、南海桂子白文燦、南海譚玉生瑩、嘉應吴石華蘭修、番禺林月亭伯桐、南海曾勉士釗、嘉應李貞甫黼平、番禺張南山維屏、番禺李恢垣光庭、南海鄒特夫伯奇、番禺梁南溟漢鵬、順德梁章冉延枏、香山黄香石培芳咸斐然有述作。而君謨善治穀梁傳,名其家,又爲諸史作補注及補表志。月亭善毛詩。石華能説南漢史。玉生校刻粤雅堂叢書,每書爲之跋。恢垣熟於地理,著漢西域圖考。特夫、南溟則獨精算學。特夫與湘之鄒叔績齊名,稱二鄒;又善光

---

①按,錢林文獻徵存録卷四:"胡方,字大靈……居新會金竹園,學者稱金竹先生。"依文例,"胡金竹大靈"宜作"胡大靈方"。

②惠半農　稿本作"惠松厓"。按,錢大昕潛研堂文集卷三十九惠先生棟傳:"惠先生棟,字定宇,號松厓,侍讀學士士奇之次子。……學士視學粤東,先生從之任所。粤中高才生蘇珥、羅天尺、何夢瑶、陳海六,時稱'惠門四子',常入署講論文藝,與先生爲莫逆交。"

③稀　稿本作"希"。

學，能布算以測光綫曲折。南溟亦雅善製器。

咸同之間，粤中有兩大師，其一番禺陳東塾先生灃，其一南海朱九江先生次琦也。東塾蚤歲著學海堂弟子籍，晚而爲"學長"垂三十年。學海堂無山長，置學長六人，終身職。九江則以其學教授於鄉。兩先生制行皆極峻潔，而東塾特善考證，學風大類皖南及維揚。九江言理學及經世之務，學風微近浙東，然其大恉皆歸於溝通漢宋，蓋阮先生之教也。東塾弟子遍粤中①，各得其一體，無甚傑出者。九江弟子最著者則順德簡竹居朝亮、南海康長素先生有爲。竹居堅苦篤實②，卓然人師，注論語、尚書，折衷漢宋精粹。長素先生治今文經學，能爲深沉瑰偉之思，實新思想之先驅。啓超幼而學於學海堂，師南海陳梅坪先生瀚，東塾弟子也；稍長乃奉手於長素先生之門，蓋於陳朱兩先生皆再傳弟子云。啓超之友嘉應黄公度遵憲著日本國志，有史才，其學略可比郭筠仙。而番禺朱執信執信亦學海堂舊人③，能以學術輔革命。

十五、廣西

廣西崎嶇山谷，去文化圈絶遠，學者無得而稱焉。雍乾間有臨桂陳榕門弘謀講程朱學，爲達官，有著書，時論頗稱之。然以置他省，車載斗量矣。咸同間有象州鄭小谷獻甫，

①弟子　原作"子弟"，據稿本、文集本、合集本乙。

②原於"苦"後錯排下一行之"治"字，據稿本、文集本、合集本正。

③按，朱氏名大符，字執信，以字行。

陳東塾曾稱其學。又有蘇㸚山其名及縣籍待考著墨子刊誤[①]，東塾爲之序，稱其"正譌字，改錯簡，涣然冰釋，怡然理順，而備城門以下尤詳"云。斯亦一奇士一奇書矣。晚有臨桂唐春卿景崇注新唐書，世以比裴松之[②]。

十六、四川

四川夙産文士，學者希焉。晚明成都楊升庵慎以雜博聞。入清乃有新繁費燕峰密，傳其父經虞之學，而師孫夏峰，友萬季野、李恕谷，著書大抨擊宋儒，實思想界革命急先鋒也。康熙中葉，則有達縣唐鑄萬甄著潛書[③]，頗闡名理，洞時務。然兩人皆流寓江淮，受他邦影響不少也。同光間，王壬秋爲蜀書院師，其弟子有井研廖季平平，治今文經學。晚乃穿鑿怪誕，不可究詰。戊戌之難，蜀士死者二人，曰富順劉裴村光第[④]，曰綿竹楊叔嶠鋭，並能文[⑤]，而裴村之學更邃云。

---

①稿本有任公眉批曰："蘇㸚山名時學，字斅元，梧州藤縣人。有㸚山筆話十四卷，其書先考經史，次及文集，後附雜語，皆自抒己見。詳越縵堂日記孟學齋日記，乙集中，一三。"按，陳澧東塾讀書記卷十二："近者藤縣蘇時學（舉人，字㸚山）著墨子刊誤，是正頗多，稍稍可讀矣。"

②稿本無"晚有臨桂唐春卿景崇注新唐書世以比裴松之"十九字。　裴松　原作"農招"，據文集本、合集本改。

③有　原脱，文集本、合集本同，據稿本補。

④裴　原作"斐"，後一處同，據稿本、文集本、合集本改。

⑤原於"並"下衍"學"字，文集本、合集本同，據稿本删。

十七、雲南

雲南自宋玉斧畫江後①，幾爲化外。元明清以來，政治上皆在半羈縻的狀態之下，無論文化也。至咸同間有寶寧方鴻濛玉潤著詩經原始，善能説詩，可比崔東壁②。鳳毛麟角，致足珍焉③。

十八、貴州

貴州亦自昔窵遠樸僿。自道光間程春海爲學政，提倡漢學，而獨山莫子偲友芝、遵義鄭子尹珍興焉，咸通小學，善校勘。子尹子伯更知同亦能傳家學④。而遵義黎蒓齋庶昌能爲古文，善刻書⑤。

十九、奉天

奉天，新開化地耳，然雍乾間有一學者焉⑥，曰鐵嶺李鐵君鍇，著尚史，世以比馬氏繹史。後此無聞焉。

---

①原於"宋"下衍"至"字，文集本、合集本同，據稿本删。

②可比　稿本作"過於"。

③焉　稿本作"矣"。

④亦　原脱，據稿本、文集本、合集本補。

⑤善　原作"好"，據稿本、文集本、合集本改。

⑥雍乾間　稿本作"清初既"。按，李氏生於康熙二十五年。　原"者"字與下句"鐵"字互乙，據稿本、文集本、合集本正。

二十、蒙古及滿洲

蒙滿人在京師者亦頗漸染於學[1],然能詩文者多,精治一學者少。獨咸同間蒙古倭艮峰仁治宋學[2],與曾滌生爲學友。滿洲七椿園十一能言塞外地理,有著述。光緒間則滿洲宗室盛伯羲昱,能爲金石考證。

---

①漸染　原作"染漸",文集本、合集本同,據稿本乙。

②咸同　稿本作"道咸"。按,倭仁生於嘉慶九年,卒於同治十年。

附表①

朝代 人數 省別	順康雍	乾嘉道	咸同光宣	總數	百分率
	人數				
直隸及京兆	二十七人	九人	三人	三十九人	九・〇
陝西	十二人		二人	十四人	三・二
山西	四人	二人	一人	七人	一・六
甘肅		一人		一人	・二
河南	十人	二人		十二人	二・八
山東	五人	八人	七人	二十人	四・六
江蘇	三十九人	五十六人	二十三人	百一十八人	二六・八
安徽	十人	二十一人	八人	三十九人	九・〇
浙江	二十五人	三十七人	二十五人	八十七人	二〇・一
江西	七人	四人	二人	十三人	三・〇
湖南	一人	九人	十五人	二十五人	五・八
湖北	二人		三人	五人	一・二
福建	七人	四人	二人	十三人	三・〇
廣東	一人	一人	二十二人	二十四人	五・五
廣西		一人	三人	四人	・九
四川	二人		三人	五人	一・二
雲南			一人	一人	・二
貴州			四人	四人	・九
奉天		一人		一人	・二
蒙古及滿洲			三人	三人	・七
	百五十二人	百五十六人	百二十七人	四百三十七人	九九・九

①附表　原脱，文集本、合集本同，據稿本補。按，陝西人數順康雍下原作“十二”，核諸前文，當作“十四”，後總數下亦由“十四”改作“十六”（前順康雍下之總數亦當由“百五十二”改作“百五十四”），適與全數四百三十七合。如此，則百分率亦將引起相應變化，故不作改動。

清代政治與學術之交互的影響[①]

第一次

人類的進化是由於兩種勢力交互進行而成功的:一種是人類的心理,一種是環境。這兩種勢力到底那一種大呢?這是不能斷定的。主張心理的勢力大的是唯心派,主張環

①一九二三年秋,任公任教清華學校,講授中國近三百年學術史,成十二講,並有講義排印本。其第二、三、四講即清代學術變遷與政治的影響,同年十二月一日晨報五週年紀念增刊刊行此文,文首有任公按曰:"本文爲今秋在清華學校所講中國近三百年學術史之第二章。晨報紀念號徵文,因校課罕暇,輒録副塞責。但近頃在師範大學國文學會續講此題,頗有所增訂,未及校改。或將來該會有筆記,可資參考也。"按,任公在北京師範大學國文學會講演共四次,題爲清代政治與學術之交互的影響,經汪震、姜師肱、李宏毅、董淮筆記,連載於北京師大週刊一九二三年十一月十八日、十二月九日、十二月十六日及一九二四年一月十三日四期;又載國文學會叢刊第一卷第二號,北京師範大學一九二四年一月印行;後又作爲代序冠於王桐齡中國史第四編卷首,北平文化學社一九二九年八月出版(文末有民國十七年三月八日王桐齡題識曰:"右係民國十二年十一月梁任公先生在北京師範大學公開講演之短篇論文,原題(轉下頁)

境的勢力大的是唯物派①。完全用心理作主是無其事的，如果完全爲環境支配的時候，人類便永遠在一箇地方，不能活動。人類的心理受氣候土地的支配，是不能避免的，但是常有少數人，他們的心理能衝出環境，製造文明，如釋迦、孔子，都是這樣偉大心理的人物。人類的歷史便因這種衝出環境的心理而進步，但是心理無論如何偉大，總有限度，而環境的牽掣也有限度，所以社會便一步一步的前進。人類總有一箇最高的理想懸在高處，但是立刻達到目的是不可能的，這樣時代思潮便發生了。因爲有偉大的心理，所以有思潮；因爲有環境的限制，所以成爲時代思潮②。各國各時代都是這樣的。

風俗、習慣等等，都歸入環境範圍以内的，但與思想最有關係的便是政治，所以政治是環境中最重要的一種東西。

講清代學術，我們當然要研究爲什麽造出這種學術來？評價怎麽樣？這樣不得不研究當時所處的環境，所以要講

(接上頁)爲‘清代學術與政治之交互的影響’，以其文簡單明了，可以通觀清代大勢，刊之卷首以代序文。”收入時，稍有校訂)。此四講與中國近三百年學術史相較，文字稍有不同，内容偶有增删。兹據北京師大周報本收入，並校以國文學會叢刊本(簡稱叢刊本)、王桐齡中國史本(簡稱代序本)、中國近三百年學術史之校訂本(中華書局二〇二〇年一月出版，簡稱學術史)。因隨講隨記，史實語詞偶有乖互之處，皆據相關文獻爲作簡要校訂或説明。

①代序本無“主張環境的勢力大的是唯物派”一句。

②爲　原作“功”，叢刊本同，據代序本改。

政治了。

因爲要説明這一時代的學術，不能不顧到前一時代的狀況；這樣我們便不能不説到明朝天啓、崇禎年間的事了。清代的學術便是對於明朝學術的一種反動。明朝的唯一學派便是陽明學派，一箇創於最偉大的人物王陽明先生的最偉大的學派。雖然有許多人批評這箇學派，但是要把王陽明本身、王學與王學的末流，分别看待。晚明三十年與陽明先生已相隔百餘年，那時陽明學派變做陽明學閥。王學的人與佛教的禪宗幾乎混而爲一了，禪宗不尚問答思辨，以爲這樣越講越支離，所以在人講説的時候，便用嚇與打的方法①，把人嚇住。因爲這樣，所以不學無術的人狠可以作僞。王學末流的人，終日談天説性，如果論到條理方法，便以爲支離，所以人都是束書高閣，不學無術。這是明末三十年的情形。

晚明的學士狠歡喜干政（狠像現在的學生），在造成輿論的方面是狠好而可恭維的，不過太無常識，所言論的與實際政治相隔太遠。流寇遍地，有人主剿，有人主撫，滿洲來侵②，紛紛主戰；但是無論如何，一講到方法上，便目之爲支離了，所以是一無實際。

崇禎皇帝是一位鞠躬盡瘁的賢君，但是知人不明，所以

①嚇與打　代序本同，叢刊本作“棒嚇”。

②滿洲　原作“滿州”，本篇内“滿洲”、“滿州”互用，兹爲統一作“滿洲”。

十七年間换了五十三箇宰相,其中好人壞人都有。固然魏忠賢與當時的閹人,及奔走宦門的無恥官僚是亡國的罪人①,但是一般士大夫不能不分一部分責任。

當時反對陽明學派的共有三派:(一)事功派②,(二)文學派,(三)魏忠賢派。

事功派以張居正爲代表③,專講實際,看不起這一般與實際無關的講學先生。

文學派以王世貞一般人爲代表,他們看書狠多,而且狠有歷史的研究,也覺得王學過於空虛。

魏忠賢一派閹黨,是專與正人君子爲難的,這樣也就與講學先生爲難了。

這三派與陽明學派爲難,於是陽明派便與這三派對峙④,當時王學的團體有東林、復社。東林純是講學團體,因爲受反對黨的迫害,於是也固結團體對抗。復社本有政治意味,規模大,而且人雜,他們歡喜政治活動固然狠好,但是只能説空話,這是缺點。

當時除東林派是真的陽明派,其餘無論復社與附和魏忠賢的一黨⑤,都是一般八股先生在那裏活動。他們除五經

①及　原脱,據叢刊本、代序本補。

②③事功　原作"持躬",據叢刊本、代序本改。

④叢刊本於"明"後有"學"字。

⑤一　代序本作"閹"。

大全、四書大全等書之外①，一無所知，所以明末的最後的一幕戲，便是這兩派旗幟不同的八股先生的奮鬬。

明末的士風這樣，所以爲清初學者的晚明遺老都有一種覺悟，顧亭林便是其中之一箇。他的日知録説：

> 古之清談談老莊，今之清談談孔孟。

又説：

> 今之君子……聚賓客門人，……與之言心言性，舍“多學而識”以求“一貫”之方，置“四海之困窮”不言，而終日講“危微精一”之説，……我弗敢知也。

李剛主也説②：

> ……高者談性天，撰語録，卑者疲精死神於舉業；不惟聖道之禮樂兵農不務，即當世之刑名錢穀，亦懵然罔識，而搦管呻吟，自矜有學。……中國嚼筆吮毫之一日，即外夷秣馬厲兵之一日。卒之盜賊蠭起，大命遂傾，而天乃以二帝三王相傳之天下，授之塞外。

---

①叢刊本於“等”後有“性理大全”四字。

②李剛主　原作“顔習齋”，叢刊本、代序本同，據學術史改。

當時滿洲的來侵,流寇張獻忠、李自成的磨刀殺人,促成學者的覺悟,這便是學術與政治的交互的影響。

西曆一六四四年三月十九日以前是崇禎十七年①,五月初十日以後是順治元年。明清的交代使人受狠大的刺戟,由於(一)非我族類的滿洲入關太僥倖②,(二)熱心任事的崇禎皇帝弔死煤山③。所以當時學者(永遠是少數學者代表社會的)起狠大的自覺,以爲國亡是他們的責任,所以一般東林、復社的陽明學者都出來反抗滿洲,推出魯王、唐王、桂王、福王,在浙江、福建、廣東、雲南一帶組織政府,直到順治十六年緬甸人把桂王交給吴三桂爲止④。這都是一般無權無勇的陽明學者鼓動出來的事業。

這一般學者死得狠多⑤,黄梨洲便是拚九死獲一生的。(滿洲政府把他的像挂在城門上,無可逃的時候,便卧在沙上,以沙掩身,一夜死去,明日救醒。)這一種與外族奮鬭的悲慘的政治生活便是陽明的真價值⑥。當時這一般學者經過這一番大變動,也就如春蠶變蛾,蜕化出一種新生命。以爲明亡是明學的恥

①任公此處陰陽曆混用致誤。按,明史卷二十四莊烈帝本紀:“三月丁未,昧爽,内城陷。帝崩於萬歲山。”丁未即十九日,對應西曆爲一六四四年四月二十五日。

②由於(一) 代序本作“(一)由於”。 叢刊本於“太”後有“過於”二字。

③代序本於“(二)”後有“由於”二字。

④桂王 原作“閔王”,據叢刊本、代序本改。

⑤叢刊本於“死”後衍“的”字。

⑥代序本無第二箇“的”字。

辱，於是拋棄空談，專講實用了。

清初學者的講學，並不是爲學術而講學的，實在是爲政治而講學的。他們以爲“胡人無百年統治中國者”①，於是夢想把滿洲驅走後，應當如何建設②。一面爲反抗的活動，一面爲將來建設的預備。放射了最後的一顆子彈，只好拋棄悲慘的政治生活③，而爲學者的生活了。他們夢想的經世致用之學④，晚年知道不能實行了，纔想改良學風。黄梨洲、朱舜水便是這一派的代表人物⑤。

關於政治的環境，滿洲征服中國，先易後難。順治元年四月得北京⑥，二年三月得南京⑦，黄河與長江的流域指揮約定，但是小小的南方的地方，直到順治十七年鄭成功拋棄福建、經營臺灣纔平定。順治的十七年無日不在奮鬬之

①胡人無百年　原作“無五百年”，代序本作“外夷無五百年”，據叢刊本改。按，朱元璋諭中原檄：“古人云：胡虜無百年之運。”

②代序本無“應”字。

③代序本無“的”字。

④世　原作“濟”，叢刊本、代序本同，據學術史改。

⑤的　代序本作“之”。

⑥四月　應作“五月”。按，清史稿卷四世祖本紀：“五月戊子朔，以捷書宣示朝鮮、蒙古。己丑，大軍抵燕京，故明文武諸臣士庶郊迎五里外。睿親王多爾衮入居武英殿。”

⑦三月　應作“五月”。按，清史稿卷四世祖本紀：“（五月）丙申，多鐸師至南京，故明福王朱由崧及大學士馬士英遁走太平，忻城伯趙之龍、大學士王鐸、禮部尚書錢謙益等三十一人以城迎降。”

中①,最使滿洲政府寒心的是順治十六年鄭延平、張煌言二人的會師北伐②,江南一帶地方紳士都把滿洲兵驅走,反正過來。

到了永曆被拿③,鄭成功逃走,順治也就死了。康熙初年,中國表面上纔平定,但是强將吴三桂、耿精忠、尚之信還統帶雲南、廣東、福建兵④,成了尾大不掉的形勢。三藩跋扈,康熙十二年造反,二十一年纔平定⑤。統計滿洲入關,四十天得的燕京,完全得中國是四十年。這四十年的經驗,滿洲對於統治中國的方法更進步了,覺得用武力與中國的兵交戰是没有困難的,最難統治的是這一般讀書人的領袖。他們雖然没有兵,但是他們的心力狠强,而能得群衆的隨從,所以四十年間政策共有三變:

(一)順治元年至十年爲利用政策;

(二)順治十一二年至康熙十年爲高壓政策;

(三)康熙十一二年至康熙末年爲懷柔政策。

---

①代序本於"年"後有"中"字。

②鄭延平張煌言二人　原作"鄭延平張名振張煌言三人",叢刊本同,據代序本删改。按,清史稿卷二二四張煌言傳:"(順治)十二年……名振中毒卒,遺言以所部屬煌言。"則其人不得預十六年北伐事。

③拿　代序本作"擒"。

④兵　原脱,叢刊本同,據代序本補。

⑤按,清史稿聖祖本紀一:"(康熙二十年十一月癸亥)疏報王師於十月二十八日入雲南城,吴世璠自殺,傳首,吴三桂析骸,示中外,誅僞相方光琛,餘黨降,雲南平。"則康熙二十年十月,三藩之亂平。

第一期的時候，睿親王多爾袞攝政，滿洲倉猝入關，夢中没有想到來做中國的皇帝，所以必須要許多爲虎作倀的人出來幫助。因此年年開科取士，也有一部分的無恥而熱中的人爲其網羅，如陳之遴、陳名夏、龔鼎孳、孫承澤，都是些八股家能做詩文的浮華的濫名士。多爾袞攝政的時代，都是利用這些人來收拾人心的。

順治七年多爾袞死了，順治親政。他非常厲害①。陳之遴説看見順治的苦笑的面孔②，滿朝的人都戰慄。順治非常有本領，因多爾袞的利用政策，而産出高壓政策，陳之遴、陳名夏一般人都被殘害。順治十三十四十五年，因爲科場鄉試買官的事情，忽然大發雷霆，把總裁、主考、新進士一齊入獄，許多才子名士都死了，充軍的狠多。這種坑儒的科舉案，是專對待穿長衣服的人而造成專制事業的。

順治把中流以下的人都壓倒，然後對於長江南北示威。凡有欠錢糧一文錢者，即將功名革去，並且收監。有一位無聊的文人葉方靄③，一面中進士，點探花，一面將舉人底子革去，於是有"探花不值一文錢"之諺。當時得罪名者共有一萬三千家之多，大凡江南名家都被陷害了。

後來經驗更增加多了④，看出這般八股先生無甚用處，

①代序本無"他"字。

②苦笑的　原作"酷肖"，代序本作"冷酷"，據叢刊本改。

③聊　代序本同，叢刊本作"恥"。

④代序本無"多"字。

最利害的是不膺科舉的山林學者，所以順治末年便興文字獄。康熙二年莊廷鑨的明史文字獄，七十餘人都被殺。三年孫夏峰入獄，五年顧亭林入獄，六年黃梨洲也入獄。① 但是這種行爲只增加學者的反抗。

康熙親政的時候，三藩之亂已經將起了，所以就改用了懷柔政策。康熙是一位寬洪大度的人，也是中國歷史上的一箇大人物。他的懷柔政策分三步實行。

康熙十二年徵全國山林隱逸。自然多少無關重要的人都出來冒充遺老了，當時有詩譏誚説："西山薇蕨喫精光②，一隊夷齊下首陽。"③但是真的山林隱逸有力量反抗政府的人，是一箇不出來，所以這一舉不得不認爲失敗了。

第二着，康熙十七年薦舉博學鴻儒。黃梨洲等大儒的門生有被舉入的了，但是這些大師仍然不來。顧亭林説是"刀繩俱在，不懼一死"；李二曲病辭不得④，"檻車進賢"，李七天不食，拔刀自刺，纔容他去的。這一着比較可以緩和一部分的人心。

---

①按，據孫夏峰先生年譜、黃梨洲先生年譜，孫黃二人平生未有入獄之記載；而顧亭林入獄事，據全祖望亭林先生神道表：康熙七年，亭林"自山東入京師，萊之黃氏有奴告其主所作詩者"，亭林"聞之，馳赴山東自請勘，訟繫半年"云。

②喫精　原作"起真"，據叢刊本、代序本改。

③按，此二句，代序本作"聖朝特旨試賢良，一隊夷齊下首陽。（中略）非是一朝忽改節，西山薇蕨喫精光"。

④得　叢刊本作"獲"。

康熙十八年開明史館。當時學者固然不肯合作,但是對於故國文獻仍然依戀不舍,而注意國史之編輯。雖然顧黄都不到,他們的弟子潘耒①、萬斯同都是顧問編輯,而建議的狠多。這是最高明的一着。

康熙這一着把許多有名的學者喚來,他自己又是箇好皇帝,政治修明,這一般學者事實上不能再反抗;又因明史館的關係,因之緩和了許多。這與清朝學術大有關係。

清初的第一期的政策是完全無效的,第二期的政策的結果是使學者不敢説話,第三期政策的結果是緩和學者的感情,使他們專心提倡學術。

此外,明清之交有一件狠重要的事,即是天主教之耶穌會的入中國。歐洲馬丁路德創立新教,舊教摇動。舊教中熱心的人,經了教皇的承認,出來組織耶穌會。他們有三種特色:

(一)比較最重科學。

(二)把目的地放在海外的中國與美洲。明末利瑪竇到中國來傳教,便是看了中國士大夫不能專心信仰,而打起提倡學術的招牌的。徐光啓、李之藻都因爲研究學問而信了天主教②。徐光啓譯的幾何原本,字字精妙。他們的學

①耒　原作"來",代序本同,據叢刊本改。

②之　原作"光",叢刊本同,據代序本改。

問都是狠好的。

（三）交結貴族。在中國便交結士大夫，而不與下等社會接近。徐光啓是崇禎的五十三相之一，有一部分學者狠受他們的影響。

天主教人看滿洲不能有爲，乃向漢人運動。永曆皇帝上羅馬教皇求上帝的威靈幫助匡復的表，目今還在義大利[①]。

明末産生曆法改革問題。徐光啓主張用西法，清朝的欽天監兼用耶穌會的人。康熙受中國文化，又歡迎西方文化。他的南書房裏，中國人有三分之二，西洋人三分之一[②]，每日必有中國人"經筵進講"，隔幾天一次請西洋人講測量學、生理學，等等。所以，當時的南書房的翰林是政治中心。（當時梅文鼎著了許多數學書，其中最難而有些自己還不能解決的是數學難題，康熙改了幾條，梅狠佩服。）

康熙在文化事業上有幾件不朽的事業：

（一）著作的康熙永年曆[③]、數理精藴[④]、曆象考成[⑤]，及製造觀象臺上的儀器（即是凡爾賽和約使

---

①目　代序本作"現"。

②代序本於"人"後有"有"字。

③代序本無"的"字。

④藴　原作"問"，代序本同，據叢刊本改。

⑤成　原作"證"，代序本、叢刊本同，據原書書名改。

德國退還的儀器)①,乃是三百年前最好的儀器。

(二)用三十四年的工夫測量内外蒙古、十八省,成功皇輿一覽圖②,大臣各賜一幅,康熙都告訴他們自己製造這圖的苦心(現在的内府地圖是康熙的底本)。

康熙狠歡喜美術。三王的畫,雖然本質好,然而也不能不説是他提倡起來的。他也歡喜西洋美術,焦秉貞(西洋美術家)是一箇狠得意的内廷供奉③。理學對於程朱派狠有研究,歷史歡喜看資治通鑑,日日不離。也能賞鑑中國文學,所以他的思想便影響全國了。

第二次

綜合前次所講順治④、康熙時代之内幕,與康熙帝本人的性格⑤,就中幾件重要事實,可以了解清初學術之來歷。從順治元年到康熙十二年,全學術界盡爲前明遺老所支配。他們對於陽明學派,或大倡革命,或加以修正,總其旨

①( ) 原脱,代序本同,據叢刊本補。 凡爾賽 原作"凡賽爾",代序本同,叢刊本作"瓦賽爾"。按,關於德國歸還中國天文儀器之規定,載凡爾賽和約第一百三十一條。據改。

②輿 原作"宇",叢刊本同,據代序本改。

③供 原作"貢",叢刊本同,據代序本改。

④次 代序本作"面"。

⑤代序本無"帝"字。

歸，皆趨於"經世致用"一途。他們只用大刀闊斧把學問門徑劈開，至其詳細條理，精密結構，皆以俟諸後人。其中代表人物之最偉大者，爲黄梨洲、顧亭林、王船山、朱舜水等幾位先生。

一、黄梨洲　梨洲是王學之繼承者，——也是王學之修正者。他生長餘姚，爲陽明的胞同鄉。陽明之後傳其學者有劉蕺山，而梨洲又是劉的高足弟子①。他與陽明之關係既深，於王學的根底甚厚，對於王學，一面繼承，一面修正，而使王學竟得以善終。王學末流，逼近禪宗，一般學者束書不觀，游談無根，以"静坐"、"明心見性"爲其護符，而自己之品格②，毫不置顧③，放蕩猖狂，空談高調④。甚至如李卓吾所説"酒色財氣，不礙菩提路"者，王學之末流，弊至於斯！在劉蕺山當時已有修正⑤，到了梨洲，矯正更多。（他品格嚴正，讀書極富。）所以與其説梨洲爲王學之繼承人⑥，勿寧説他是王學的修正者⑦。

梨洲於修正王學外，更擅長史學。清代江蘇、安徽兩

---

①代序本無"又"字。　是　原脱，據叢刊本、代序本補。　足　原作"第"，據叢刊本、代序本改。

②而　原脱，代序本同，據叢刊本補。

③置顧　代序本同，叢刊本作"顧惜"。

④空談高調　代序本同，叢刊本作"不知紀極"。

⑤有　叢刊本作"多"。

⑥之　代序本作"的"。

⑦勿　叢刊本、代序本作"毋"。

省，多出考證學家，而兩省之派别也不同。江西多出文學家①，惟浙江則多出史學家，這是地理的關係使然。不過浙江所出史學家②，尤以浙東爲最顯，其原因或者是人的關係。梨洲之父尊素爲魏忠賢誣害而死③，臨死前，囑子致力史學，梨洲時年十四五歲④，受刺激至爲深痛，所以對於史學終身不懈。他有明史案二百餘卷⑤，可惜已佚；又有宋史稿，也未完成。現存最重要的大著作爲明儒學案、宋元學案，兩書體裁系統，皆極周密。他的門生萬季野（斯同），史學最優⑥。現在二十四史，除前四史外，最好的要數明史，而明史之材料則多出於萬⑦。原來現在之明史題名“横雲山人”者，即係王鴻緒。王以不學之人，主撰明史，其中十八九皆竊自萬⑧。歷來獨力作成一史者，太史公、班孟堅之後，要算萬氏季野了。梨洲再傳爲全謝山（祖望），又傳而爲章實齋（學誠），都是浙東人。現在章太炎也應屬於此派，他的根本學問，以我説，狠受些梨洲的影響。不過這也奇怪，他只恭維顧亭林，

①代序本無“出”字。

②代序本無“不過”二字，又於“出”後有“的”字。

③尊　原作“遵”，代序本同，據叢刊本改。

④十四五　叢刊本作“十七”，前清初五大師學術梗概亦曰“在十四五歲以後，遵父命研究史學”。按，黄尊素卒於明天啓六年，梨洲時年十七歲。

⑤二　原作“三”，代序本同，據叢刊本改。

⑥最優　叢刊本作“也最長”。

⑦多　原脱，代序本同，據叢刊本補。　叢刊本於“萬”後有“氏”字。

⑧代序本於“十”後有“之”字。　叢刊本於“萬”後有“氏”字。

而不敬重黄梨洲。總之，浙東派論史卓見，確是梨洲開其端。

梨洲是陽明學派之結局人物，也是清代史學之開山大師。

二、顧亭林　清代各學派的門徑，皆自他開端，論有清一代學術分上，他要算“太祖高皇帝”了。所以任何學派，皆不能對他有微詞的。他的品格極方嚴，他雖是江蘇崑山人，而却嫌南人文弱輕浮，所以後半生的生涯①，盡在北方。他全生涯的方向，受他母親的感化狠大。他幼承祖父命出繼堂叔爲子，他的母親王氏十六歲未婚守節，撫育他成人。他一生學問，一部分得自祖父，一部分得之母教。崑山爲清兵陷後，母餓二十七日而死(母時年五十六)②，死時，遺命其子不得事滿洲。他本是一位最富於血性的人，又受其母親的感化與最後熱烈的刺激，故其終身人格和全生涯之方向，遂確定不移的從此立住。他初時只肯把母親淺殯，立意要等北京恢復、崇禎奉安後，再舉行葬禮。過了兩年，覺這種希望狠杳茫，纔勉强把母先行安葬了。當時隆武(唐王)在福建，遥授他職方司主事。他以東南悍將惰卒，不足以成事，且又地利亦不宜於進取③，於是決計棄家北游。他想通觀國内地理

①叢刊本於“以”後有“他”字。

②按，顧亭林亭林餘集先妣王碩人行狀：“七月乙卯崑山陷，癸亥常熟陷，吾母聞之，遂不食，絶粒者十有五日，至己卯晦日而吾母卒。……享年六十。”

③代序本無“亦”字。

形勢,陰結豪傑,以圖光復。旅行終年①,賴他善於理財,始終不曾困乏。他每到一地,認爲有注意價值者,便暫住,從事墾田,墾好了,交給朋友或門生經理,又往他處。河南淮河一帶,山東登萊一帶,奉天遼陽、山西大同等處②,他俱到過。他到處皆作政治活動,而皆帶著秘密性質。他以爲南方人力上不足圖光復,地理上又難占優勝,故其足迹所至,皆限於北方。他的光陰,一半都消磨在旅途中。他每出游,照例用兩匹馬换着騎,兩匹騾馱帶應用書籍。每到一關塞險要地方③,即尋老兵退卒、野人村夫,問長問短,一有不合,便即開書對勘。他的最大目的,只是調查地形險要,一切社會情形和風俗及考古,並不十分注意,不過是附帶的記載一點罷了。他往還河北諸關塞者十幾年,實際上皆作政治之活動,但以餘力從事學問而已。

故老相傳,有他一件軼事④。前清三百年中,在山西有握金融界樞杻之"票號"者,其組織極爲奇離;無論多少家,總是一樣組織法,而號規之謹嚴亦大略相同。有人說這就是顧先生幹的事。他的資本,據説是李自成逃至山西留下

①終年　叢刊本作"半生",代序本作"多年"。
②叢刊本於"奉"前有"及"字。
③每　原脱,代序本同,據叢刊本補。
④有他　叢刊本、代序本作"他有"。

的。這種票號，從清初直到清亡，入民國纔算更易。① 究竟這種事，真假不敢説。總之，他的爲人是狠奇異的。他的天才既極高，他的事迹自然也絶非書癡子一流所能作。

他爲人方正嚴肅，不稍假借，無論如何，絶不作敷衍事，不講門面話。他素日早睡早起，任何人請他喫飯，日將落即去，如請其稍爲逗留，俟篝燈送行，他便説："天下除私奔、盜竊兩種人，焉有正人君子而夜行者？"從此可見他的爲人。

他據論語"行己有恥"、"博學於文"兩句，爲做人與做學問的標準。他深憾當時廉節掃地，學術空腐，極力標出"恥"字以提撕警醒。他最痛心的話是："士大夫之無恥，謂之國恥！"據我説，我們五月七日，因爲别人强暴，我們不能抵抗，實在算不得國恥；惟獨今年十月七日，那般士大夫昧良喪心，墮行無恥，纔算國恥！不知他先生若看着這種現象②，將作何種感想哩③？他的書中，像這樣針針見血的話，講得狠多。他的人格感化力，到了清末，如章太炎和我，皆受了极大影響。

他一生提倡學術人格，交相並重，他對於陽明，大膽的舉起叛旗。他以爲只有經學，無所謂理學，"經學即理學"。

---

①從清初直到清亡入民國纔算更易　叢刊本作"從清初經過清亡，直到了民國纔算更易"，代序本作"從清初繼續到清末，握有中國金融實權，入民國纔算更易"。

②叢刊本無"若"字。

③代序本無"據我説"至"將作何種感想哩"數句。按，"五月七日"，當指日本逼迫袁世凱簽署之"二十一條"事；"十月七日"，當指曹錕賄選總統事。

這種話對不對，是另一問題；不過清代一般學者①，則視此語爲一種信條。他對於朱子狠恭維，因爲朱子的"即物窮理"，與他的主張大致相同。他對於陽明則力持挑戰態度，大肆攻擊，他以爲"晉之亡也，以王衍之清談；宋之亡也，以王安石之新法；明之亡也，有王伯安之致良知"②，相提並論，同事排斥。這種說法，我本人不大贊同：因爲我對於荆公、陽明，皆極佩服。不過於此處狠可看出他實事求是③，反對空談。他如果看見現在青年高談"馬克斯"，晨報副刊之無味的吵嚷的學風④，恐怕他又要討厭反對了。

他講考證學的範圍，並不像後來那樣窄。他既不喜當時空疏無據之空談，所以立言總以找出實在證據爲準則。日知録一書，狠可表現他這種精神。他主張"博學於文"，"文"字非指文章及書籍中文字⑤。他說："自身而至於家國天下，制之爲度數，發之爲音容，莫非文也。"論語"堯舜焕乎其有文章"，"文王既没，文不在兹乎"，就是他所主張的"文"字的大意，就各種學問而研究其條理，即是"博學於文"⑥。

---

①代序本於"代"後有"的"字。

②致　原作"改"，據叢刊本、代序本改。

③實事　原作"事實"，代序本同，據叢刊本乙。

④副　原作"附"，叢刊本、代序本同，據原刊刊名改。

⑤此二句，代序本作"他主張'博學於文'的'文'字，非指文章及書籍中的文字"。

⑥代序本於"文"後有"的事實"三字。

他的精力絶人，學問上開出狠多的方面。日知録序潘次耕説他："綜貫百家，上下千載，詳考其得失之故，而斷之於心，筆之於書。朝章國典，民風土俗，元元本本，無不洞悉。其術足以匡時，其言足以救世。"所以清代的學問，如經學、史學、音韻學、金石學、考證學等，皆顧先生開其端。

黄顧二先生相較，黄修正王學之功，於明清兩代學術，算來只作一箇過渡①；顧則處處開清學之先，算是一箇開創者。

三、王船山　他生在地域較爲偏僻、文化比着稍低的湖南。死後二百年，大家纔知道他，所以他對於後學發生的影響也狠晚。他當時狠少與人往來，又不肯開門講學②，所以没有甚麽相識和門生，不像黄顧兩位先生之聲氣那樣廣。清初下令漢人薙髮，不從就要下獄破家。一般遺老如黄梨洲、顧亭林等既不肯削髮去當和尚，又不甘心作滿洲奴，但是没有方法解免，只好薙髮，拖帶那條豬尾。船山住在衡山，抵死不肯薙髮，便只得躲在深山中③，足迹不敢到城市。他著書極多，道光、咸豐間，鄧湘皋（顯鶴）從事蒐集，編成一張書目；同治時候④，曾沅圃（國荃）刻成船山遺書七十七種二百一十五卷⑤，此外不曾刻的和佚去的還狠多。他的遺書中最

①渡　原作"度"，代序本同，據叢刊本改。
②代序本無"門""學"二字。
③代序本無"便"字。
④代序本無"候"字。
⑤按，曾氏所刻船山著作之種數卷數，見前中國近三百年學術概略第四講。

通行的讀通鑑論、宋論兩種,在清末爲考策論的藍本。這兩種書内提倡種族主義的話狠多,他自己政治上意見①,也常常借着批評史事來發表。他論史的眼光狠特别,他的論斷也狠多翻前人的案。這兩書在史學界上②,總算有狠大的威權和功績。對於政治上,就是清代後來的政治改革③,也多少有受這兩種書的影響的地方。

他對於宋儒,狠佩服張横渠一人。但他比着横渠,却更有深刻的研究,他委實想獨創一派哲學。他對於"性"的見解,和前人都不相同。以前有的說"性"是善的,有的說"性"是惡的,有的說"性"是善惡混的:却都只在形而上的地方發高論④。他以爲先不要問"性"是什麽東西,先要問我們怎麽知⑤。他有知性論一篇,把這種主張提出。他說:

> 言性者皆曰:"吾知性也。"折之曰:"性弗然也。"猶將曰:"性胡弗然也?"故必正告之曰:"爾所言性者,非性也。今吾勿問其性,且問其知。知實而不知名,知名而不知實,皆不知也。"……目擊而遇之,有其成象,而不能爲之名,如是者於體非茫然也,而不給於用;無以

①代序本於"上"後有"的"字。
②叢刊本無"界"字。
③治　叢刊本作"法"。
④都　原脱,代序本同,據叢刊本補。
⑤怎麽知　叢刊本作"如何知道性"。

> 名之,斯無以用之也。……知名而不知實,以爲既知之矣,則終始於名,而惝怳以測其影。斯問而益疑,學而益僻,思而益甚其狂惑,以其名加諸迥異之體①,枝辭日興②,愈離其本。……夫言性者,則皆有名之可執,有用之可見,而終不知何者之爲性,蓋不知何者之爲"知"③,而以"知"名當之。……故可直折之曰:"其所云性者非性,其所自謂知者非知。"……(薑齋文集卷一)

他這種哲學出發的方向,狠與西洋哲學趨勢有些相似。西方哲學家,前此惟高談本體,後來漸漸覺得不辨明知識之來源,則本體論等於瞎説,從此認識論與論理學就成了哲學的主要部分④。中國最初所講哲學⑤,大抵不問知識的來源和本質。所以船山的這種見地,在學術史上總算有極大的供獻。我對於船山的學問,未得深加研究,所以即刻難把他具體講出,以後如有人能致力於此,我相信總要有狠多發明罷。

船山學術,二百多年没有傳人,到咸同間,羅澤南、曾文正等始稍受其影響。晚清之末三四十年間,立憲、革命兩派

①迥 原作"迴",代序本同,據叢刊本改。
②日 原作"口",代序本、叢刊本同,據王氏原文改。
③者 原作"如",代序本同,據叢刊本改。
④與論 原脱,據叢刊本補。代序本無"與"字。
⑤代序本於"講"後有"的"字。

主要的人物,如我的朋友譚嗣同,他就是最得力於船山的①。

四、朱舜水② 他在國内幾乎没有人知道,然而却在外國發生莫大的影響。他也是浙江餘姚人,而爲陽明、梨洲的胞同鄉。我們研究他的傳記,知道他曾在舟山和梨洲同事一年,但他倆却是不曾相識,説來總算奇怪了。我們推測這種原因:當時梨洲才華狠好,早有聲名,而舜水韜光匿名,不事表暴,而且他又不喜陽明學派,因此兩人遂相隔閡。梨洲不知舜水,舜水亦復看不起梨洲,也未可知。梨洲晚年曾有過記兩異人的一篇文章,其中一箇就是朱舜水,但他把"朱"誤記爲"諸",姓就記錯了。舜水在遺老中,最爲激烈。在初阮大鋮和軍人方國安想收羅舜水③,他就逃跑到舟山,隨後又逃到日本。福王失敗,魯王、唐王以鄭成功支撑十五年。十餘年中,舜水時而跑到日本,跑到安南,跑到暹羅;時而返回國内,來往舟山、厦門各地,天天奔走國事。他曾和張蒼水(煌言)在舟山共事,他曾入四明山助王完勛(翊)練塞兵,他又曾隨鄭成功入長江北伐。他想聯絡安南、暹羅、日本那些華僑,以圖恢復。中間所歷艱難危險,多到不可名狀。有一次安南王莫氏想攻梨氏④,聽説舜水的學問文章狠好,特召

①叢刊本無"他"字。

②舜水 叢刊本作"之瑜"。

③在 代序本作"最"。

④梨 代序本作"黎"。

之去作他的"秘書"官①,教他拜禮,他不幹,當時曾殺了好多人來當面威嚇他,他仍然不少屈。他的堅强卓絶,可想而知了。

到了最後,明室百無可爲②,他又抵死不肯薙髮,只得亡命日本以終老。當時日本排斥外人③,不許居住,有幾位民間志士,狠敬重舜水,設法破例留他住在長崎。他自食其力,種菜爲生。後來因爲他的人格的高尚,學問的淹博,漸爲人所知。在長崎住了七年,日本宰相德川光國迎他到東京,待以賓師之禮。德川光國親自受業爲弟子,其餘藩侯請業的也狠多。這狠像我們中國春秋時代諸侯延聘客卿的樣子。光國對於舜水真是恭敬極了,他每經過舜水門前,便棄轎步行,時或問疾,也是柔聲下氣,不敢驚動。舜水對他們隨便講説,間或筆談。現在舜水遺書,即係德川光國爲之收集刊刻。舜水以極光明俊偉的人格,平實淹貫的學問,和肫誠和藹的感情,給日本全國人以莫大的感化。日本史家盛稱的"德川二百餘年太平之治",其最大功績就在舜水。後來德川光國著一部大日本史,專標"尊王一統"之義;五十年前,德川慶喜歸政,廢藩置縣,成明治維新之業,光國這部書功勞最多,而實在也就是舜水的影響。前年日本爲舜水做

①特　代序本作"將"。
②室　代序本作"事"。
③排　原作"挑",據叢刊本、代序本改。

三百年紀念，舉國若狂，所有的出版物、新聞雜誌之類，皆標著“舜水號”，可見他感人之深了。

他後來死在日本，就葬在日本現在的第一高等學校地方①。（現在日本第一高等學校校址，即係德川光國爲舜水所置之住宅。）辛亥那年革命之後，我們主張把他老先生的骸骨遷運回國，日人大爲反對。此次日本地震，我狠怕他的墳墓遭了不測②，後來還好，聽説没有什麽。而且地震的時候，還有許多中國留學生在此處避難的。以我想，這些留學生於患難之中，得瞻仰這位老先生的遺迹，對於他那蒙難堅貞的精神，應受不少的感化罷！

舜水一生學問，在中國没人知道，而跑到日本發生這樣大影響，他可説是我們中國學界之哥倫布。

晚明遺老於舊學風站不住的時候，而東衝西突，各自努力去創造一種新學派的人狠多，不過其所成就③，都比上述四位先生較小。大概從順治元年起，直到康熙二十年，學術界的狀況④，都是這種創造的學風，結果只算於學術上開了多方面的門徑，實際條理和細密的地方，都是不曾作得成功。

①第一高等學校地方　代序本作“茨城縣太田驛附近水户藩主德川氏墓兆内”。

②墳墓　代序本作“住宅”。

③叢刊本無“所”字。

④叢刊本無“界”字。

康熙二十年後,形勢漸變,遺老大師都已凋謝,後起的人對於滿洲政府,不似先前那樣之激烈反抗的態度。先輩所講的"經世致用"之學,原是想推翻滿洲的,到這滿洲政府基礎鞏固的時候,再想建設一種理想的政治,已是不可能了。本來講論政治,要當根據現代政治的狀況。那時的政府①,既不能與談自己之理想和主張;而經世致用之學離却了現在,又都成了空話。梨洲、亭林當時還勉强不算爲空話者②,他們希望有些人能够行其主張,已經知道主張没人行了③,那麽,與其發爲政治的空論,到不如單講學術之爲愈。(我現在就是這種態度④。)康熙中年以後,經世致用的學風⑤,一變而爲考證之學。這是學風轉變的第一種原因⑥。

清初經過文字獄的險惡時代,大家一開口便罹奇禍,無論如何不畏强禦,都不能不爲緘口⑦。當時遺老也就没人敢再輕談政治,而只得寄精神於考證一途。這是學風轉變的第二種原因⑧。

康熙平"三藩"後,社會安寧,一般人都狠安心作學問。但

①的　原脱,代序本同,據叢刊本補。
②勉　原作"免",據叢刊本、代序本改。
③經　原作"竟",代序本同,據叢刊本改。
④是　叢刊本作"持"。按,代序本無此句。
⑤致　原作"改",據叢刊本、代序本改。
⑥學風轉變的　原脱,叢刊本同,據代序本補。
⑦都　代序本作"皆"。
⑧種　原作"箇",叢刊本同,據代序本改。

是要談心性的學問呢，不高興作。要談經世致用的學問呢，却又不能作。一箇人的聰明才力，没有發洩的地方，遂不能不轉一箇新方向來治他種學問。這是學風轉變的第三種原因①。

康熙帝對於學術狠努力，而對於各種文化，又都有興味，聲氣所播②，大家也都受些影響。這是學風轉變的第四種原因③。

有了上邊四種原因，所以從康熙二十年後的學術，講到波瀾壯闊，氣象宏大，皆不及前，但是條理的精密和切實處，則遠非以前所能有。——歷來學術史上有種公例：就是在社會亂離的時候，人的力量只能顧到創造一方面；等到社會安定之後，乃把以前之所創造者④，加以整理。清代學術，也逃不了這箇公例。

康熙中年以後，學術上重要的潮流有五支：

（一）閻百詩（若璩）⑤、胡東樵（渭）一派：承接顧亭林，乾嘉以後之經學，皆其所開。

（二）萬季野（斯同）、顧景范（祖禹）一派：承接黄梨洲，開後來之史學。

（三）梅定九（文鼎）、王寅旭（錫闡）一派：努力於天文、

①種　原作"箇"，叢刊本同，據代序本改。

②播　原作"撥"，代序本同，據叢刊本改。

③種　原脱，據叢刊本、代序本補。

④叢刊本無"之"字。

⑤璩　原作"據"，據叢刊本、代序本改。

曆算——自然科學,承接晚明耶穌會的利瑪竇一派①,而開後來之科學。

(四)陸桴亭(世儀)、陸稼書(隴其)、張楊園(履祥)、張稷若(爾岐)一派:承陽明學派之反動,而宗程朱。

(五)顔習齋(元)、李恕谷(塨)②、王崑繩(源)一派:他們對於從漢以來之二千餘年的學術,都持反抗態度。他們那種大膽的破壞,前此真没有人能及。他們的學術特色,在排斥一切空談静坐的枯寂學問和一切記誦考證的支離學問,而提倡“實用”和“習動”。他們以爲静坐空談學問,必至厭事廢事,柔脆無用。他們以爲談天説性,都是不相干,應該是“振起精神,尋事去做”。像他們這樣狠具有近代精神的人,我們如果不師其迹而師其意,在今日還是狠適用的。

此外派别狠多,不過這五派算其大者罷了。

過此以後,就到了滿清全盛時代——乾嘉時代,各學派皆就停滯,只有考證一派學問盛行。説到這裏,就發生了兩箇問題:

第一,科學一路③,既經康熙的提倡,學者的研究,

①瑪 原作“馬”,叢刊本同,據代序本改。

②塨 原作“珠”,代序本同,據叢刊本改。

③路 代序本作“派”。

爲什麽後來忽然中止?

第二,以前學派如此之多,何以後來全就消滅,只留考證和訓詁一派?

現在先回答第一問。

科學主要源頭,爲耶穌會。晚明之際,耶穌會的傳教士如利瑪竇、陽瑪諾、湯若望等到中國來,中國學者如徐光啓、李涼庵等都和他們往來。徐李以學者而兼高位,到清康熙帝又加意提倡,"上有好者,下必有甚焉",一時風氣大開。但到後來發生兩箇波折,——一是關於耶穌會的自身,一是關於中國的内政。——科學一派却又中斷了。

耶穌會傳教的方法總算巧妙,他們以爲初到中國來,急着傳教,怕引反感,所以先拿科學的介紹作先導,等到得了信仰,再傳他的教,就容易了。他們又徇中國人的習慣,以爲中國人拜祖宗、祭天地,和他們教中的"不拜偶像"的宗旨,是無衝突的,拜天就是敬上帝 God。羅馬教皇聽説了這種辦法,以爲違犯教旨,大發雷霆。乃於一七〇四年下教令,不准耶穌會用這種態度在中國傳教,並派特使多爾孟(法人)到中國監督查辦[①]。

①按,多爾孟(Maillard de Tournon),通譯作鐸羅,意大利都靈人(非法國人)。奉羅馬教皇克雷芒十一世命,攜禁止中國天主教徒拜天、祀孔、祭祖之禁約來華(禁約見陳垣編康熙與羅馬使節關係文書第十四件)。康熙四十四年(一七〇五)抵北京,覲見康熙,要求清政府服從禁約,爲康熙拒絶。後赴南京,並於四十六年正月初一日(一七〇七年一月二十五日)擅自發布禁約。四月初八日,康熙諭禮部:"令江寧總督、(轉下頁)

康熙四十四年①,教令發布,康熙大怒,把多爾孟押解至澳門,其他各教士亦多被逐出國外。那時正當葡萄牙人與法人爭教權而起惡感,適多爾孟爲法人,就把多氏殺却了②。耶穌會經了這次挫折③,科學的萌芽,也遭了狠大的打擊。——這是科學中止的一箇大原因。

此外有官書未載而爲故老相傳之一事,與這箇問題也有關係。康熙末年,第八皇子與太子爭位④,結果以第四皇子雍正即位。從康熙五十二年起,爲着這箇問題,鬧了好幾年。因爲他們宫庭的私鬬,也隨着影響學術界⑤。原來耶穌會專好結納那些闊人,所以早和太子結合;雍正則意在奪太子,而聯結"喇嘛"。到後來太子失敗,耶穌會也隨着一敗塗地。雍正元年十二月初四⑥,滿保説是洋鬼子好

(接上頁)巡撫限期五日内與鐸羅一起遣送澳門。"(中國第一歷史檔案館藏内務府行文檔卷二十八。原爲滿文,漢文據安雙成譯本)鐸羅於六月二十九日抵澳門,即遭關押,直至一七一〇年六月八日去世。

①四十四年　應爲"四十六年"。

②代序本無"氏"字。

③挫　原作"錯",據叢刊本、代序本改。

④皇　原作"王",叢刊本同,據代序本改。

⑤代序本於"響"後有"到"字。

⑥按,據中國第一歷史檔案館編清中前期西洋天主教在華活動檔案史料上編第四十一件所收浙閩總督滿保題報飭禁愚民傳習天主教本,奏請時間當爲雍正元年十月二十四日,十二月五日付禮部議奏。又據雍正朝起居注册元年十二月十五日有"覆請禮部議覆閩浙總督滿保奏請禁天主教一疏"文。

搗亂①,奏請把外國人驅逐出國,於是除在欽天監作事的幾箇外國人②,其餘盡被解送澳門去了。康熙六十年來之科學修養,到此根本剷除,而此後與西洋學術斷絶來往者遂二百餘年③。——這是科學運動停頓的第二箇原因。

第二④,爲什麽各派學術全就消滅,只餘考證訓詁一派?

雍正爲人,刻薄殘忍,其帝位全爲陰謀所得,不能不以手段來治理國家。所以即位之後,殺害兄弟,誅戮大臣,到處派偵探,監督各方面,簡直是一箇恐怖時代。(故事相傳:有他的大臣陳某新年在家玩牌⑤,少了一張,過幾天朝見時,雍正問他在家何作,陳以實對⑥。雍正隨將其所失之一牌與之。)像這樣人人都謀自保還來不及,那還有力來研究别的東西?

講到文字獄,清初狠鬧了幾次。康熙末年,爲着太子的事情,狠不高興,又有意興文字獄。雍正二年,汪景祺一案⑦,四年查嗣庭⑧、七年吕留良等案⑨,又株連了狠多的人⑩。在前

①保　原作"寶",叢刊本同,據代序本改。又,代序本於"滿保"前有"浙閩總督"四字。
②代序本於"人"後有"以外"二字。
③代序本於"術"後有"界"字。　遂　叢刊本作"蓋"。
④第二　叢刊本作"復次"。
⑤大臣陳某　代序本作"狀元王某"。
⑥陳　代序本作"王"。　實　叢刊本作"質"。
⑦景祺　原作"靖奇",據叢刊本、代序本改。
⑧嗣庭　原作"良亭",據叢刊本、代序本改。
⑨七年　原脱,叢刊本同,據代序本補。
⑩株　原作"誅",據叢刊本、代序本改。

文字獄還得經過告發,現在則完全由雍正自己羅織而成①。

雍正本無學問,而又好出風頭。他一生有兩種得意的書:(一)揀魔辨異録,(二)大義覺迷録。前者是同一箇和尚開辯論的書,後者是與一箇鄙秀才辯論的書②。兩書記載的,都是他的宗教政治談。一位大皇帝,同着一箇窮和尚窮秀才打筆墨官司③,這等事古今中外都狠少見。要説爲求真理起見,自然也不能限定不教皇帝加入,不過他的態度,太不好了。當初法藏(禪宗)的弟子弘忍著有五宗救一書,雍正見了大怒,隨著揀魔辨異録來批駁他。書成,又下了幾千字的上諭,教盡焚毁五宗救之書,並教法藏一派的和尚返俗。這簡直和羅馬教皇的派子差不多了④。大義覺迷録一書,更奇怪了!湖南有箇秀才名叫曾静的,受了一點民族主義的影響,天天在那裏想着趕走滿洲人。他上書岳鍾琪⑤,説他是岳飛之後,教他造反,並數了雍正的殺戮兄弟、誅滅宗族的十大罪狀。鍾琪將他的書原樣上給雍正⑥,雍正説他是妄人,親自提訊曾静,面與駁難。把這種口供彙集成書,名大義覺迷録。結果將曾静屈服了,並代作一篇歸仁説附在書後。他以爲曾狂愚不足怪,一面市恩,令其無罪返里;一面

①代序本於"成"後有"了"字。
②鄙秀才　代序本作"秀才開"。叢刊本無"鄙"字。
③窮秀才　原脱,叢刊本同,據代序本補。
④子　代序本同,叢刊本作"頭"。
⑤⑥鍾　原作"忠",叢刊本同,據代序本改。

則族其師吕留良三族。大義覺迷録一書①，頒發學宫，使大家當作論語、孟子讀。乾隆年間，復將此書收回焚板，遂成一種禁書。後來再想謀此書看，也殊不易得。大抵其中不少自暴其醜的地方，所以不願人見了。

雍正在位十三年，對於學術思想，亂事干涉，全國狠受些束縛的影響。到了乾隆這位闊少爺，他的學識雖然有些在他父祖老太爺之上②，而他好慕虚榮，一面要做他的文德武功，一面又要問問各種學問，所以他的猜忌之心，與其父祖簡直不相上下③。他對於學術界，一面干涉，一面提倡。從他三十九年到四十七年的幾年之中，屢次發表禁書之外，更焚毁了書籍一萬三千八百六十二部之多。所謂"黄金時代"的思想之不自由有如此！在這種專制積威之下，一般人聰明才智無所可用，乃不得不鑽在這種不生亂子的考據古典的一種學問裏去④。

記得有部小説，説清宫那時演戲，動輒鬧亂子⑤，——演武松打虎之類⑥，他説是誨盗；演别的戲⑦，他説是誨淫；演

①代序本於"大"前有"並將"二字。
②代序本無"父"字。
③代序本無"祖"字。
④鑽　原作"攢"，代序本同，據叢刊本改。
⑤輒　代序本作"致"。
⑥武松打虎之類　代序本作"武戲"。
⑦别的　代序本作"粉"。

忠義的戲①,他説於種族有關係;到了無東西可演的時候,只好拿着封神傳和西游記上那些“齊天大聖”一類的虚幻飄渺的戲來演②。清代的考證學,猶之乎清宫演“齊天大聖”的戲是一樣。

至於考證學派的好處,和他的結果,下次再講③。

第三次

清代學術中最重要的是考證學,考證學是清代學術的中堅。清朝一代學術最發達的時期是乾嘉。其實拿學術史的眼光來看,反是清初與晚清有新的氣象,乾嘉時代倒是没有什麽精采的。大凡一種社會,進步的起伏都是如波浪的,有高起的時候,有平静的時候。乾嘉的全盛時期是平静的時候,所做的工夫完全是整理。

清學本爲晚明陽明學之反動。第一步反動,反動到程朱。在這箇反動中間,黄梨洲、孫夏峰是結王學之局的人,王船山、顧亭林是由王學的明學回到程朱的宋學④。康熙、雍正兩朝是宋學的全盛時代。(乾隆時代,漢學與宋學對抗,漢學打倒宋學。)⑤

①代序本無“的”字。

②封神傳　代序本作“封神演義”。

③代序本無此三句。

④王船山顧亭林　叢刊本作“王夫之顧炎武”。

⑤代序本無括號。

宋學全盛的原因是由於最初滿洲本無學，進關之後找讀書人幫助，如范文程便是一位開國文臣，他是不學無術的。他們自己讀性理大全、四書集注、八股，他們教皇帝也用這些東西。皇帝所知道的不外中國的朱熹，皇帝一面作政治事業，一面作道學先生。當時文人之氣象，好的便不與滿洲合作，孫承澤、陳名夏都是清初得意的降臣，他們都是明朝的官吏，先降闖王，後又降清，清初只有這樣一班人。程朱學者可以享狠高的地位，①終日屈着腰不作什麽事，也不必多讀書，又不似陽明學者之才氣過人而無"鄉愿"氣，所以能投時主的心理，所以有許多人天天打着程朱的旗幟來駡陽明，這樣的人康熙年最多。那時程朱猖獗是一種不好的現象，朝廷利用程朱，民間反抗程朱，結果出來三派：一派是人家越駡陽明，他們越講陽明，如江西的李穆堂（紱）、浙江的全謝山（祖望）；一派是對於二千年來的學問革命的顏習齋（元）；一派是顧亭林（炎武）、閻百詩（若璩）、胡東樵（渭），説"經學即理學"，以漢學抵程朱學。

以地方而論，北方講程朱者多，江浙則漢學多。康雍五六十年間都是兩方對抗的，乾隆中間漢學派占全盛，民間學風戰勝了朝廷。乾隆開四庫館，動機是這樣。

最初李穆堂、全謝山曾看見永樂大典，（永樂大典是最笨的

①"清初只有這樣一班人。程朱學者可以享狠高的地位"二句，代序本作"清初只有這樣一班人是程朱學者，可以享狠高的地位"。

類書，用詩韻的第一字爲綱，如"大"字下面寫"大學之道……"、"大……"，他的好處是保存了許多亡書①。)他們看見即鈔。財主如寧波范家的天一閣、揚州馬家的畬經堂都是私人的圖書館，僱他們鈔亡書②，兩家的力量集成了二三十部書。後來漸漸有人知道這些書籍寶貴，於是漸漸在北京提倡，想開一箇更大的局面。到乾隆三十年朱筠(竹君)上奏請開四庫館③。朱氏是代表漢學派的人，劉統勛(謚文正)是代表宋學的，便大反對。結果是朱勝了，把四庫館開成。這是漢學的戰勝宋學，江浙的學風戰勝朝廷。乾隆三十八年至四十七年，共十年之間，著録書三千四百五十七部，共七萬九千零七十卷。分出各地方，第一部在北京禁城之文淵閣(今存)；第二部在圓明園之文源閣(咸豐間毁於英法聯軍)；第三部在奉天之文溯閣(今移存北京④)；第四部在熱河之文津閣(今移存北京)⑤；第五部在揚州之文匯閣；第六部在鎮江之文宗閣(以上兩部都毁於洪楊之亂)；第七部在杭州之文瀾閣(經洪楊之亂半毁，現已補鈔了許多⑥，但是

①②亡　代序本作"佚"。

③按，王昶春融堂集卷六十翰林院編修朱君墓表："乾隆三十六年春，日講起居注官、翰林院侍講學士、安徽學政朱筠上言：……奏入，上嘉之，乃命開經史子集四庫全書館。"據此，應爲三十六年事。

④代序本無"移""北京"三字。按，文溯閣本於一九一四年運抵北京，後於一九二五年又運回奉天(今瀋陽)。

⑤北京　代序本作"北平圖書館"。按，一九二八年五月，京師圖書館改名國立北平圖書館。

⑥已　代序本作"在"。

尚未鈔全)。

編四庫全書的時候,内面主持事情者共有三百餘人,著名學者如戴東原及各門專家都網羅在内,因之四庫館便成爲漢學家的大本營了。結果編成一部四庫提要,這部書是漢學思潮的結晶點。這部書的面子上狠恭維程朱,内容都是不滿意他。這是以政府的力量整理書籍的一件最大的成功。用政府的力量整理書籍固然不是從清朝開端的,如劉向校秘書的序録,這是政府方面整理書籍成功的著作。此外私人著述的,如晁公武之郡齋讀書志、陳振孫之直齋書録解題等書都是。這種著作的體裁雖似四庫提要,但是四庫提要的關係特别重大。因劉向所作的序録①,並没有時代思潮隨在後面,晁陳的著作又是私人的,而四庫提要乃是一時代的思潮,又加上政府的力量公布,所以這部書的力量是非常的大。四庫提要裏面每部的意見都是四庫館的公共意見,所以全部有組織,有宗旨,文章也好。借重政府的力量,力量又特别的大,所以做成功了政府反對宋學的局面,於是漢學便變爲學閥了。這一點政治與學術也狠有關係。在乾嘉諸老範圍之内,可以分爲幾派:

(一)吴派　惠周惕、惠士奇、惠棟爲首領。這一派人講

①按,隋書卷三二經籍志一:"命光禄大夫劉向校經傳諸子詩賦……每一書就,向輒撰爲一録,論其指歸,辨其譌謬,敘而奏之。"卷三三經籍志二:"漢時劉向别録、劉歆七略,剖析條流,各有其部,推尋事迹,疑則古之制也。"

學專講好古,無論什麽,都是漢朝人的最好,漢以後的便不要了。在考證學初開,一定是這樣的。這一派專講記誦的工夫,博學而以好古爲目標。這一派只有對於程朱的反動,如何組織,尚未講到。

(二)皖派　戴東原爲首領。在戴之前有江永(慎修),所以並稱江戴。戴不單有考證學①,又有哲學,戴派學風是"求是"。"求是"與"好古"不同。吴派是好古,"古"即是"是"。戴不問古今,惟"是"所在,不過以爲事實上"是"的古比今多罷了②。這一派是真的考證學(吴派是"純漢學")。

蘇州一帶宗惠,安徽江北宗戴③。惠博學,而於考證上不十分注意。高郵王氏父子是江北人,所以宗戴。這兩派是乾嘉學術的中堅份子。此外有④:

(三)揚州派⑤　這一派發生的地點是在吴皖之間(揚州),這一派的領袖焦循、汪中是參雜吴皖兩派的,不過範圍更擴大了。焦汪又提倡諸子,與經一樣的看待。

(四)浙東派　浙東全謝山、章實齋是由黄梨洲傳下來的史學。章説"六經皆史",與顧亭林之"經學即理學"一樣的大膽。這一派在當時狠特别。雖然當時力量不狠大,但

①有　代序本作"講"。

②"是"的　代序本作"的'是'"。

③代序本於"北"後有"則"字。

④代序本無"此外有"三字。

⑤揚州派　原作"楊派",叢刊本同,代序本作"揚派",據學術史第三講改。

是到晚清與今日,正在增進。

(五)常州派　地理上這一派與蘇州狠近,但是學風狠不同。最初是惲皋聞(鶴生)講顏李之學。惲初欲拜李剛主(塨)爲師,未收,乃更爲顏氏弟子。惲極力提倡顏李之學,後來常之讀書人皆出其門下。惲是雍正與乾隆初年的人,爲乾隆一朝之大學者。這一派至嘉慶時又出了狠多的人。

嘉慶時又有莊方耕(存與)提倡今文學,專講春秋公羊傳。以春秋爲孔子的政治論,而不是"斷爛朝報"①。以爲一切的經典都可以經世致用,而不是紀載之學。其外孫劉逢禄(申受)是今文經學大師。

又有一派文學——陽湖派古文——與桐城派對抗。這一派的領袖是張惠言、李申耆、洪亮吉,他們做出一派狠暢達的文字。李又是史家,研究史地狠用功;張研究經與諸子。這三派成功常州學派。

在以上這幾派當中,浙東與常州是後起的,是漢學與考證學本身上的蜕化②。浙東是另一種的考據學變成新派,常州也由考證底子而出的新派。

此外又有佛學派。在從前的時候,是先偷佛教教理,因不敢明白承認,反出而駡佛,宋元明都是如此的。清代的佛學是明標佛學的。這一派有彭允初(紹升)、汪大紳(縉)。在

①斷爛朝報　原作"斷朝爛報",叢刊本、代序本同,據成語乙。
②蜕　代序本作"脱"。

乾嘉時代,考證學是學閥。這一派反對考證,也不贊成宋明之學,以爲宋明之學是仍在佛下的,何以居其實不居其名呢? 他們與以前講佛的不同,晚明是禪宗,清是淨土宗。從淨土宗入手,不講高調,一切都脚踏實地,有純潔的信仰,後來的楊仁山先生便是這樣。所以乾嘉時代的重要學派只在長江流域。這一點的地方又分出江浙皖各派,所以在文化上是有江南、浙江壟斷一切的現象。

這幾派的工作如下:

1. 注解經書　一句或一字的訓詁,或一件名物,都作成筆記或短篇的論文。此外每部經皆有新疏,尚書有三四部,詩也有好幾部①,公羊傳有幾部,周禮清末出,左傳爲儀徵劉氏作,爾雅、孟子也有新疏。都是一箇一箇的學者畢生精力做成的。

2. 史料之蒐補與鑑別　將各朝歷史補表補志,或對於前史有未充者補之,錯者改之,所作的都好。又歡喜作年譜,幾十箇大學者大政治家的年譜都成功了。對於本人的當時的背景及後來的經歷,作的都好。

3. 辨僞書　清朝學者善懷疑。閻百詩、惠定宇是在先開路的。一部書辨明是僞的,便使學者連帶着懷疑其他的書,如閻考證出來古文尚書是僞書,結果是大家對於此書不生信仰,並且懷疑其他的經書。這樣僞經僞子都陸續辨

①詩也　代序本作“詩經”。

明了。

4.輯佚書　散失佚亡的書籍狠多,四庫全書的做成,便是從永樂大典中輯佚,於是自他類書(如太平御覽、藝文類聚、初學記)中輯佚更有趣味。竹書紀年,東晉的時候汲郡人盜發,在魏襄王墓發現的①,是一部狠重要的歷史;宋初尚未亡,清人在太平御覽、文選注、唐人集子裏所引,竟輯出一部分。世本是史記底本之一,清人到處尋找,終找出篇目②。這樣的子書與經注都找出不少③。

5.校勘　字句錯、章節錯的審定。最初校勘錯本,如顧千里的校勘,後來又有高郵王氏父子自上下文校勘,自他書所引校勘本文。戴東原校水經,先下幾箇例,後研究經的本文,析成經注,以求與例相合。雖近武斷,但是結果是使人不能不承認他的主張是對的。墨經自畢沅、張惠言後,經上、經下纔放出一綫的光明,使後人纔可以着手研究。

6.文字訓詁　初是爲注經之用,後來附庸成大國,字義字形的變遷成了一種專門學問。高郵王氏之經傳釋詞,德清俞氏之古書疑義舉例,皆字學的研究。自此發展出來成今日的語法文法及文字形義學。

7.音韻學　本爲小學附庸,後來纔漸漸的發達。顧亭

①代序本無"在"字。

②終　原作"絡",叢刊本脱,據代序本改。

③這樣的子書　原作"這的樣子書",叢刊本作"這箇樣子書",據代序本乙。

林之後，學者研究的狠多①。初限於三代，以後對於音韻的變遷，都有研究，不拘時代，而及於各處的方音。最後成功了注音字母。

8.算學　清代經師無不習算。乾嘉間校書的結果，得了幾部宋元的算書。李尚之(鋭)、汪孝嬰(萊)、焦里堂(循)都是在算學上有狠大的發明。

9.地理　地理與史學是否應當合而爲一，抑分而爲二，是一箇問題。但是凡地理上帶着講一點歷史的都可以發生狠大的興趣。清之地理爲考古，清末專研究邊疆地理，如蒙古、西藏，不過交通不便，又無外國書，所以用功雖勤，結果令人不滿。

10.金石　初爲顧亭林提倡，清朝的大學者對於他都多少的有點研究，初限於碑版，後加入鐘鼎，再後陶器。清末河南發現殷虚甲骨書契②，新疆發現竹木漢簡，金石的範圍更擴大而複雜了。金石之學有一種變爲古物學的趨勢。再發展則與史學更有狠大的關係，或者將來全部的古物發現的時候，中國的全部歷史恐怕便不能與現在一樣了。

11.方志之編纂　乾嘉時代的風氣，地方官不修志書者則引爲大耻，所以著作出來的志書極多，新州縣都有志書出來。每編一部志書時候，都是先找大學者定出體例，然後募

①多　原作"少"，叢刊本同，據代序本改。
②殷虚甲骨　代序本作"殷墟骨甲"。

人編纂。當時學者的生活是修志書,修族譜,這些學者勞力供給衣食①,是一種狠正當的職業。乾嘉時代的志書都好,大約每部志書都可以找出來内面總有著名的學者在内編輯。志書雖然蕪雜,但是在史家搜集材料,也是覺得狠寶貴的。

12. 類書之編纂　最初編纂的是梁武帝。後來的一切的佛教、經、史,差不多都是政府之力成功的。清代政府也編纂得不少,如圖書集成便是一種這樣的類書。也有私人編纂的,也有官署編纂的。阮元爲浙江督撫的時候②,編纂出來一部經籍籑詁③,專門的類書陸續出現。

13. 叢書之校刻　刻書的事業雖然北宋即有④,但是到南宋時代,刻書的事業纔大大的發達起來。關於刻叢書方面,明末刻汲古閣叢書,但是當時在審定本子上並不注意。清代刻叢書是先校善的本。叢書的功用是保存小書,這些小書因字數少,難藏而容易亡佚,於是搜集起來,分類刻成叢書,便保存起來了。乾嘉時代大叢書都刻起了。不過咸同間因洪楊之亂,所出的都少而不好,到現今還未發達起來。

---

①勞力供給　代序本作“以勞力取得”。

②督撫　代序本作“巡撫”,並不確。按,經籍籑詁成書於嘉慶三年,時阮氏任浙江督學,四年方任浙江巡撫,十二年再任;亦可參該書卷首錢大昕序及臧庸後序。

③籑　原作“纂”,叢刊本、代序本同,據原書書名改。

④代序本於“宋”後有“時”字。

以上十三條不過大概,也不是科學的分類,但是雖然不能盡包學術的全局,而工作如何,方法如何,成績如何,也可以看見一點了。

第四次

前次講到乾嘉時代的正統學派。所謂正統學派,即是考證學。此種學問至今並未破産,①且轉一方向與各種新學問發生關係②。不過乾嘉以後,漸漸蜕變而至於衰落③。原因由於政治方面,蓋當時一般學者之從事考證古典,純由於政治之壓迫。有清一代,最不自由的是雍正一朝。從乾隆初年到三四十年間束縛思想狠厲害,晚年纔漸漸鬆懈起來。當雍正時代,人民排滿思想還存在,看大義覺迷録即可知。乾隆中葉以後,此種思想日漸消滅,漢人同化於滿者已十之七八,當然用不到再極力地實行其壓制政策④。滿人威權至乾隆已達於最高,乾隆自謂道高五帝,德邁三王,其實末年已財窮政弊。康熙一朝培植成的元氣,雍正一朝整理好的政績,至此已掃地無餘。乾隆本來和梁武帝⑤、唐明皇有相

---

①自"前次講到"至"至今並未破産"數句,代序本作"乾嘉時代的考證學至今並未破産"。

②代序本無"新"字。

③蜕　原作"脱",代序本同,據叢刊本改。

④地　代序本作"的"。　制　代序本作"迫"。

⑤原於"梁武帝"前有"唐玄宗"三字,下一句"武帝"前原亦有"玄宗"二字,據叢刊本、代序本删。按,"唐玄宗"即"唐明皇"。

似處,武帝、明皇後皆衰落,而乾隆能繼承祖業,不過因他虚榮心太重,把皇帝所能享的快樂名譽,完全享盡,所以把清代元氣也虧損盡了,大亂之機已伏於此。乾隆因爲作皇帝的年代,不願超過"皇祖"①,所以只作了六十年的皇帝,後來又當了五年太上皇。因爲受的恭維太多,年老不能管事,所以使和珅得以專權十幾年。鬧到宫庭之間,賄賂公行,把康雍兩朝的政績,及他本身前四十年的好氣象,到晚年完全破壞,所以大亂之根也就伏於此了。至於不能立刻就亂的原故,却是全靠康熙。康熙確是一位理想中的皇帝,培養的根底狠厚,所以不致驟行破裂。乾隆死後,幾乎全局盡裂,幸得嘉慶、道光兩箇平穩皇帝極力維持,並且把乾隆所爲的改革不少,處處往收斂樸素處做。(道光時有舊衣料比新衣料貴之說。)前此剩下了一點餘績,這二人又狠穩健,故大亂未發。但是各地鬧匪,四十多年無一日安寧,社會在陰鬱不安的狀態之中,也算困難的狠②。在這時候,學術界雖仍繼續用他們底考證工夫,但有一不同之點。以前自康熙至乾隆四十年止一百年間③,對於政治絶口不談,最初是不與滿洲合作,後來是不敢談,恐怕政治妨礙到自己身上。④ 如經學家王懷

①不願超過　叢刊本作"不願超他的過"(按,"他的"與"過"當乙)。

②代序本無"算"字。

③叢刊本於"百"後有"多"字。

④代序本於此處有"但是到了乾隆四十年以後,學者便漸漸關心政治了"二句。

祖(念孫)做御史的時候,因彈劾和珅而降官①,如史學家洪稚存(亮吉)新點翰林②,因應詔直言,被充軍到伊犁,都是狠明顯的例。一部明儒學案中的學者,最喜干政,箇箇關心國事,而清康雍乾三朝絶無談者,這是一般學者態度上的一箇大變遷,是應當注意的。

在這箇時候③,常州學派在考證學中本是一小旁枝,而到了嘉道之間,範圍就擴張得狠大,幾乎附庸蔚爲大國。惲皋聞(顔李之學)、莊方耕(經學)、張惠言、李申耆(古文)、洪稚存(史地之學)四箇源頭匯而爲一,成爲常州學派。嘉道間該派代表:一爲杭州龔定庵(自珍),一爲湖南魏默深(源),他們底學問四源皆有④,皆思想上是顔習齋⑤,講的是今文經學,文章體裁狠解放,並講佛學。因思想新,文章好,在乾嘉考證學基礎上,而發生出來一種經世致用之學⑥。此二人之著述,在當時並没被人看重,而至光緒年間,影響於青年之思想狠大。我自己便是其中之一箇⑦,我青年的時候最歡喜讀龔定庵的書⑧,到三十歲以後,纔因其淺薄而討厭他,現在龔

---

①因　原脱,叢刊本同,據代序本補。
②代序本無"如"字。
③代序本無"在這箇時候"五字。
④底　代序本作"的"。後皆同此,不一一説明。
⑤皆　叢刊本作"惟",代序本作"其"。
⑥代序本無"而"字。　用之　原作"之用",據叢刊本、代序本乙。
⑦代序本無"我自己便是其中之一箇"一句。
⑧歡喜　代序本作"喜歡"。

集差不多還可以背誦。此外,魏默深的聖武記及海國圖志(後一種是狠奇怪的書),這都是我歡喜讀的。

爲什麽常州學派能到後來發揮光大呢①?其原因有三:

(一)因考古工作大部份被前輩做完②,後起者不能不走别的路,如研究元史及西北地理,如蒙古地理,不如此則無新路可走。

(二)當時政治不安,大家漸覺長此以往大不得了,自然不能不研究救濟之法。

(三)雍乾兩代滿威狠强③,處處干涉人民底思想。嘉道無此野心,中央政府之權威漸落,大家對於政治社會種種批評皆起,由此轉頭而過渡到新的局面。

在這箇時代,因中央政府的威權低落而致思想解放,常州學派便因此起來,作爲正統學派與後來西學輸入中間的過渡期間的學問。在當時戴東原、段玉裁、王念孫一班的考證學已經成爲一種學閥了。

乾隆晚年種下的毒,經嘉道兩朝的彌縫④,勉强支持,至咸豐、同治間乃大爲爆發。咸豐十一年間和同治十三年間,要算清代最大的厄運。洪楊之亂,大江南北鬧了十幾年,跟

①代序本無"學"字。

②份　代序本作"分"。

③滿威　代序本作"滿洲威嚴"。

④縫　原作"逢",叢刊本同,據代序本改。

著捻匪、苗匪[①]，北方又有英法聯軍之亂，鬧得全國之内幾無一片乾淨土。在此狀況之下，政治變動狠大，暫且不講[②]。

單就學術論，受的惡影響亦復不少[③]。至今杭州、南京、鎮江等處尚能見洪楊之屠殺痕迹。此外如廬山，千年的古迹，一炬而盡。其害實不可勝道。人謂秦始皇之焚書，不如項羽之屠咸陽，我看洪楊之亂也趕得上這兩樁禍害了。當時號稱文化中心的各省受摧殘特甚，所有藏書及文人底著作消滅不少，實在可惜！許多學者之生命不能維持，青年亦不得安心向學，其影響於學術者當然不小[④]。咸同之間，所謂乾嘉諸老已成爲歷史上的人了。當洪楊亂事之前後，社會思想變遷，開出三條新路：

1. 宋學的復興　乾嘉學者門户之見頗深，比晚明還要利害，大家看不起宋學，以學閥勢力壓制他種學問。漢學中的幾箇大師創造之力雖大，而趨炎附勢者多，不得不腐敗，故嘉道間之漢學已成爲熟而爛之學派了。因爲後來支離破碎，不能創造，偏是氣燄狠高，當然要引起别人底厭惡。此時講宋學的最重要的一人即羅羅山（澤南），他在湖南鄉下教書[⑤]，狠受王船山底影響。他底朋友江岷樵（忠源）也講宋學。洪楊之亂，虧得這般人出來平定。彼時曾國藩丁憂在家，

①跟著捻匪苗匪　代序本作“跟著捻匪回匪苗匪大起”。
②代序本無“暫且不講”四字。
③④響　原作“嚮”，叢刊本同，據代序本改。
⑤代序本無“他”字。

自出辦團練，成大功。羅也是自己練兵成的功。羅羅山底好友劉霞仙（蓉）、郭筠仙（嵩燾），及羅底門生李續賓、李續宜等一群無勇的書生①，專靠宋學的修養工夫，把人格修得極正，精神也狠好，所以能統兵成功。洪楊亂起，漢學家束手無策，只等待人被殺而書被焚，而研究宋學的先生們能提刀出馬，與匪相打。從此社會上對漢學的評價就變了。

2. 西學的萌芽　雍正元年把耶穌教趕出，同歐洲斷絶關係。道光時鴉片之爭，咸豐朝英法聯軍入北京，經過這兩次痛苦，雖麻木不仁之中國人民，亦不能不感覺劇烈的刺激。洪楊亂後，曾國藩等極力提倡"洋務"。中國幾千年來同外來民族之接觸少，其原因，除印度外②，其他的文化皆遠在吾民族之下③，這也是地勢使然。因爲外來民族文化程度狠低，於是更覺得中國底文化最好。耶穌教輸入後，纔有西學之目。當時所謂西學，除天文、算法、測量、地圖外，主要者即是製大砲。所謂"紅衣大將軍"，明朝打滿洲時，即在南邊找外人製砲。康熙朝打吴三桂，征準噶爾，皆臨時聘外人製砲。後來不用砲了，也就不用外國學問了。此亦西學中斷之一因。咸豐以後，講西學之動機亦由於此。自香港失後，五口通商，燒圓明園，漸漸感覺到自强之必要。又看到外

①勇　原作"用"，代序本同，據叢刊本改。
②代序本於"除"前有"因爲東方諸國"六字。
③代序本於"他"後有"各國"二字。

人之船堅砲利，所以曾國藩在南京①，李鴻章在北京②，沈葆楨在福建，極力提倡。上海有江南製造局，福建馬尾有船政廠③，皆爲造船砲而設④。於此可見當時講西學者之心理了。此外，因語言與外國公使的事情太多隔閡⑤，想説幾箇"Yes"、"No"，也非要翻譯不可。於是在總理衙門開同文館，上海開方言館。接着又挑選了些十歲上下的孩子到美國去，跟了洋奶媽學話，唐紹儀就是這第一期留學的老學生。第一期的西學不過如此，當然在學術界不發生影響。但江南製造局成後，有些忠實學者譯出的科學書不少，國際公法也譯出了幾部⑥。在今日看那種學問，固然狠普通，但確合當時之用。譯的也狠好，如李壬叔（善蘭）、華蘅芳（若汀）的書現在還存在⑦，比今日之志在賣錢的販賣品的譯書匠要忠實得多了。此後漸知"洋鬼子"船堅砲利之後尚有東西，觀念又爲之一變，但也不過少數，一般士大夫仍極力排斥。欲知當時情狀，可看郭筠仙（嵩燾）之養知書屋集⑧。曾國藩之出山，即由於郭之致辭，曾底許多後臺戲，都是郭唱

①②京　代序本作"洋"。

③馬尾有　代序本作"有馬尾"。

④造　代序本作"製"。

⑤因語言與外國公使的事情太多隔閡　代序本於"言"後有"又"字，叢刊本作"因與外國公使的事情太多，而語言隔閡"。

⑥代序本無"了"字。

⑦原於"汀"後有"字"字，叢刊本同，據代序本删。

⑧仙　原作"山"，叢刊本、代序本同，據前文改。

的。第一任英國公使就是郭，第二任是曾紀澤，第三任是薛福成。英國方面看到中國初派的公使就這樣的了不得①，他們那裏知道全國僅僅有這麼一箇人才呢②？因他最了解外國情況，回國後，狠想有所興革，而大家群起反對，結果他站不住了③，遂回到家去④。看他底書可知當時情況。

3. 排滿思想的引動　洪秀全之屠殺實在不對，不過他底旗號狠正大，與一部份人的心理相契合。戰將甚多，文人亦不少，如錢江、王韜，都是"了不得"的人物。政治經濟如李秀成，李的政治經濟不下文忠⑤，王韜創的申報館，他是洪秀全開科取士的狀元。王逃安南⑥，隨外國人走歐洲，亡命上海。我去看他，已老將死。洪的得人心，在於用驅逐胡人的旗號；他的失人心，在於造天符天書，並創造一種"四不像的基督教"，謂耶穌是他哥哥，他排行第二，楊秀清是老三，等等怪話。一方面又非常殘酷，曾國藩等之反抗他⑦，即由

---

①代序本於"就"後有"是"字。

②裏　原作"里"，叢刊本同，據代序本改。

③他　代序本作"也"。

④代序本於"去"後有"了"字。

⑤代序本於"下"後有"李"字。

⑥按，據王韜弢園老民自傳："老民密縱反間，使賊黨互相猜貳。……而當事者遽以通賊疑老民，禍且不測……不得已航海至粵，旅居香港。……(同治)六年冬，西儒理君雅各招往泰西佐譯經籍，遂得遍游域外諸國。……九年二月還粵。"則避難地爲香港，而非安南。

⑦代序本無"之"字。

他非"仁義之師"。雖然洪秀全是胡鬧,但是他的旗號確是革命的旗號。因此,洪楊之亂不能與一般流寇同樣看待,在歷史上不能不認其有特别的價值。

咸豐十一年間,無時不在紛亂中。同治元年①,洪秀全亡。此後十三年中完全在恢復繼續的時代,精力全消耗在這裏邊,當然文化無大發展。光緒即位,經過隆冬,開春發芽,此一朝之考證學又走了幾條新的窄路:

一、金石學,以前固有,現在更進步;

二、元史,蒙古史,西北地理的研究;

三、周秦諸子。

以上這三條路便是考證學者所走的新路,當時宋學也狠有些人講他。光緒初年,國内雖漸恢復②,而外部壓迫日緊,從六年改訂伊犁條約起,中法、中英各種交涉相繼而來,已給留心國事者不少刺激。二十年與日本戰,把臺灣、遼東半島割去,兼賠償軍費;接着德法俄爭遼東,喪失又甚鉅。因此,把全國空氣攪得狠亂,思想界根本動摇。青年們天天想中國積弱之因及補救之法,種種問題旋轉於腦中。——因政治之變遷引起思想界之變遷,互爲因果,以至於今。

---

①按,據曾國藩同治三年六月二十三日奏報攻克金陵盡殲全股悍賊並生俘逆酋李秀成洪仁達折:"據城内各賊供稱,首逆洪秀全實係本年五月間官軍猛攻時,服毒而死。"則"元年"應作"三年"。

②代序本於"内"後有"秩序"二字。

思想之發生是因爲伏有種子①。將種子曬乾放入瓶中，一點也不動，拿來種入地中，仍可發芽。大思想家底話，不管當時發生效力與否，他也總可藏在一般人的下意識中②，遇機會就可發動。清初幾位大師——黄顧朱王之流——的許多話，在二百年内無人理會，而光緒末年大爲爆發。他們所倡的經世致用之學，其具體辦法，當然因時代不同而異，但他們極力提倡此等學問，其精神實超漢宋學而上之。他們底話，對於漢宋學大爲解放③，讀之可受大刺激。他們最恨的是科舉，至光緒二十餘年，根本妨害思想的科舉已非剷除不可。他們反抗滿人之言論，已經過二百年太平歌舞時代，繼因滿人將中國人之臉面丢盡，麻木不仁者忽然覺悟到一般大師們反抗君主專制的言論④，實與人以極大的光明，（黄梨洲的明夷待訪録對於君主專制政體狠有批評。）於是反抗舊政體的猛烈運動驟起。光緒三十年内，波浪一天壯闊似一天，内容一天豐富似一天。這不能不説是大師們底思想復活了。那時新思想之急先鋒，即康南海先生。他從常州派經學出身，打着經世致用的旗幟，並有極奇特激烈的思想，但不大喜歡對人講説。當他以布衣（秀才）上書時，大家都痛駡他。那時我與陳千秋正在學海堂中做學問，狠好奇，聽到康氏之行

①代序本無“是”字。

②他也　原作“它”，叢刊本同，據代序本改。

③代序本無“於”字。

④師們　原作“們師”，叢刊本同，據代序本乙。

動,狠想去見他。一見之後,異常佩服,於是從之學。因爲一面從他,又一面在學海堂不時的發議論反對漢學,我們正在青年時候,得了他的激烈思想的暗示,於是都爆發出來①。

第一次群衆運動是甲午戰後,三月馬關議和的時期。彼時我在京應試②,共有萬把人聚考,尚未發榜,乃聯合多人反抗條約,作一種不負責任的運動。使李文忠不割臺灣,不退讓。南海先生做請願書,到處找人簽名,跑到都察院,號稱兩千人,遞呈子,雖無效,却統算得起中國人民幹群衆運動的第一次。

後來,八九月間,我們在北京組織了一箇團體——强學會——地址在後孫公園安徽會館之旁,袁世凱也加入了,狠贊成。强學會有沈子培等五六人發起,公推南海先生主講。當時我和汪大燮還够不上當發起人,只能當書記而已。袁氏因朝鮮事辦壞,見李鴻章,被李鴻章用鞋底打了嘴吧,於是想利用强學會走翁同龢的門路,於是捐助千元③,並引出兩位各捐五百元者。拿這項款子把上海所譯的書搬來,買地球儀、人身圖及可看微生物之顯微鏡,又加上些中國書,亂七八糟,到北京來開博覽會。又辦報館,當時除申報之外,統中國無鉛字,政府公報用白朮刻板④,我們用麵粉壓平

①於是 代序本作"遇事"。

②我 代序本作"正"。

③於是 代序本作"自己"。

④板 代序本作"版"。

刻字。我自己兼主筆、訪員、印刷，無人買看，即贈送於人①。報上除所譯香港帶來半月以前之路透電，及百字的論説，即駡滿洲的話，别無新聞。幾箇月後，鬧得滿城風雨，竟被封門。餘洋千餘元，又跑到上海辦時務報，銷售狠多，大倡變法維新之説，以爲廢科舉、辦學校，立刻可以富强。對於那時候的學閥，大事攻擊。後來又講君民共主之説，以爲現代一等國爲民主，如美及秘魯等國②；二等國君民共主，如英國、德國；俄君主國爲第三等國。③ 我們這時候活潑潑的精神，頗有興致。

後在湖南辦了一箇時務學堂，内中只有四十箇學生，兩班共八十人。蔡松坡即第一班最幼者，第二班有范静生等。學生狠用功，半年工夫，名譽狠好。當時有許多不敢發表的話都在講堂上説，及批學生的劄記時候大發議論④。年假一箇月中，學生回家，大事宣傳其"大逆不道"之學説，聞者咸視爲洪水猛獸，家家皆阻止學生再行前往，而學生則非來不

①於　叢刊本作"與"。

②及　原作"之"，據叢刊本改。此句代序本作"如美、秘魯等國"。

③"二等國君民共主，如英國、德國；俄君主國爲第三等國"三句，原作"二等國君民共主，如英國；德俄君主爲第三等國"，叢刊本同，代序本作"二等國君民共主，如英國、德國，君主國爲第三等國"。按，蔡鍾濬君民共主表（載湘學叢編史學第四、唐才常覺顛冥齋内言），德國屬於"君民共主成帝治者"；譚嗣同仁學四十四："俄羅斯以自固其君主國之勢，又使守舊者感其惠。"兹據乙補。

④及　代序本作"又"。

可。湖廣總督張之洞招致一般漢宋學者來反駁，遂引起學問上之爭，當然又牽連到政治上去。南海先生在北京因翁同龢的引薦，遂有戊戌的維新。中間打擊最大者，即因湖南時務學堂的札記中"大逆不道"之語被人舉發，爲西太后所知，結果鬧出"政變"，我們亡命日本，演成一齣悲劇。

"政變"以後，不惟仇視新學，兼仇視外人。義和團的胡鬧，將中國人的臉面丢盡。此後他們(清廷)也鬧起變法維新來了。不過有一件在歷史上非記不可的事，即是廢科舉。

其後清廷政治，日漸紊亂，亡命者日多，留學者日衆。新思想的中心遂移到東京去，大家竭力主張革命。主要潮流有幾支：

(一)我自己。繼續奮鬬，主張革命。改革政治，並且無限度的輸入外國學問①，並且使固有的思想復活。

(二)章太炎。他是考證出身的浙江人②，狠受黄梨洲、全謝山、章實齋的影響，偏於講民族革命③。能把考證學引入新的方向，功狠不小。

(三)嚴又陵。他是西學出身，漢學狠好。譯出許多代表功利主義的書籍。

(四)孫逸仙。他是社會主義。他雖然不是學者，

①代序本無"的"字。

②江　原作"東"，代序本同，據叢刊本改。

③民　原作"宗"，叢刊本同，據代序本改。

却有狠敏鋭的眼光①。

這四箇人,性情也不同,教法也不同,各向各的方面發展,全無合作之可言。但是清末七八年間,這四人實在是當時思想界的重要人物②。

同時尚有當注意者,范静生辦的速成師範、速成法政等,影響也大得狠③,前後約有二萬人左右。革命成功之快,這群學生之力最大,現在的教師,四五年前的議員官吏,大率都是此類人。

大概清末四十年間,考證學雖有相當的進步,不過已移到吸收外來思想方面,學閥偶像已破壞了。在這四十年内,日趨維新,氣象總算狠好。其不好處就在於:

(一)混雜——無計畫,無組織。

(二)膚淺——不深入。

以上這兩層毛病到現在還是如此的。我想,這毛病是思想初解放時所不能免的,將來總希望能免去此弊。雖然這箇時候作不到像清朝乾嘉時代的學問那樣的條理,希望新思想之輸入有清初開山老祖之氣象④,大膽開出幾條有規模的路來,給後人種下許多種子,以便將來有人去作。(但是現在真

①却 原作"都",叢刊本同,據代序本改。
②代序本無"當時"二字。
③響 原作"嚮",叢刊本同,據代序本改。
④代序本無第一箇"之"字。

能拿自己精神從根本上做一種學問功夫者尚少①。)此外,再把固有的好的思想使之復活②,也是狠要緊的事!

①功 叢刊本作"工"。
②固 原作"因",叢刊本同,據代序本改。